譯註
禮記補註

❶

曲禮上・曲禮下

譯註
禮記補註

❶

曲禮上·曲禮下

김재로金在魯 저
정병섭鄭秉燮 역

學古房

역자서문

　본 역서는 조선 후기 때의 학자인 김재로(金在魯)의 『예기보주(禮記補註)』를 번역한 것이다. 역자는 2009년부터 『예기집설대전(禮記集說大全)』의 번역을 시작하였고, 2017년 구정연휴기간에 『예기집설대전』의 49번째 편인 「상복사제(喪服四制)」의 역서를 탈고하였다. 8년 이상 지속해온 작업을 마무리하고 나니 나도 모르는 사이 정신이 풀어지며 의욕이 생기지 않았다. 본래는 『예기』 번역을 마무리하고, 이어서 『의례정의』와 『주례정의』 번역에 착수하려고 계획했으나 좀처럼 몸이 움직이지 않았다. 고백하자면 이 책을 번역하기 시작한 것은 순전히 나태해진 몸과 마음을 일깨우기 위한 것이었다. 흐느적거리는 정신을 붙잡고 다시 책상에 앉아 번역의 즐거움을 만끽하기 위한 지극히도 사사로운 목적이었다. 본래의 계획은 삼례(三禮)의 번역을 마치고 한국 유학자들의 예학 관련 저서들을 번역하기로 계획했으나 삼례 자체가 워낙 방대한 양이어서 막연한 기약만 했었는데, 사사롭기는 하지만 막상 책상 앞에 앉아 번역을 시작하니, 얼마 되지 않아 한 권 분량의 번역서가 완성되었다. 다시 열정이란 돌멩이가 뜨겁게 달궈지는 기분이다. 『의례정의』와 『주례정의』 번역의 병행으로 인해 『예기보주』의 번역에만 매진할 수 없는 상황이지만, 이왕 시작한 번역이니만큼 조만간 끝을 볼 계획이다. 지극히도 개인적이며 이기적인 목적으로 작성된 역서이지만, 이 책을 발판으로 더 좋은 번역이 나왔으면 하는 바람이다. 끝으로 『예기보주』를 출판할 수 있도록 허락해주신 도서출판 학고방의 하운근 사장님께도 감사를 전한다.

▎일러두기

- 본 책은 역주서(譯註書)로써, 『예기보주(禮記補註)』를 완역하고, 자세한 주석을 첨부했다.

- 『예기보주』는 『예기집설대전(禮記集說大全)』에 대한 주석서로, 『예기』의 경문(經文) 및 진호(陳澔)의 『집설(集說)』, 호광(胡廣)의 『대전(大全)』 기록 중에서 일부 표제어만 제시하고, 『보주(補註)』를 기록하고 있다. 표제어만 제시되어 있으므로, 『예기보주』의 본래 기록만 가지고는 관련 『보주』가 본래의 주석과 어떤 차이점이 있는지 확인하기 어렵다. 이러한 점을 해결하기 위해 표제어 앞에 관련 경문, 『집설』, 『대전』의 본문과 번역문을 함께 수록하였다.

- 『예기보주』에 기록된 표제어는 참고로 수록한 경문, 『집설』, 『대전』의 원문에 밑줄로 표시하고, 같은 문장에 여러 표제어를 제시했을 경우, ① · ② · ③ 등의 표시를 붙여 구분하였다.

- 『예기』 경문의 해석에 있어서 다양한 이견이 있는 경우가 있는데, 『예기보주』는 『예기집설대전』에 대한 주석서이므로, 진호의 『집설』에 따른 경문 번역을 수록하였다.

- 『예기보주』의 본래 목차는 『예기』 각 편에 대한 간략한 목차이므로, 『예기』 각 편의 장을 분류하여 별도의 목차를 수록하였다.

- 본 역서의 『예기보주(禮記補註)』 원문과 표점은 한국유경편찬센터의 자료를 사용하였다.(http://ygc.skku.edu)

- 『예기보주』의 주석 대상이 되는 『예기집설대전』의 저본은 다음과 같다. 『禮記』, 서울 : 保景文化社, 초판 1984 (5판 1995)

- **원문**으로 표시된 것은 『예기보주』에 기록된 본래의 기록이다.

- **補註**로 표시된 것은 『예기보주』에 기록된 주석의 기록이다.

- **참고-經文**으로 표시된 것은 『보주』의 내용이 『예기』 경문에 대한 것일 경우, 관련 경문을 수록해둔 것이다.

- **참고-集說**로 표시된 것은 『보주』의 내용이 진호의 『집설』에 대한 것일 경우, 관련 『집설』의 기록을 수록해둔 것이다.

- **참고-大全**으로 표시된 것은 『보주』의 내용이 호광의 『대전』에 대한 것일 경우, 관련 『대전』의 기록을 수록해둔 것이다.

- ① 등으로 표시된 것은 『예기보주』에 표시된 표제어에 해당한다. 관련 경문에 대한 첫 번째 표제어인 경우 ①로 표시하고, 두 번째 표제어인 경우 ② 등으로 표시했다.

- 원문 및 번역문 중 '▼'로 표시된 부분은 한글로 표기할 수 없는 한자를 기록한 부분이다. 예를 들어 '▼(囧/皿)'의 경우 맹(盟)자의 이체자인데, '明'자 대신 '囧'자가 들어간 한자를 프로그램상 삽입할 수가 없어서, '▼(囧/皿)'으로 표시한 것이다. 즉 '▼(A/B)'의 형식으로 기록된 경우, A에 해당하는 글자가 한 글자의 상단 부분에 해당하고, B에 해당하는 글자가 한 글자의 하단 부분에 해당한다는 표시이다. 또한 '▼(A+B)'의 형식으로 기록된 경우, A에 해당하는 글자가 한 글자의 좌측 부분에 해당하고, B에 해당하는 글자가 한 글자의 우측 부분에 해당한다는 표시이다. 또한 '▼((A-B)/C)'의 형식으로 기록된 경우, A에 해당하는 글자에서 B 부분을 뺀 글자가 한 글자의 상단 부분에 해당하고, C에 해당하는 글자가 한 글자의 하단 부분에 해당한다는 표시이다.

목차

「총서(總敍)」 ··· 14
「범례(凡例)」 ··· 17
「인용서적(引用書籍)」 ·· 20
「예기보주편목(禮記補註篇目)」 ··· 30

禮記補註卷之一
『예기보주』 1권

「곡례상(曲禮上)」 제1편 • 32

「곡례상」 1장 ············ 34	「곡례상」 21장 ············ 55
「곡례상」 2장 ············ 35	「곡례상」 24장 ············ 58
「곡례상」 3장 ············ 36	「곡례상」 25장 ············ 59
「곡례상」 4장 ············ 37	「곡례상」 27장 ············ 60
「곡례상」 6장 ············ 39	「곡례상」 29장 ············ 63
「곡례상」 7장 ············ 41	「곡례상」 30장 ············ 64
「곡례상」 8장 ············ 43	「곡례상」 32장 ············ 65
「곡례상」 9장 ············ 47	「곡례상」 33장 ············ 66
「곡례상」 11장 ············ 48	「곡례상」 35장 ············ 67
「곡례상」 12장 ············ 49	「곡례상」 38장 ············ 71
「곡례상」 13장 ············ 50	「곡례상」 39장 ············ 73
「곡례상」 17장 ············ 52	「곡례상」 40장 ············ 74
「곡례상」 19장 ············ 53	「곡례상」 41장 ············ 75
「곡례상」 20장 ············ 54	「곡례상」 42장 ············ 76

「곡례상」 43장 ·············· 77	「곡례상」 97장 ·············· 122
「곡례상」 48장 ·············· 78	「곡례상」 98장 ·············· 124
「곡례상」 50장 ·············· 81	「곡례상」 101장 ············· 125
「곡례상」 51장 ·············· 83	「곡례상」 103장 ············· 126
「곡례상」 53장 ·············· 85	「곡례상」 104장 ············· 127
「곡례상」 55장 ·············· 86	「곡례상」 105장 ············· 132
「곡례상」 56장 ·············· 87	「곡례상」 106장 ············· 135
「곡례상」 57장 ·············· 89	「곡례상」 107장 ············· 136
「곡례상」 58장 ·············· 91	「곡례상」 108장 ············· 140
「곡례상」 59장 ·············· 93	「곡례상」 109장 ············· 141
「곡례상」 60장 ·············· 95	「곡례상」 110장 ············· 142
「곡례상」 61장 ·············· 96	「곡례상」 112장 ············· 144
「곡례상」 62장 ·············· 97	「곡례상」 115장 ············· 146
「곡례상」 64장 ·············· 99	「곡례상」 116장 ············· 148
「곡례상」 66장 ············· 101	「곡례상」 117장 ············· 149
「곡례상」 67장 ············· 102	「곡례상」 118장 ············· 150
「곡례상」 68장 ············· 103	「곡례상」 119장 ············· 152
「곡례상」 71장 ············· 105	「곡례상」 121장 ············· 153
「곡례상」 73장 ············· 108	「곡례상」 122장 ············· 154
「곡례상」 77장 ············· 110	「곡례상」 124장 ············· 156
「곡례상」 78장 ············· 111	「곡례상」 125장 ············· 157
「곡례상」 79장 ············· 112	「곡례상」 129장 ············· 160
「곡례상」 80장 ············· 113	「곡례상」 130장 ············· 162
「곡례상」 83장 ············· 114	「곡례상」 131장 ············· 163
「곡례상」 90장 ············· 115	「곡례상」 132장 ············· 164
「곡례상」 92장 ············· 116	「곡례상」 134장 ············· 166
「곡례상」 93장 ············· 118	「곡례상」 135장 ············· 167
「곡례상」 94장 ············· 120	「곡례상」 136장 ············· 168
「곡례상」 95장 ············· 121	「곡례상」 140장 ············· 169

「곡례상」 143장 ············ 171	「곡례상」 191장 ············ 224
「곡례상」 144장 ············ 173	「곡례상」 193장 ············ 226
「곡례상」 147장 ············ 175	「곡례상」 195장 ············ 230
「곡례상」 148장 ············ 176	「곡례상」 196장 ············ 232
「곡례상」 149장 ············ 177	「곡례상」 197장 ············ 233
「곡례상」 152장 ············ 178	「곡례상」 198장 ············ 235
「곡례상」 153장 ············ 180	「곡례상」 199장 ············ 236
「곡례상」 156장 ············ 181	「곡례상」 200장 ············ 238
「곡례상」 159장 ············ 185	「곡례상」 202장 ············ 239
「곡례상」 161장 ············ 186	「곡례상」 203장 ············ 241
「곡례상」 162장 ············ 190	「곡례상」 204장 ············ 242
「곡례상」 163장 ············ 197	「곡례상」 205장 ············ 244
「곡례상」 164장 ············ 198	「곡례상」 206장 ············ 246
「곡례상」 168장 ············ 202	「곡례상」 207장 ············ 247
「곡례상」 169장 ············ 204	「곡례상」 208~213장 ······ 248
「곡례상」 171장 ············ 206	「곡례상」 212장 ············ 253
「곡례상」 175장 ············ 207	「곡례상」 213장 ············ 254
「곡례상」 178장 ············ 208	「곡례상」 216장 ············ 256
「곡례상」 180장 ············ 209	「곡례상」 218장 ············ 261
「곡례상」 181장 ············ 210	「곡례상」 219장 ············ 262
「곡례상」 182장 ············ 212	「곡례상」 220장 ············ 263
「곡례상」 183장 ············ 216	「곡례상」 224장 ············ 264
「곡례상」 184장 ············ 217	「곡례상」 225장 ············ 268
「곡례상」 185장 ············ 220	「곡례상」 227장 ············ 269
「곡례상」 186~190장 ······ 221	「곡례상」 228장 ············ 270

禮記補註卷之二
『예기보주』 2권

「곡례하(曲禮下)」 제2편 • 272

「곡례하」 1장 ………… 272	「곡례하」 35장 ………… 319
「곡례하」 2장 ………… 273	「곡례하」 36장 ………… 320
「곡례하」 3장 ………… 274	「곡례하」 37장 ………… 322
「곡례하」 5장 ………… 276	「곡례하」 41장 ………… 323
「곡례하」 7장 ………… 282	「곡례하」 42장 ………… 327
「곡례하」 9장 ………… 284	「곡례하」 43장 ………… 329
「곡례하」 10장 ………… 285	「곡례하」 44장 ………… 335
「곡례하」 11장 ………… 288	「곡례하」 45장 ………… 336
「곡례하」 13장 ………… 290	「곡례하」 46장 ………… 337
「곡례하」 16장 ………… 293	「곡례하」 47장 ………… 338
「곡례하」 17장 ………… 295	「곡례하」 49장 ………… 340
「곡례하」 18장 ………… 298	「곡례하」 53장 ………… 342
「곡례하」 19장 ………… 299	「곡례하」 56장 ………… 349
「곡례하」 20장 ………… 300	「곡례하」 58장 ………… 351
「곡례하」 21장 ………… 301	「곡례하」 59장 ………… 352
「곡례하」 23장 ………… 304	「곡례하」 62장 ………… 354
「곡례하」 24장 ………… 306	「곡례하」 65장 ………… 355
「곡례하」 27장 ………… 311	「곡례하」 67장 ………… 356
「곡례하」 28장 ………… 312	「곡례하」 68장 ………… 357
「곡례하」 29장 ………… 314	「곡례하」 69장 ………… 359
「곡례하」 32장 ………… 315	「곡례하」 70장 ………… 360
「곡례하」 33장 ………… 317	「곡례하」 71장 ………… 362
「곡례하」 34장 ………… 318	「곡례하」 73장 ………… 363

「곡례하」 75장 ……………… 364	「곡례하」 107장 ………… 377
「곡례하」 76장 ……………… 365	「곡례하」 108장 …………… 378
「곡례하」 78장 ……………… 366	「곡례하」 109장 …………… 379
「곡례하」 83장 ……………… 367	「곡례하」 110장 …………… 380
「곡례하」 84장 ……………… 371	「곡례하」 114장 …………… 381
「곡례하」 86장 ……………… 372	「곡례하」 116장 …………… 382
「곡례하」 88장 ……………… 373	「곡례하」 117장 …………… 387
「곡례하」 91장 ……………… 374	「곡례하」 118장 …………… 392
「곡례하」 94장 ……………… 375	「곡례하」 119장 …………… 394
「곡례하」 100장 …………… 376	

禮記補註
『예기보주』

清風金在魯仲禮 輯
청풍 중례 김재로*가 편찬하다.

---

* 김재로(金在魯, A.D.1682~A.D.1759) : 조선 후기 때의 학자이다. 본관은 청풍(淸風)이고 자는 중례(仲禮)이며 호는 청사(淸沙)·허주자(虛舟子)이고 시호는 충정(忠靖)이며 이름은 재로(在魯)이다. 저서로는 『예기보주(禮記補註)』 등이 있다.

「총서(總敍)」

원문 沙溪曰: 戴記者, 大戴, 名德, 字延君, 與姪聖受禮於后倉. 德刪禮爲八十五篇, 號大戴禮; 聖記禮四十九篇, 號小戴禮. 又曰: 今見行禮記, 是小戴."

번역 사계[1]가 말하길, '대기(戴記)'는 대대(大戴)[2]가 기록한 것으로, 이름은 덕(德)이고, 자는 연군(延君)이며 조카인 대성(戴聖)[3]과 함께 후창(后倉)에게 예(禮)에 대해 배웠다. 대덕은 『예』를 산정하여 85편으로 만들고 '대대례(大戴禮)'라고 불렀고, 대성은 『예』 49편을 기록했는데, 이를 '소대례(小戴禮)'라고 부른다. 또 말하길, 현행본 『예기』는 바로 『소대례』에 해당한다.

원문 朱子語類曰: 禮記要兼儀禮讀, 如冠禮・喪禮・鄉飲酒禮之類, 儀禮皆載其事, 禮記發明其理. 讀禮記而不讀儀禮, 許多理無安著處. 又曰: 儀禮是經, 禮記是解儀禮. 如儀禮有冠禮, 禮記便有冠義; 儀禮有昏

---

1) 김장생(金長生, A.D.1548~A.D.1631) : =사계(沙溪). 조선 중기 때의 학자이다. 본관은 광산(光山)이고 자는 희원(希元)이며 호는 사계(沙溪)이고 시호는 문원(文元)이며 이름은 장생(長生)이다. 저서로는 『사계전서(沙溪全書)』 등이 있다.
2) 대덕(戴德, ?~?) : 전한(前漢) 때의 학자이다. 자(字)는 연군(延君)이다. 금문예학(今文禮學)인 대대학(大戴學)의 창시자로 일컬어진다. 조카 대성(戴聖), 경보(慶普) 등과 후창(后蒼)에게서 수학하여, 예(禮)를 익혔다. 선제(宣帝) 때에는 박사(博士)에 임명되기도 하였다. 그의 학문은 서량(徐良)과 유경(斿卿) 등에게 전수되었다. 『대대례기(大戴禮記)』를 편찬하였지만, 『소대례기(小戴禮記)』에 비해 성행되지 못하였으며, 현재는 많은 부분이 없어지고, 단지 삼십여 편만이 남아 있다.
3) 대성(戴聖, ?~?) : 전한(前漢) 때의 학자이다. 자(字)는 차군(次君)이다. 금문예학(今文禮學)인 소대학(小戴學)의 창시자로 일컬어진다. 대덕(戴德)의 조카이다. '대덕', 경보(慶普) 등과 후창(后蒼)에게서 수학하여, 예(禮)를 익혔다. 그의 학문은 교인(橋仁)과 양영(楊榮) 등에게 전수되었다. 『소대례기(小戴禮記)』를 편찬하였는데, 이 서적은 현재 통행되고 있는 『예기(禮記)』의 전신이다.

禮, 禮記便有昏義, 以至燕·射之類, 莫不皆然.

번역 『주자어류』에서 말하길, 『예기』에 대해서는 『의례』와 함께 읽어야 하니, 예를 들어 관례(冠禮)·상례(喪禮)·향음주례(鄕飮酒禮) 등의 부류들은 『의례』에 모두 관련 사안이 기록되어 있고, 『예기』는 그 이치를 드러낸 것이다. 『예기』만 읽고 『의례』를 읽지 않는다면 수많은 이치들은 안착할 곳이 없게 된다. 또 말하길, 『의례』는 경문에 해당하고, 『예기』는 『의례』를 해석한 것이다. 예를 들어 『의례』에는 「사관례(士冠禮)」편이 있는데 『예기』에는 그 편을 해석한 「관의(冠義)」편이 있고, 『의례』에는 「사혼례(士昏禮)」편이 있는데 『예기』에는 그 편을 해석한 「혼의(昏義)」편이 있으며, 연례(燕禮)와 사례(射禮) 등에 있어서도 그렇지 않은 것이 없다.

원문 按, 陳註中稱舊說者, 或註·或疏也. 補註中引周禮註有鄭司農云者, 東漢大司農鄭衆也. 引疏說處, 有云鄭箴膏肓·鄭釋廢疾者, 鄭玄時何休好春秋學, 著公羊墨守·左氏膏肓·穀梁廢疾, 玄乃爲發墨守·箴膏肓·釋廢疾, 卽是也.

번역 살펴보니, 진호[4]의 주에서 '옛 학설[舊說]'이라고 지칭하는 것들은 정현[5]의 주이거나 공영달[6]의 소에 해당한다. 『예기보주』 중에서 『주례주』를 인용한 것 중에는 '정사농운(鄭司農云)'이라고 말한 것이 있는데, 동한 때 대사농을 지낸 정중을 가리킨다. 공영달의 소를 인용한 곳에는 간혹 정현의

---

4) 진호(陳澔, A.D.1260~A.D.1341) : =진가대(陳可大). 남송(南宋) 말기 원(元)나라 초기 때의 학자이다. 자(字)는 가대(可大)이다. 사람들에게 경귀선생(經歸先生)으로 칭송을 받았다. 저서로는 『예기집설(禮記集說)』 등이 있다.
5) 정현(鄭玄, A.D.127~A.D.200) : =정강성(鄭康成)·정씨(鄭氏). 한대(漢代)의 유학자이다. 자(字)는 강성(康成)이다. 『주역(周易)』, 『상서(尙書)』, 『모시(毛詩)』, 『주례(周禮)』, 『의례(儀禮)』, 『예기(禮記)』, 『논어(論語)』, 『효경(孝經)』 등에 주석을 하였다.
6) 공영달(孔穎達, A.D.574~A.D.648) : =공씨(孔氏). 당대(唐代)의 경학자이다. 자(字)는 중달(仲達)이고, 시호(諡號)는 헌공(憲公)이다. 『오경정의(五經正義)』를 찬정(撰定)하는데 중심적인 역할을 했다.

『잠고황』이나 『석폐질』이라고 말한 것이 있는데, 정현이 생존했을 당시 하휴[7]는 『춘추』의 학문을 좋아하여 『공양묵수』・『좌씨고황』・『곡량폐질』 등을 저술하였다. 그리하여 정현은 『발묵수』・『잠고황』・『석폐질』 등을 저술하게 되었으니, 바로 이 책들을 가리킨다.

원문 語類又曰: "鄭康成是個好人, 考禮名數大有功, 事事都理會得, 儘有許多精力." 又曰: "鄭註自好. 看註看疏, 自可了." 又曰: "王肅議禮, 必反鄭玄." 又曰: "王肅註, 煞好."

번역 『주자어류』에서 또 말하길, "정강성은 좋은 사람이다. 예법을 고찰하고 명칭과 도수를 밝히는데 큰 공적을 세워 모든 일들을 파악할 수 있게 되었으며 수없이 많은 힘을 기울였다. 또 말하길, 정현의 주는 매우 좋다. 주를 보고 소를 보게 되면 저절로 이해할 수 있게 된다. 또 말하길, 왕숙[8]이 예를 의론할 때에는 반드시 정현의 주장을 돌이켜보았다. 또 말하길, 왕숙의 주는 매우 좋다.

---

7) 하휴(何休, A.D.129~A.D.182) : 전한(前漢) 때의 금문경학자(今文經學者)이다. 자(字)는 소공(邵公)이다. 『춘추공양전해고(春秋公羊傳解詁)』를 지었으며, 『효경(孝經)』, 『논어(論語)』 등에 대해서도 주를 달았고, 『춘추한의(春秋漢議)』를 짓기도 하였다.

8) 왕숙(王肅, A.D.195~A.D.256) : =왕자옹(王子雍). 위진남북조(魏晉南北朝) 때의 위(魏)나라 경학자이다. 자(字)는 자옹(子雍)이다. 출신지는 동해(東海)이다. 부친 왕랑(王朗)으로부터 금문학(今文學)을 공부했으나, 고문학(古文學)의 고증적인 해석을 따랐다. 『상서(尚書)』, 『시경(詩經)』, 『좌전(左傳)』, 『논어(論語)』 및 삼례(三禮)에 대한 주석을 남겼다.

「범례(凡例)」

원문 一, 此書之作, 蓋病陳氏集說之疎謬訛舛, 將有以補其漏, 而證其誤, 故凡其旨義之取舍字句之增刪, 皆就集說而言之. 覽此書者, 必以集說參校互看, 然後方可瞭然.
번역 하나, 이 책을 집필한 것은 진호의 『집설』에 거칠거나 잘못된 부분을 애석하게 여겨, 부족한 점을 보충하고 오류를 알리고자 한 것이다. 그렇기 때문에 뜻을 택하거나 버리고 또 자구를 늘리거나 삭제할 때에는 모두 『집설』에 따라 말한 것이다. 따라서 이 책을 열람할 자들은 반드시 『집설』과 함께 비교하며 보아야만 그 뜻을 이해할 수 있게 된다.

원문 一, 此書規模, 蓋倣心經釋疑·近思釋疑之例.
번역 하나, 이 책의 규범은 『심경석의』와 『근사석의』 등의 체례에 따른다.

원문 一, 經文及本註, 如有疑晦難曉者, 則發明之, 本註之外更有他解者, 則添錄之, 本註之謬舛者, 則是正之, 經文無可疑註亦無誤, 則雖越過累板無補註.
번역 하나. 경문 및 본주에 만약 의심나며 이해하기 어려운 부분이 있다면 소상이 밝혔고, 본주 외에 별도로 다른 해석이 있는 경우에는 덧붙여 기록했으며, 본주의 잘못된 부분은 바로잡았고, 경문에 의심나는 점이 없고 본주에도 잘못된 점이 없다면 비록 여러 장을 건너뛰게 되더라도 주석을 보충하지 않았다.

원문 一, 經文則書於極層, 註則低一字書之, 而經文中他章及註中他章之註, 則輒圈而別之.
번역 하나, 경문은 상단에 붙여서 기록했고, 주는 한 글자를 내려서 기록했으며, 경문 중 다른 장의 내용이나 주 중 다른 장의 주의 경우라면 동그라미를 쳐서 구별하였다.

원문 一, 註承經文本章之下, 則上頭不圈, 如非本章之註, 則亦圈之.
번역 하나, 주가 경문의 본래 장 밑에 이어지면 앞부분에는 동그라미를 치지 않았고, 만약 본래 장의 주가 아닌 경우라면 또한 동그라미를 쳤다.

원문 一, 旣低一字書註, 而復書經文於極層, 則雖不圈, 可知爲他章, 故上頭不圈.
번역 하나, 이미 한 글자를 내려서 주를 기록했고, 다시 경문을 상단에 붙여서 기록했으니, 비록 동그라미를 치지 않더라도 다른 장에 해당함을 알 수 있다. 그렇기 때문에 앞부분에 동그라미를 치지 않은 것이다.

원문 一, 所謂章者, 毋論文義之相連不相連, 只以今行集說禮記所分經文言之.
번역 하나, 이른바 '장(章)'이라는 것은 문장과 의미가 서로 연결되느냐 또는 연결되지 않느냐를 따지지 않고, 단지 현행본 『예기집설』에서 경문을 분절한 것에 따라 말한 것일 뿐이다.

원문 一, 所引古註疏, 或有略改字句, 令其簡明者, 出於朱子通解.
번역 하나, 인용한 옛 주와 소에 있어서 간혹 자구를 축약하거나 고쳐서 그 의미를 간결하면서도 명료하게 한 것들이 있는데, 이 모두는 『주자통해』에서 도출한 것이다.

원문 一, 引用諸說, 必取其書名, 錄其姓氏, 務爲詳悉, 而間附鄙見者, 書愚字・按字.
번역 하나, 인용한 여러 주장들에 대해서는 반드시 서명과 그 사람의 성씨를 기록하여 상세히 하는데 힘썼고, 중간에 나의 견해를 덧붙인 경우에는 '우(愚)'자나 '안(按)'자를 기록했다.

원문　一, 諺讀句絶及吐可正者甚多, 而不可勝正, 故只就其大害於本旨者正之.

번역　하나, 『예기대문언독』에서 구문을 끊고 토를 단 것에 있어서 바로잡을 것이 매우 많지만 모두 바로잡을 수가 없기 때문에, 단지 본지에 큰 오해를 일으키는 것에 대해서만 바로잡았다.

「인용서적(引用書籍)」

원문 禮記集說 : 宋陳澔著.
번역 『예기집설』: 송나라의 진호가 저술했다.

원문 禮記古經 : 後漢鄭玄字康成註, 唐孔穎達疏·唐陸德明音義幷同.
번역 『예기고경』: 후한의 정현, 자는 강성(康成)인데 그의 주, 당나라 공영달의 소와 육덕명[1]의 음의도 함께 인용했다.

원문 儀禮 : 鄭玄註·唐賈公彦疏幷同.
번역 『의례』: 정현의 주와 당나라 가공언[2]의 소도 함께 인용했다.

원문 周禮 : 鄭註·賈疏幷同.
번역 『주례』: 정현의 주와 가공언의 소도 함께 인용했다.

원문 儀禮經傳通解 : 朱子著.
번역 『의례경전통해』: 주자가 저술했다.

원문 通解續 : 宋黃勉齋榦著.
번역 『통해속』: 송나라의 면재 황간[3]이 저술했다.

---

1) 육덕명(陸德明, A.D.550~A.D.630) : =육원랑(陸元朗). 당대(唐代)의 경학자이다. 이름은 원랑(元朗)이고, 자(字)는 덕명(德明)이다. 훈고학에 뛰어났으며, 『경전석문(經典釋文)』 등을 남겼다.
2) 가공언(賈公彦, ?~?) : 당(唐)나라 때의 유학자이다. 정현(鄭玄)을 존숭하였다. 예학(禮學)에 조예가 깊었다. 『주례소(周禮疏)』, 『의례소(儀禮疏)』 등의 저서를 남겼으며, 이 저서들은 『십삼경주소(十三經注疏)』에 포함되었다.
3) 황간(黃榦, A.D.1152~A.D.1221) : =면재황씨(勉齋黃氏)·삼산황씨(三山黃氏)·장락황씨(長樂黃氏)·황면재(黃勉齋)·황직경(黃直卿). 남송(南宋) 때의 학자이다. 자(字)는 직경(直卿)이고, 호(號)는 면재(勉齋)이다. 주자(朱子)에게서 수학하

원문 大戴禮 : 漢戴德著. ○鄭玄註・漢賈誼疏幷同.
번역 『대대례』: 한나라의 대덕이 저술했다. ○정현의 주와 한나라 가의[4]의 소도 함께 인용했다.

원문 家語 : 楚孔鮒著. ○魏王肅註幷同.
번역 『가어』: 초나라의 공부[5]가 저술했다. ○위나라 왕숙의 주도 함께 인용했다.

원문 國語 : 魯左丘明著.
번역 『국어』: 노나라의 좌구명[6]이 저술했다.

원문 春秋左氏傳 : 同上. ○晉杜預・宋林堯叟註・宋邢昺疏幷同.
번역 『춘추좌씨전』: 노나라의 좌구명이 저술했다. ○진나라 두예[7]와 송나라 임요수의 주, 송나라 형병[8]의 소도 함께 인용했다.

였으며, 주자의 사위였다. 저서로는 『오경통의(五經通義)』 등이 있다.
4) 가의(賈誼, B.C.200~B.C.168) : =가생(賈生)・가시중(賈侍中)・가장사(賈長沙)・가태부(賈太傅). 전한(前漢) 때의 유학자이다. 23세 때 박사(博士)가 되었고, 이후 태중대부(太中大夫)에 올랐다. 오행설(五行說)을 유학에 가미하여, 국가 및 예악(禮樂) 등에 대한 제도를 제정하였다. 저서로는 『신서(新書)』 등이 있다.
5) 공부(孔鮒, B.C.264~B.C.208) : 전국 말기 때의 사람이다. 자는 갑(甲)・자어(子魚)이고, 공자의 9세손으로 알려져 있다. 저서로는 『공총자(孔叢子)』 등이 있는데, 후세의 위작으로 알려져 있다.
6) 좌구명(左丘明, ?~?) : 춘추시대 때의 사람이다. 성이 좌(左)이고 이름이 구명(丘明)이라는 설도 있고 성이 좌구(左丘)이고 이름이 명(明)이라는 설도 있다. 『춘추좌씨전(春秋左氏傳)』과 『국어(國語)』의 저자로 알려져 있다.
7) 두예(杜預, A.D.222~A.D.284) : =두원개(杜元凱). 서진(西晉) 때의 유학자이다. 경조(京兆) 두릉(杜陵) 출신이다. 자(字)는 원개(元凱)이다. 『춘추경전집해(春秋經典集解)』를 저술하였는데, 이 책은 현존하는 『춘추(春秋)』의 주석서 중 가장 오래된 것이며, 『십삼경주소(十三經注疏)』의 『춘추좌씨전정의(春秋左氏傳正義)』에도 채택되어 수록되었다.
8) 형병(邢昺, A.D.932~A.D.1010) : 북송(北宋) 때의 학자이다. 자(字)는 숙명(叔明)이다. 예부상서(禮部尙書) 등을 지냈다. 저서로는 『논어정의(論語正義)』, 『이아정

원문 春秋公羊氏傳: 魯公羊高著. ○漢何休註幷同.
번역 『춘추공양씨전』: 노나라의 공양고9)가 저술했다. ○한나라 하휴의 주도 함께 인용했다.

원문 春秋穀梁氏傳: 魯穀梁赤著. ○晉范甯註幷同.
번역 『춘추곡량씨전』: 노나라의 곡량적10)이 저술했다. ○진나라 범녕11)의 주도 함께 인용했다.

원문 周易: 朱子本義幷同.
번역 『주역』: 주자의 『본의』도 함께 인용했다.

원문 尙書: 漢孔安國傳・宋蔡沈集傳幷同.
번역 『상서』: 한나라 공안국12)의 전과 송나라 채침13)의 『집전』도 함께 인용했다.

의(爾雅正義)』 등이 있다.
9) 공양고(公羊高, ?~?): 전국시대 때의 사람이다. 금문경학(今文經學)의 선구자로 일컬어지며 자하(子夏)의 제자였다는 설도 있다. 『춘추공양전(春秋公羊傳)』의 저자로 알려져 있다.
10) 곡량적(穀梁赤, ?~?): 전국시대 때의 사람이다. 자는 원시(元始)이고 이름은 숙(俶) 또는 적(赤)이다. 자하(子夏)의 제자였다는 설도 있다. 『춘추곡량전(春秋穀梁傳)』의 저자로 알려져 있다.
11) 범녕(范甯, A.D.339~A.D.401): 동진(東晉) 때의 학자이다. 자(字)는 무자(武子)이다. 정현(鄭玄)의 영향력을 많이 받았으며, 『춘추곡량전집해(春秋穀梁傳集解)』 등을 지었다.
12) 공안국(孔安國, ?~?): 전한(前漢) 때의 학자이다. 자(字)는 자국(子國)이다. 고문상서학(古文尙書學)의 개조(開祖)로 알려져 있다. 『십삼경주소(十三經注疏)』의 『상서정의(尙書正義)』에는 공안국의 전(傳)이 수록되어 있는데, 통상적으로 이 주석은 후대인들이 공안국의 이름에 가탁하여 붙인 문장으로 인식되고 있다.
13) 채침(蔡沈, A.D.1167~A.D.1230): =구봉채씨(九峯蔡氏)・채구봉(蔡九峯). 남송(南宋) 때의 학자이다. 자(字)는 중묵(仲默)이고, 호(號)는 구봉(九峯)이다. 주자의 문인이자 사위이다. 주자가 완성하지 못했던 『서집전(書集傳)』을 완성하였다.

원문 毛詩 : 朱子集傳幷同.
번역 『모시』: 주자의 『집전』도 함께 인용했다.

원문 論語 : 朱子集註幷同.
번역 『논어』: 주자의 『집주』도 함께 인용했다.

원문 孟子 : 朱子集註幷同.
번역 『맹자』: 주자의 『집주』도 함께 인용했다.

원문 大學 : 朱子章句幷同.
번역 『대학』: 주자의 『장구』도 함께 인용했다.

원문 中庸 : 朱子章句幷同.
번역 『중용』: 주자의 『장구』도 함께 인용했다.

원문 論語中庸或問 : 朱子著.
번역 『논어중용혹문』: 주자가 저술했다.

원문 孝經
번역 『효경』

원문 爾雅 : 晉郭璞註・宋邢昺疏幷同.
번역 『이아』: 진나라 곽박[14]의 주와 송나라 형병의 소도 함께 인용했다.

원문 呂氏春秋 : 秦呂不韋著.
번역 『여씨춘추』: 진나라의 여불위[15]가 저술했다.

---

14) 곽박(郭璞, A.D.276~A.D.324) : =곽경순(郭景純). 진(晉)나라 때의 학자이다. 자(字)는 경순(景純)이다. 저서로는 『이아주(爾雅注)』, 『방언주(方言注)』, 『산해경주(山海經注)』 등이 있다.
15) 여불위(呂不韋, ?~B.C.235) : 전국시대(戰國時代) 말기(末期)의 정치가이다. 진(秦)나라의 상국(相國)을 지낼 때, 여러 학자들을 초빙하여 『여씨춘추(呂氏春秋)』를 작성하였다.

원문 夏小正註
번역 『하소정주』

원문 資治通鑑綱目 : 朱子著.
번역 『자치통감강목』: 주자가 저술했다.

원문 十九史略 : 明曾先之著.
번역 『십구사략』: 명나라의 증선지[16]가 저술했다.

원문 史記 : 漢司馬遷著.
번역 『사기』: 한나라의 사마천[17]이 저술했다.

원문 漢書 : 後漢班固著.
번역 『한서』: 후한의 반고[18]가 저술했다.

원문 白虎通 : 同上.
번역 『백호통』: 후한의 반고가 저술했다.

원문 說文 : 後漢許愼著.
번역 『설문』: 후한의 허신[19]이 저술했다.

원문 老子 : 李耳著.
번역 『노자』: 이이가 저술했다.

---

16) 증선지(曾先之, ?~?) : 자는 종야(從野)이다. 저서로는 『십팔사략(十八史略)』 등이 있다.
17) 사마천(司馬遷, B.C.145?~B.C.86) : 전한(前漢) 때의 사학자이다. 자(字)는 자장(子長)이다. 부친은 사마담(司馬談)이다. 저서로는 『사기(史記)』가 있다.
18) 반고(班固, A.D.32~A.D.92) : 후한(後漢) 때의 학자이다. 자(字)는 맹견(孟堅)이다. 『한서(漢書)』를 정리하였다.
19) 허신(許愼, A.D.30~A.D.124) : =허숙중(許叔重). 후한(後漢) 때의 학자이다. 자(字)는 숙중(叔重)이다. 『설문해자(說文解字)』의 저자로 널리 알려져 있으며, 다른 저서로는 『오경이의(五經異義)』가 있으나 산일되었다. 『오경이의』는 송대(宋代) 때 다시 편찬되었으나 진위를 따지기 힘들다.

원문 莊子 : 莊周著.
번역 『장자』: 장주가 저술했다.

원문 荀子 : 趙荀況著.
번역 『순자』: 조나라의 순황이 저술했다.

원문 淮南子 : 漢劉安著.
번역 『회남자』: 한나라의 유안[20]이 저술했다.

원문 揚子 : 漢揚雄著.
번역 『양자』: 한나라의 양웅[21]이 저술했다.

원문 通典 : 唐杜佑著.
번역 『통전』: 당나라의 두우[22]가 저술했다.

원문 昌黎集 : 唐韓愈著.
번역 『창려집』: 당나라의 한유[23]가 저술했다.

원문 東坡集 : 宋蘇軾著.
번역 『동파집』: 송나라의 소식[24]이 저술했다.

---

20) 유안(劉安, B.C.179~B.C.122) : 한고조(漢高祖)의 손자이며 회남왕(淮南王) 유장(劉長)의 아들이다. 학자들을 초빙하여 『회남자(淮南子)』를 저술했다.
21) 양웅(楊雄, B.C.53~A.D.18) : =양웅(揚雄)·양자(揚子). 전한(前漢) 때의 학자이다. 자(字)는 자운(子雲)이다. 사부작가(辭賦作家)로도 명성이 높았다. 왕망(王莽)에게 동조했다는 이유로 송(宋)나라 이후부터는 배척을 당하였다. 만년에는 경학(經學)에 전념하여, 자신을 성현(聖賢)이라고 자처하였다. 참위설(讖緯說) 등을 배척하고, 유가(儒家)와 도가(道家)의 사상을 절충하였다. 저서로는 『법언(法言)』, 『태현경(太玄經)』 등이 있다.
22) 두우(杜佑, A.D.735~A.D.812) : 당(唐)나라 때의 정치가이자 역사학자였다. 저서로는 『통전(通典)』이 있다.
23) 한유(韓愈, A.D.768~A.D.824) : 당(唐)나라 때의 학자이다. 자는 퇴지(退之)이다. 저서로는 『창려선생집(昌黎先生集)』 등이 있다.

원문 周子書
번역 『주자서』

원문 程子書
번역 『정자서』

원문 張子書
번역 『장자서』

원문 朱子大全
번역 『주자대전』

원문 朱子語類
번역 『주자어류』

원문 家禮 : 朱子著. ○宋楊信齋復附註·明丘瓊山濬儀節幷同.
번역 『가례』: 주자가 저술했다. ○송나라 신재 양복25)의 부주와 명나라 경산 구준26)의 『의절』도 함께 인용했다.

원문 小學 : 同上. ○栗谷李文成公珥集註及諸家註幷同.
번역 『소학』: 주자가 저술했다. ○문성공 율곡 이이27)의 『집주』와 여러 학

---

24) 소식(蘇軾, A.D.1037~A.D.1101) : 북송(北宋) 때의 학자이다. 자는 자첨(子瞻)·화중(和仲)이고 호는 동파거사(東坡居士)이다. 저서로는 『동파칠집(東坡七集)』 등이 있다.
25) 양복(楊復, ?~?) : 남송(南宋) 때의 학자이다. 자는 무재(茂才)·지인(志仁)이고 호는 신재선생(信齋先生)이다. 주희(朱熹)의 제자이다. 『상제도(喪祭圖)』·『의례도(儀禮圖)』 등의 저서를 남겼다.
26) 구준(邱濬, A.D.1420~A.D.1495) : 구준(丘濬)이라고도 한다. 자는 중심(仲深)이고 호는 경대(瓊臺)이며 경산(瓊山) 출신이다. 저서로는 『대학연의보(大學衍義補)』 등이 있다.
27) 이이(李珥, A.D.1536~A.D.1584) : 조선 중기 때의 학자이다. 본관은 덕수(德水)이고 자는 숙헌(叔獻)이며 호는 석담(石潭)·율곡(栗谷)이고 시호는 문성(文成)

자들의 주도 함께 인용했다.

원문 筆談 : 唐沈括著.
번역 『필담』: 당나라의 심괄이 저술했다.

원문 兩山墨談 : 明陳霆著.
번역 『양산묵담』: 명나라의 진정[28]이 저술했다.

원문 事文類聚 : 宋祝穆著.
번역 『사문류취』: 송나라의 축목[29]이 저술했다.

원문 自警編 : 宋趙善璙著.
번역 『자경편』: 송나라의 조선료[30]가 저술했다.

원문 韻會 : 元黃公紹著.
번역 『운회』: 원나라의 황공소[31]가 저술했다.

원문 字彙 : 明梅膺祚著.
번역 『자휘』: 명나라의 매응조[32]가 저술했다.

원문 禮記淺見錄 : 權楊村近著. ○以下並本朝人.

이며 이름은 이(珥)이다. 저서로는 『율곡전서(栗谷全書)』 등이 있다.
28) 진정(陳霆, A.D.1477~A.D.1550) : 명나라 때의 학자이다. 자는 성백(聲伯)이고 호는 수남(水南)이다. 저서로는 『양산묵담(兩山墨談)』 등이 있다.
29) 축목(祝穆, ?~?) : 송나라 때의 학자이다. 자는 화보(和甫)이고 초명은 병(丙)이다. 저서로는 『사문류취(事文類聚)』 등이 있다.
30) 조선료(趙善璙, ?~?) : 송나라 때의 학자이다. 자는 덕순(德純)이다. 저서로는 『자경편(自警編)』 등이 있다.
31) 황공소(黃公紹, ?~?) : 원나라 때의 학자이다. 자는 직옹(直翁)이다. 저서로는 『고금운증거요(古今韻會擧要)』 등이 있다.
32) 매응조(梅膺祚, ?~?) : 명나라 때의 학자이다. 자는 탄생(誕生)이다. 저서로는 『자휘(字彙)』 등이 있다.

번역 『예기천견록』: 양촌 권근33)이 저술했다. ○뒤에 나오는 사람들은 모두 우리나라 사람이다.

원문 經書辨疑 : 沙溪金文元公長生著.
번역 『경서변의』: 문원공 사계 김장생이 저술했다.

원문 家禮輯覽 : 同上.
번역 『가례집람』: 김장생이 저술했다.

원문 疑禮問解 : 同上.
번역 『의례문해』: 김장생이 저술했다.

원문 愚伏集 : 鄭文莊公經世著.
번역 『우복집』: 문장공 정경세34)가 저술했다.

원문 農巖集 : 金文簡公昌協著.
번역 『농암집(農巖集)』: 문간공 김창협35)이 저술했다.

원문 滄溪集 : 祭判林泳著.
번역 『창계집』: 참판 임영36)이 저술했다.

---

33) 권근(權近, A.D.1352~A.D.1409) : 고려 말 조선 초기의 학자이다. 본관은 안동(安東)이고 자는 가원(可遠)·사숙(思叔)이며 호는 소오자(小烏子)·양촌(陽村)이고 시호는 문충(文忠)이며 초명은 진(晉)이고 이름은 근(近)이다. 저서로는 『양촌집(陽村集)』 등이 있다.
34) 정경세(鄭經世, A.D.1563~A.D.1633) : 조선 중기 때의 학자이다. 본관은 진주(晉州)이고 자는 경임(景任)이며 호는 우복(愚伏)이고 시호는 문장(文莊)이며 이름은 경세(經世)이다. 저서로는 『우복집(愚伏集)』 등이 있다.
35) 김창협(金昌協, A.D.1651~A.D.1708) : 조선 후기 때의 학자이다. 본관은 안동(安東)이고 자는 중화(仲和)이며 호는 농암(農巖)·삼주(三洲)이고 시호는 문간(文簡)이며 이름은 창협(昌協)이다. 저서로는 『농암집(農巖集)』 등이 있다.
36) 임영(林泳, A.D.1649~A.D.1696) : 조선 후기 때의 문신이다. 본관은 나주(羅州)이고 자는 덕함(德涵)이며 호는 창계(滄溪)이고 이름은 영(泳)이다. 저서로는 『창

원문 玄石集:朴文純公世采著. ○今稱南溪集.
번역 『현석집』: 문순공 박세채37)가 저술했다. ○오늘날에는 『남계집(南溪集)』이라고 부른다.

원문 芝峯類說:判書李睟光著.
번역 『지봉류설』: 판서 이수광38)이 저술했다.

원문 禮記類編:領議政崔錫鼎著. ○後因朝令毀板.
번역 『예기류편』: 영의정 최석정39)이 저술했다. ○후대에 조정의 명령으로 인해 목판을 없애버렸다.

원문 楊梧禮記註:淸國初人, 字鳳閣.
번역 『양오예기주』: 청나라 초기 사람으로 자는 봉각(鳳閣)이다.

계집(滄溪集)』 등이 있다.
37) 박세채(朴世采, A.D.1631~A.D.1695): 조선 중기 때의 학자이다. 본관은 반남(潘南)이고 자는 화숙(和叔)이며 호는 남계(南溪)·현석(玄石)이고 시호는 문순(文純)이며 이름은 세채(世采)이다. 저서로는 『남계집(南溪集)』 등이 있다.
38) 이수광(李睟光, A.D.1563~A.D.1628): 조선 중기 때의 학자이다. 본관은 전주(全州)이고 자는 윤경(潤卿)이며 호는 지봉(芝峯)이고 시호는 문간(文簡)이며 이름은 수광(睟光)이다. 저서로는 『지봉집(芝峯集)』 등이 있다.
39) 최석정(崔錫鼎, A.D.1646~A.D.1715): 조선 후기 때의 문신이다. 본관은 전주(全州)이고 자는 여시(汝時)·여화(汝和)이며 호는 명곡(明谷)·존와(存窩)이고 시호는 문정(文貞)이며 초명은 석만(錫萬)이고 이름은 석정(錫鼎)이다. 저서로는 『예기류편(禮記類編)』 등이 있다.

「예기보주편목(禮記補註篇目)」

卷之一
　曲禮上第一
卷之二
　曲禮下第二
卷之三
　檀弓上第三
卷之四
　檀弓下第四
卷之五
　王制第五
卷之六
　月令第六
卷之七
　曾子問第七
卷之八
　文王世子第八
卷之九
　禮運第九
卷之十
　禮器第十
卷之十一
　郊特牲第十一
卷之十二
　內則第十二
卷之十三
　玉藻第十三

卷之十四
　明堂位第十四
卷之十五
　喪服小記第十五
卷之十六
　大傳第十六
　少儀第十七
卷之十七
　學記第十八
卷之十八
　樂記第十九
卷之十九
　雜記上第二十
卷之二十
　雜記下第二十一
卷之二十一
　喪大記第二十二
卷之二十二
　祭法第二十三
　祭義第二十四
卷之二十三
　祭統第二十五
　經解第二十六
卷之二十四
　哀公問第二十七
　仲尼燕居第二十八

　孔子閒居第二十九
卷之二十五
　坊記第三十
卷之二十六
　表記第三十二
卷之二十七
　緇衣第三十三
　奔喪第三十四
　問喪第三十五
卷之二十八
　服問第三十六
　間傳第三十七
　三年問第三十八
　深衣第三十九
　投壺第四十
卷之二十九
　儒行第四十一
　冠義第四十三
　昏義第四十四
　鄕飮酒義第四十五
卷之三十
　射義第四十六
　燕義第四十七
　聘義第四十八
　喪服四制第四十九

禮記補註卷之一

『예기보주』1권

「곡례상(曲禮上)」 제1편

補註 陸德明曰: 曲禮者, 儀禮之舊名.
번역 육덕명이 말하길, '곡례(曲禮)'는 『의례(儀禮)』의 옛 명칭이다.

補註 ○通解: 目錄曰, "此篇, 乃曲禮之記也."
번역 ○『통해』에서 말하길, 『목록』[1]에서는 "이 편은 『곡례(曲禮)』의 기문(記文)에 해당한다."라고 했다.

補註 ○語類曰: 曲禮必須別爲一書, 恊韻如弟子職之類. 如今篇首"若思"·"定辭"·"民哉[音玆]"; 及"上堂聲必揚"·"入戶視必下", 皆是韻. 今上下二篇, 皆是後人補湊而成, 不是全篇做底. 內則却是全篇做底, 但曾子曰一段不是.
번역 ○『어류』에서 말하길, 「곡례」는 분명히 별도로 하나의 책이 되니, 협운을 이루는 것이 『관자(管子)』「제자직(弟子職)」편의 부류와 같다. 예를 들어 첫 부분에 있는 '약사(若思)'·'정사(定辭)'·'민자(民哉)[음은 玆(자)이다.]'나[2] "당상에 올라갈 때에는 목소리는 반드시 크게 낸다."[3]라고 한 말과 "방문으로 들어갈 때에는 시선은 반드시 밑을 향한다."[4]라고 한 말들은 모두

---

1) 『목록(目錄)』은 정현이 찬술했다고 전해지는 『삼례목록(三禮目錄)』을 가리킨다. 『십삼경주소(十三經注疏)』에서 인용되고 있지만, 이 책은 『수서(隋書)』가 편찬될 당시에 이미 일실되어 존재하지 않았다. 『수서』「경적지(經籍志)」편에는 "三禮目錄一卷, 鄭玄撰, 梁有陶弘景注一卷, 亡."이라는 기록이 있다.
2) 『예기』「곡례상(曲禮上)」: 曲禮曰: 毋不敬, 儼若思, 安定辭, 安民哉.
3) 『예기』「곡례상(曲禮上)」: 將上堂, 聲必揚, 戶外有二屨, 言聞則入, 言不聞則不入.
4) 『예기』「곡례상(曲禮上)」: 將入戶, 視必下, 入戶奉扃, 視瞻毋回, 戶開亦開, 戶闔亦闔, 有後入者, 闔而勿遂.

운에 해당한다. 현재 남아있는 「곡례상」・「곡례하」 두 편은 모두 후대 사람들이 보충하여 완성한 것이니, 전편으로 된 것이 아니다. 『예기』「내칙(內則)」편이 오히려 전편으로 된 것인데, '증자왈(曾子曰)'이라고 한 단락5)은 옳지 않다.

---

5) 『예기』「내칙(內則)」: 曾子曰, "孝子之養老也, 樂其心, 不違其志, 樂其耳目, 安其寢處, 以其飮食忠養之. 孝子之身終, 終身也者, 非終父母之身, 終其身也. 是故父母之所愛亦愛之, 父母之所敬亦敬之. 至於犬馬盡然, 而況於人乎?"

「곡례상」 1장

> **참고-經文**
> ①曲禮曰: 毋不敬, 儼若思, 安定辭, 安民哉.

번역 옛 고례(古禮)의 「곡례(曲禮)」에서 말하길, 공경스럽지 못하게 행동하는 경우가 없도록 하고, 엄숙하게 행동하여 마치 신중하게 생각해서 행동하는 듯이 하며, 심사숙고 하여 바르고 정확한 말들을 한다면, 백성들을 편안하게 할 수 있을 것이다.

① 曲禮曰[止]民哉.

補註 疏曰: 旣云"曲禮曰", 是引儀禮正經. 今不見者, 或在三千散亡之中也.

번역 소에서 말하길, 이미 '곡례왈(曲禮曰)'이라고 했으니, 이것은 『의례』의 경문을 인용한 것이다. 현행본 『의례』에 보이지 않는 것은 아마도 삼천 가지 조목 중 없어진 기록에 포함되어 있어서일 것이다.

補註 ○通解: 呂氏大臨曰, "毋不敬者, 正其心也. 儼若思者, 正其貌也. 安定辭者, 正其言也."

번역 ○『통해』에서 말하길, 여대림[1]은 "공경하지 않음이 없다는 것은 마음을 바르게 한다는 뜻이다. 엄숙하게 행동하여 신중히 생각한 듯이 한다는 것은 모습을 바르게 한다는 뜻이다. 심사숙고하여 바르고 정확한 말을 한다는 것은 말을 바르게 한다는 뜻이다."라고 했다.

---

1) 남전여씨(藍田呂氏, A.D.1040~A.D.1092) : =여대림(呂大臨)·여씨(呂氏)·여여숙(呂與叔). 북송(北宋) 때의 학자이다. 이름은 대림(大臨)이고, 자(字)는 여숙(與叔)이며, 호(號)는 남전(藍田)이다. 장재(張載) 및 이정(二程)형제에게서 수학하였다. 저서로는 『남전문집(藍田文集)』 등이 있다.

「곡례상」 2장

> **참고-集說**
>
> 應氏曰: 敬之反爲敖, 情之動爲欲, 志滿則溢, ①樂極則反.

번역 응씨[1]가 말하길, '공경[敬]'의 반대말은 '오만[敖]'이 되고, '정(情)'이 제멋대로 날뛰면 '욕망[欲]'이 되며, '뜻[志]'이 가득 차면 넘치게 되고, '즐거움[樂]'이 극한대로 되면 반대급부가 생겨난다.

① ○樂極則反.

補註 按: 反是物極必反底意. 樂記曰: "樂極則憂."
번역 살펴보니, '반(反)'이란 사물이 지극한 지점에 이르게 되면 반드시 되돌아가게 된다는 뜻이다. 『예기』「악기(樂記)」편에서는 "악(樂)이 지극해지면 근심스럽게 된다."[2]라고 했다.

---

1) 금화응씨(金華應氏, ?~?): =응용(應鏞)·응씨(應氏)·응자화(應子和). 이름은 용(鏞)이다. 자(字)는 자화(子和)이다. 『예기찬의(禮記纂義)』를 지었다.
2) 『예기』「악기(樂記)」: 王者功成作樂, 治定制禮, 其功大者其樂備, 其治辯者其禮具. 干戚之舞, 非備樂也; 孰亨而祀, 非達禮也. 五帝殊時, 不相沿樂; 三王異世, 不相襲禮. 樂極則憂, 禮粗則偏矣. 及夫敦樂而無憂, 禮備而不偏者, 其唯大聖乎!

「곡례상」 3장

> **참고-經文**
> 賢者, 狎而敬之, 畏而愛之, 愛而知其惡, 憎而知其善, 積而能散, ①安安而能遷.

번역 현명한 자는 친하게 지내면서도 공경함을 잃지 않고, 외경하면서도 그 사람을 진심으로 사랑하며, 사랑하면서도 그 사람의 나쁜 점을 식별하고, 미워하면서도 그 사람의 좋은 점을 식별하며, 재물을 축적하면서도 사람들에게 잘 쓸 줄 알고, 편안한 곳에서 편안하게 지내면서도 옮겨야 할 때가 되면 안주하지 않고 옮길 줄 안다.

① 安安而能遷.

補註 楊梧曰: 如始則安於處, 若義所當出則出焉. 安安, 已是善, 能遷, 更盡善.

번역 양오가 말하길, 예를 들어 처음에는 거처를 편안하게 여기다가 만약 도의에 따라 마땅히 나가야 하면 나가는 것이다. 편안한 곳을 편안하게 여기는 것은 이미 선에 해당하고, 옮길 줄 아는 것은 곧 선을 다하는 것이다.

「곡례상」 4장

참고-經文

臨財, 毋苟得, 臨難, 毋苟免, 狠毋求勝, ①分毋求多.

번역 재물에 대해서는 구차하게 얻으려고 해서는 안 되고, 곤경에 처하게 되어서는 구차하게 모면하려고 해서는 안 되며, 싸움에서는 반드시 이기려고 해서는 안 되고, 분배를 할 때에는 많이 가지려고 해서는 안 된다.

① ○分毋求多.

補註 疏曰: 元是衆人之物, 當共分之, 人皆貪欲, 望多入己, 故戒之.
번역 소에서 말하길, 본래부터 여러 사람들이 함께 쓰는 재물은 마땅히 함께 나눠가져야 한다. 그런데도 사람들은 모두들 탐욕스러워서 자신에게 많이 돌아오기를 바라기 때문에 경계한 것이다.

참고-集說

毋苟得, ①見利思義也; 毋苟免, ②守死善道也. 狠毋求勝, ③忿思難也; 分毋求多, 不患寡而患不均也. 況求勝者, 未必能勝, 求多者, 未必能多, 徒爲失己也.

번역 "구차하게 얻지 말아라."라는 말은 이익을 보면 의로움을 생각해야 한다는 뜻이고, "구차하게 모면하지 말아라."라는 말은 목숨을 바쳐서라도 좋은 도리를 지켜야 한다는 뜻이다. "싸움에서는 반드시 이기려고 하지 말아라."라는 말은 분개할 때에는 어려울 때를 생각해야 한다는 뜻이고, "분배를 할 때에는 많이 가지려고 하지 말아라."라는 말은 적은 것을 걱정하지 않고, 균등하지 못함을 걱정한다는 뜻이다. 하물며 이기기만을 바라는 자들은 기필코 이길 수 없을 것이고, 많이 가지려고 하는 자들은 기필코 많이 얻을 수 없을 것이며, 그러한 자들은 결국 자기 자신을 잃어

버리게 될 것이다.

① 見利思義.

補註 論語憲問文.
번역 『논어』「헌문(憲問)」편의 기록이다.[1]

② 守死善道.

補註 泰伯文.
번역 『논어』「태백(泰伯)」편의 기록이다.[2]

③ 忿思難[又]不患寡而患不均.

補註 並季氏文.
번역 둘 모두 『논어』「계씨(季氏)」편의 기록이다.[3]

---

1) 『논어』「헌문(憲問)」: 見利思義, 見危授命.
2) 『논어』「태백(泰伯)」: 篤信好學, 守死善道.
3) 『논어』「계씨(季氏)」: 孔子曰, "君子有九思, 視思明, 聽思聰, 色思溫, 貌思恭, 言思忠, 事思敬, 疑思問, 忿思難, 見得思義." / 『논어』「계씨」: 丘也聞有國有家者, 不患寡而患不均, 不患貧而患不安.

「곡례상」 6장

> 참고-集說
>
> 疏曰: 尸居神位, 坐必矜莊, 坐法必當如尸之坐. 人之倚立, 多慢不恭, 雖不齊, 亦①當如祭前之齊.

번역 공영달의 소에서 말하길, 시동이 신위에 위치할 때, 앉을 때에는 반드시 엄숙하고 공경스러운 자세를 취한다. 따라서 앉을 때의 법도는 반드시 시동이 앉은 것처럼 해야 하는 것이다. 그리고 어딘가에 의지하여 서 있으면, 대부분 오만하고 불손하게 된다. 따라서 비록 실제로 재계를 한 것은 아니지만, 또한 제사를 지내기 전에 재계를 한 듯이 서 있어야 하는 것이다.

① ○當如祭前之齊.

補註 疏又曰: 凡齊坐而無立. 今云"立如齊"者, 祭日神前之齊.

번역 소에서 또 말하길, 무릇 재계를 할 때에는 정숙하게 앉아 있으며 서 있는 경우가 없다. 그런데 이곳 경문에서 "서 있을 때에는 재계를 한 것처럼 선다."라고 한 것은 제사를 지내는 당일 신위를 대하기 이전의 재계를 뜻한다.

> 참고-集說
>
> 朱子曰: ①劉原父云, "此乃大戴禮曾子事父母篇之辭. 曰, '孝子惟巧變, 故父母安之. 若夫坐如尸, 立如齊, 弗訊不言, 言必齊色, 此成人之善者也, 未得爲人子之道也.' 此篇蓋取彼文, 而'若夫'二字失於刪去." 鄭氏不知其然, 乃謂此二句②爲丈夫之事, 誤矣.

번역 주자가 말하길, 유원보[1])는 "이 문장은 『대대례기』「증자사부모(曾子事父母)」편에 나오는 말이다. 『대대례기』에서는 '효자는 부모를 따르면서도, 부모가 좋은 쪽으로 변화되는 일에 온힘을 기울인다. 그렇기 때문에 부모들이 편안하게 여기는 것이다. 만약 앉는 경우라면, 시동처럼 정숙하게 앉아야 하고, 서 있는 경우라면, 재계를 한 것처럼 정숙하게 서야 하며, 부모가 물어보지 않으면 말을 하지 않고, 말을 할 때에는 반드시 정숙하고 단정한 낯빛으로 해야 하는데, 이러한 행동들은 성인으로서 잘하는 행동이라고 할 수는 있지만, 자식된 도리를 다한 것이라고는 할 수 없다.'[2])라고 했다. 따라서 위의 경문은 바로 『대대례기』의 문장들을 취합한 것인데, '약부(若夫)'라는 두 글자를 실수로 삭제하지 않고 기록한 것이다."라고 했다. 그런데 정현은 이러한 사정을 알지 못하고, '약부'를 '대장부가 되고자 한다면'이라는 뜻으로 해석하고, '좌여시(坐如尸)'·'입여제(立如齊)'라는 두 구문을 '대장부가 해야 할 일'이라고 해석하였으니, 이것은 잘못된 풀이이다.

① 劉原父.

補註 沙溪曰: 名敞, 宋人.
번역 사계가 말하길, 이름은 창(敞)이고 송나라 사람이다.

② 爲丈夫之事.

補註 鄭註: 若夫, 言若欲爲丈夫也.
번역 정현의 주에서 말하길, '약부(若夫)'라는 말은 '만약 대장부가 되고자 한다면'이라는 뜻이다.

---

1) 유창(劉敞, A.D.1019~A.D.1068): =공시선생(公是先生)·유원보(劉原父)·청강유씨(淸江劉氏). 북송(北宋) 때의 경학자이다. 자(字)는 원보(原父)이다. 유학뿐만 아니라 불교와 도교에 대해서도 연구하였고, 천문(天文), 지리(地理) 등의 방면에도 조예가 깊었다.
2) 『대대례기』「증자사부모(曾子事父母)」: 孝子唯巧變, 故父母安之. 若夫坐如尸, 立如齊, 弗訊不言, 言必齊色, 此成人之善者也, 未得爲人子之道也.

「곡례상」 7장

참고-經文
①禮從宜, 使從俗.

번역 예를 따를 때에는 합당함에 따라야 하고, 사신으로 가서는 그곳의 풍속에 따라야 한다.

① 禮從宜, 使從俗.
補註 疏曰: 使, 謂臣爲君出聘之法.
번역 소에서 말하길, '사(使)'자는 신하가 군주를 위해 빙문을 시행하는 법도를 뜻한다.

補註 ○通解曰: 宜, 謂事之所宜, 若男女授受, 不親爲禮, 而祭與喪, 則相授器之類. 俗, 謂彼國之俗, 若魏李彪以吉服弔齊, 齊裵昭明以凶服弔魏, 蓋得此義.
번역 ○『통해』에서 말하길, '의(宜)'자는 일의 합당한 점을 뜻하니, 마치 남자와 여자가 물건을 주고받을 때 직접 주고받지 않는 것이 예가 되지만[1] 제사나 상을 치르는 경우에는 서로 주고받을 수도 있다는 부류[2]와 같다. '속(俗)'자는 그 나라의 풍속을 뜻하니, 마치 위나라 이표(李彪)가 길복(吉服)을 입고서 제나라에 조문을 가고,[3] 제나라 배소명(裵昭明)이 흉복(凶服)을 입고서 위나라에 조문을 갔던 일화[4] 등이 아마도 여기에서 말하는 뜻에 부합되는 것 같다.

---

1) 『맹자』「이루상(離婁上)」: 嫂溺不援, 是豺狼也. <u>男女授受不親</u>, 禮也, 嫂溺, 援之以手者, 權也.
2) 『예기』「제통(祭統)」: <u>夫婦相授受</u>不相襲處, 酢必易爵, 明夫婦之別也.
3) 이 일화는 『북사(北史)』의 이표(李彪)에 관한 「열전(列傳)」 부분에 기록되어 있다.
4) 이 일화는 『남제서(南齊書)』의 배소명(裵昭明)에 관한 「열전(列傳)」 부분에 기록되어 있다.

補註 ○按, 李彪·裵昭明事, 見綱目齊武帝永明九年.

번역 ○살펴보니, 이표와 배소명에 대한 일화는 『강목』 제나라 무제 영명 9년 기록에 나온다.

「곡례상」 8장

참고-經文

①夫禮者, 所以定親疏, 決嫌疑, 別同異, 明是非也.

번역 무릇 예라는 것은 친하고 소원한 관계를 확정하고, 불미스럽고 의심스러운 부분을 해결하며, 같고 다른 것을 분별하고, 옳고 그른 것을 명확하게 해주는 것이다.

① ○夫禮者[止]非也.

補註 楊梧曰: 疏言喪服擧禮之一節爲例.

번역 양오가 말하길, 소에서는 상복의 예법을 시행하는 한 단락을 언급하며 예시로 삼고 있다.

참고-集說

疏曰: 五服之內, 大功以上, 服麤者爲親; 小功以下, 服精者爲疏. 若妾爲女君期. 女君爲妾, 若服之則太重, 降之則有舅姑爲婦之嫌, 故全不服, 是決嫌也. ①孔子之喪, 門人疑所服, 子貢請若喪父而無服, 是決疑也. 本同今異, 姑姊妹是也; 本異今同, 世母叔母及子婦是也. 得禮爲是, 失禮爲非. ①若主人未小斂, 子游裼裘而弔, 得禮, 是也; 曾子襲裘而弔, 失禮, 非也.

번역 공영달의 소에서 말하길, 오복(五服)[1] 중에 대공복(大功服)[2] 이상인 참최복

---

1) 오복(五服)은 죽은 자와 친하고 소원한 관계에 따라 입게 되는 다섯 가지 상복(喪服)을 뜻한다. 참최복(斬衰服), 자최복(齊衰服), 대공복(大功服), 소공복(小功服), 시마복(緦麻服)을 가리킨다. 『예기』「학기(學記)」편에는 "師無當於五服, 五服弗

(斬衰服)3) · 자최복(齊衰服)4) · 대공복은 매우 거친 옷감으로 만든 상복으로, 이 복장들을 입는 것은 죽은 자와의 관계가 가까운 경우이다. 또한 소공복(小功服)5) 이하인 소공복 · 시마복(緦麻服)6)은 조밀한 옷감으로 만든 상복으로, 이 복장을 입

得不親."이라는 기록이 있는데, 이에 대한 공영달(孔穎達)의 소(疏)에서는 "五服, 斬衰也, 齊衰也, 大功也, 小功也, 緦麻也."라고 풀이했다. 또한 '오복'에 있어서는 죽은 자와 가까운 관계일수록 중대한 상복을 입고, 복상(服喪) 기간도 늘어난다. 위의 '오복' 중 참최복이 가장 중대한 상복에 속하며, 그 다음은 자최복이고, 대공복, 소공복, 시마복 순으로 내려간다.

2) 대공복(大功服)은 상복(喪服) 중 하나로, 오복(五服)에 속한다. 조밀한 삼베를 사용해서 만들지만, 소공복(小功服)에 비해서는 삼베의 재질이 거칠기 때문에, '대공복'이라고 부른다. 이 복장을 입게 되는 기간은 상황에 따라 차이가 생기지만, 일반적으로 9개월이다. 당형제(堂兄弟) 및 미혼인 당자매(堂姊妹), 또는 혼인을 한 자매(姊妹) 등을 위해서 입는다.

3) 참최복(斬衰服)은 상복(喪服) 중 하나로, 오복(五服)에 속한다. 상복 중에서도 가장 수위가 높은 상복이다. 거친 삼베를 사용해서 만들며, 자른 부위를 꿰매지 않기 때문에 참최(斬衰)라고 부른다. 이 복장을 입게 되는 기간은 일반적으로 3년에 해당하며, 죽은 부모를 위해 입거나, 처 또는 첩이 죽은 남편을 위해 입는다.

4) 자최복(齊衰服)은 상복(喪服) 중 하나로, 오복(五服)에 속한다. 거친 삼베를 사용해서 만들며, 자른 부위를 꿰매어 가지런하게 정리하기 때문에, '자최복'이라고 부른다. 이 복장을 입게 되는 기간에도 여러 종류가 있는데, 3년 동안 입는 경우는 죽은 계모(繼母)나 자모(慈母)를 위한 경우이고, 1년 동안 입는 경우는 손자가 죽은 조부모를 위해 입는 경우와 남편이 죽은 아내를 입는 경우 등이다. 그리고 1년 동안 '자최복'을 입는 경우, 그 기간을 자최기(齊衰期)라고도 부른다. 또 5개월 동안 입는 경우는 죽은 증조부나 증조모를 위한 경우이며, 3개월 동안 입는 경우는 죽은 고조부나 고조모를 위한 경우 등이다.

5) 소공복(小功服)은 상복(喪服) 중 하나로, 오복(五服)에 속한다. 조밀한 삼베를 사용해서 만들며, 대공복(大功服)에 비해서 삼베의 재질이 조밀하기 때문에, '소공복'이라고 부른다. 이 복장을 입게 되는 기간은 상황에 따라 차이가 생기지만, 일반적으로 5개월이 된다. 백숙(伯叔)의 조부모나 당백숙(堂伯叔)의 조부모, 혼인하지 않은 당(堂)의 자매(姊妹), 형제(兄弟)의 처 등을 위해서 입는다.

6) 시마복(緦麻服)은 상복(喪服) 중 하나로, 오복(五服)에 속한다. 가장 조밀한 삼베를 사용해서 만든다. 이 복장을 입게 되는 기간은 상황에 따라서 차이가 있지만, 일반적으로 3개월이 된다. 친족의 백숙부모(伯叔父母)나 친족의 형제(兄弟)들 및 혼인

는 것은 죽은 자와의 관계가 먼 경우이다. 예를 들어 첩은 본부인이 죽었을 때, 그녀를 위해 1년 동안 상복을 입는다. 그런데 본부인이 죽은 첩을 위해서, 첩과 마찬가지로 1년 동안 상복을 입게 된다면, 너무 지나치게 대우하는 꼴이 되고, 또한 그것보다 기간을 낮추게 되면, 시부모가 죽은 며느리를 위해서 입게 되는 상복 기간과 겹치게 되는 불미스러운 일이 생긴다. 그렇기 때문에 아예 상복을 입지 않는 것이니, 이것이 바로 예가 불미스러운 일을 해결해준다는 뜻이다. 그리고 공자가 죽었을 때, 공자의 문인들은 어떤 복장을 입고 상을 치러야 하는지에 대해서 의문이 들었다. 그래서 자공은 의견을 개진하며, 부친에 대한 상처럼 지내되, 실제 부자관계가 아니므로, 상복은 입지 말도록 하였다.7) 이것이 바로 예가 의심스러운 점을 해결해준다는 뜻이다. 본래는 같은 것인데, 오늘날 달라진 것은 고모 및 자매에 대한 상복과 복상기간이 이러한 경우에 해당하고, 본래는 다른 것인데, 오늘날 같아진 것은 백모(伯母), 숙모(叔母) 및 자식의 부인에 대한 상복과 복상기간이 이러한 경우에 해당한다. 예에 따르면 옳은 것이고, 예를 어기면 잘못된 것이다. 예를 들어 상주가 아직 소렴(小斂)8)을 하지 않았는데, 자유가 석구(裼裘)9)를 입고 조문한 것은 예법에 맞으므로 옳은 것이고, 증자가 습구(襲裘)10)를 입고 조문한 것은 예법을 어긴 일이므로 잘못된 것이다.11)

하지 않은 친족의 자매(姉妹) 등을 위해서 입는다.
7) 『예기』「단궁상(檀弓上)」: 孔子之喪, 門人疑所服. 子貢曰: "昔者夫子之喪顔淵, 若喪子而無服. 喪子路亦然. 請喪夫子若喪父而無服."
8) 소렴(小斂)은 상례(喪禮) 절차 중 하나이다. 죽은 자의 시신을 목욕시키고, 의복을 착용시키며, 그 위에 이불 등으로 감싸는 절차를 뜻한다.
9) 석구(裼裘)는 예식(禮式)을 치를 때, 복장을 착용하는 방식 중 하나이다. 겉옷의 소매를 걷어 올려서, 안에 입고 있는 갓옷을 겉으로 드러내되, 다 드러내는 것은 아니다. 성대한 예식을 치를 때가 아니라면, 이러한 복식으로 복장을 착용하는 것이 공손함을 나타내는 방법이 된다.
10) 습구(襲裘)는 성대한 예식(禮式)을 치를 때, 복장을 착용하는 방식을 뜻한다. 겉옷으로 안에 입고 있던 갓옷을 완전하게 가리기 때문에, '습구'라고 부른다.
11) 『예기』「단궁상(檀弓上)」: 曾子襲裘而弔, 子游裼裘而弔. 曾子指子游而示人, 曰, "夫夫也, 爲習於禮者, 如之何其裼裘而弔也?" 主人旣小斂, 袒, 括髮, 子游趨而出, 襲裘帶絰而入. 曾子曰, "我過矣, 我過矣. 夫夫是也."

① 孔子之喪[又]主人未小斂.

원문 並見檀弓上.
번역 모두 『예기』「단궁상(檀弓上)」편에 나오는 기록이다.

「곡례상」 9장

참고-集說

求以悅人, 已失處心之正, 況妄乎? 不妄悅人, 則知禮矣. ①躁人之辭多, 君子之辭達意則止. 言者煩, 聽者必厭.

번역 남을 기쁘게 하는 것을 추구한다면, 이미 마음을 보존시키는 올바른 도리를 잃어버린 것인데, 하물며 망령되게 남을 기쁘게 만드는 경우는 어떠하겠는가? 망령되이 남을 기쁘게 만드는 것을 추구하지 않는다면, 이것은 곧 예를 제대로 아는 것이다. 성급한 사람들은 쓸데없이 말이 많지만, 군자가 말을 할 때에는 뜻을 전달하게 되면, 더 이상 말을 하지 않는다. 말하는 것이 쓸데없이 많아서 번잡스러우면, 듣는 자가 반드시 싫어하게 된다.

① ○躁人之辭多.

補註 易繫辭文.

번역 『역』「계사전(繫辭傳)」의 기록이다.[1]

---

1) 『역』「계사하(繫辭下)」: 凡易之情, 近而不相得則凶, 或害之, 悔且吝. 將叛者其辭慙, 中心疑者其辭枝, 吉人之辭寡, <u>躁人之辭多</u>, 誣善之人其辭游, 失其守者其辭屈.

「곡례상」 11장

> 참고-集說
>
> 人之所以爲人, 言行而已, ①忠信之人, 可以學禮, 故曰禮之質也.

번역 사람이 사람일 수 있는 까닭은 말과 행동에 달려 있을 따름이니, 충신(忠信)을 갖춘 사람만이 예(禮)를 배울 수 있다. 그렇기 때문에 수양을 하고, 도리에 합당한 말을 하는 것이 "예의 바탕이다."라고 말한 것이다.

① ○忠信之人, 可以學禮.

원문 禮器文.
번역 『예기』「예기(禮器)」편의 기록이다.[1]

---

[1] 『예기』「예기(禮器)」: 君子曰, 甘受和, 白受采. <u>忠信之人, 可以學禮</u>. 苟無忠信之人, 則禮不虛道. 是以得其人之爲貴也.

「곡례상」 12장

참고-經文
① 禮, 聞取於人, 不聞取人, 禮, 聞來學, 不聞往敎.

번역 예에 있어서 남이 나의 행동을 모범으로 삼아 채택한다는 말은 들어 봤어도, 내가 직접 나의 행동을 본받도록 억지로 강요한다는 말은 들어보지 못했다. 또한 예에 있어서 남이 나의 행동을 본받기 위해 찾아와서 배운다는 말은 들어 봤어도, 내가 남을 찾아가서 직접 내 행동을 본받도록 가르친다는 말은 들어보지 못했다.

① 禮聞取於人[止]往敎.

補註 通解曰: 此雖兩節, 其實互明一事也. 取於人者, 童蒙求我, 朋自遠來也. 取人者, 好爲人師, 我求童蒙也. 禮有取於人, 所以彼有來學, 無取人, 所以我無往敎也.

번역 『통해』에서 말하길, 이 문장은 비록 두 단락으로 이루어져 있지만, 실제로는 상호 한 가지 사안을 드러내고 있다. '취어인(取於人)'은 어린아이가 나에게 가르침을 구하는 것이며 벗이 먼 곳으로부터 찾아오는 것을 뜻한다. '취인(取人)'은 남의 스승되기를 좋아하는 것으로 내가 가르칠 어린아이를 찾는 것이다. 예에 있어서 취어인(取於人)이 있다고 한 것은 상대가 찾아와서 배우는 경우가 있다는 것이며, 취인(取人)이 없다고 한 것은 내가 찾아가서 가르치는 경우가 없다는 것이다.

「곡례상」 13장

참고-經文
① 道德仁義, 非禮不成.

번역 도덕과 인의는 예를 통하지 않으면 이룰 수 없다.

① ○道德仁義, 非禮不成.

補註 按: 上總論, 延平周氏論此義頗詳, 宜叅考.

번역 살펴보니, 앞의 총론에서 연평주씨[1]가 이 의미를 논의한 것이 상세하니, 마땅히 참고해야만 한다.

참고-集說
道, 猶路也, 事物當然之理, 人所共由, 故謂之道. 行道而有得於心, 故謂之德. 仁者, 心之德, 愛之理. 義者, 心之制, 事之宜. 四者皆由禮而入, 以禮而成. 蓋禮以敬爲本, ①敬者, 德之聚也.

번역 '도(道)'라는 것은 길과 같으니, 모든 사물이 당연히 따라야 하는 이치이며, 사람이라면 누구나 따르는 것이다. 그렇기 때문에 도라고 부르는 것이다. 도를 시행하면 마음속에 얻게 되는 것이 생긴다. 그렇기 때문에 '득(得)'자와 '심(心)'자를 합쳐서, '덕(德)'이라고 부르는 것이다. '인(仁)'은 마음의 덕이며 사랑의 이치[理]이다. '의(義)'라는 것은 마음을 통제하는 법제[制]이며, 사물에 있어서는 마땅함[宜]이 된다. '도'·'덕'·'인'·'의' 이 네 가지에 대해서는 모두 예(禮)를 통해서

---

1) 연평주씨(延平周氏, ?~?) : =주서(周諝)·주희성(周希聖). 송(宋)나라 때의 유학자이다. 이름은 서(諝)이다. 자(字)는 희성(希聖)이다. 『예기설(禮記說)』 등의 저서가 있다.

입문하는 것이며, 또한 예를 통해서 완성하는 것이다. 무릇 예라는 것은 공경[敬]을 근본으로 삼고 있는데, '경(敬)'은 곧 덕의 집합체가 된다.

① 敬, 德之聚也.

補註 按: 此左傳臼季薦冀缺之語, 見僖三十三年.
번역 살펴보니, 이것은 『좌전』에서 구계가 기결을 천거하는 말에 해당하니, 희공 33년 기록에 보인다.[2]

---

2) 『춘추좌씨전』「희공(僖公) 33년」: 初, 臼季使, 過冀, 見冀缺耨, 其妻饁之, 敬, 相待如賓. 與之歸, 言諸文公曰, "敬, 德之聚也. 能敬必有德. 德以治民, 君請用之! 臣聞之, 出門如賓, 承事如祭, 仁之則也."

「곡례상(曲禮上)」제1편 **51**

「곡례상」 17장

> **참고-經文**
> ①宦學事師, 非禮不親.

번역 벼슬살이를 하거나 학문을 하는 데에는 스승이 필요한데, 스승을 섬기는 것은 예(禮)가 아니면, 서로 친애할 수 없다.

① 宦學事師.

補註 疏曰: 宦, 謂學仕宦之事; 學, 謂學習六藝, 此二者, 俱是事師.
번역 소에서 말하길, '환(宦)'은 학문을 성취하여 벼슬에 나아가는 일을 가리키고, '학(學)'은 육예(六藝)¹⁾를 익히고 배운다는 뜻이다. 이 두 가지 일들은 모두 스승을 섬겨야만 가능하다.

---

1) 육예(六藝)는 기본적으로 갖춰야 하는 여섯 가지 과목을 뜻한다. 여섯 가지 과목은 예(禮), 음악[樂], 활쏘기[射], 수레몰기[御], 글쓰기[書], 셈하기[數]이며, 구체적으로 말하자면 오례(五禮), 육악(六樂), 오사(五射), 오어(五馭: =五御), 육서(六書), 구수(九數)를 가리킨다.

「곡례상」 19장

> 참고-集說
> ① 禱以求爲意, 祠以文爲主, 祭以養爲事, 祀以安爲道. 四者皆以供給鬼神, 誠出於心, 莊形於貌. 四者非禮, 則不誠不莊.

번역 '도(禱)'는 구원하는 것에 의미를 두고, '사(祠)'는 축문 올리는 것을 위주로 하며, '제(祭)'는 귀신 봉양하는 일을 주된 일로 삼고, '사(祀)'는 귀신을 편안하게 하는 것을 도리로 삼는다. 이 네 가지는 모두 귀신을 흠향시키는 방법인데, 정성스러움은 이러한 일들을 집행하는 자의 마음속으로부터 나타나고, 장엄함은 집행하는 자의 행동거지를 통해 형상화된다. 따라서 이러한 네 가지 일들을 예에 따라서 시행하지 않는다면, 정성스럽지 못하게 되고, 엄숙하지도 못하게 된다.

① ○禱以求[止]以安爲道.

補註 沙溪曰: 四者, 通可謂之祭祀, 而各有主意. 然祠之文, 祀之安, 未詳其義.

번역 사계가 말하길, 네 가지는 통괄해서 '제사(祭祀)'라고 부를 수 있지만 각각에 주된 의미가 있다. 그러나 '사지문(祠之文)'이나 '사지안(祀之安)'이라는 말에 대해서는 그 의미를 잘 모르겠다.

補註 ○周禮小宗伯註: 求福曰禱; 得求曰祠.

번역 ○『주례』「소종백(小宗伯)」편의 주에서 말하길, 복을 기원하는 제사를 '도(禱)'라고 부르고, 기원했던 것을 얻었을 때 보답하는 뜻에서 지내는 제사를 '사(祠)'라고 부른다.

「곡례상」 20장

> 참고-集說
> 是以, 承上文而言. 撙, 裁抑也. ①禮, 主其減.

번역 '시이(是以)'는 앞 문장에 연이어서 말할 때 쓰는 단어이다. '준(撙)'자는 절제하고 억제한다는 뜻이다. 예의 작용은 쓸데없는 것들을 덜어내는 것을 위주로 한다.

① ○禮主其減.
補註 樂記文.
번역 『예기』「악기(樂記)」편의 기록이다.[1]

---

1) 『예기』「악기(樂記)」: 樂也者, 動於內者也. 禮也者, 動於外者也. 故禮主其減, 樂主其盈. 禮減而進, 以進爲文; 樂盈而反, 以反爲文. 禮減而不進則銷, 樂盈而不反則放, 故禮有報而樂有反. 禮得其報則樂, 樂得其反則安. 禮之報, 樂之反, 其義一也.

「곡례상」 21장

> 참고─經文
>
> 鸚鵡能言, 不離飛鳥; 猩猩能言, ①不離禽獸; 今人而無禮, 雖能言, 不亦禽獸之心乎? 夫惟禽獸無禮, 故父子聚麀.

번역 앵무새가 비록 말을 할 수 있다고 하지만, 그 본질은 새에 지나지 않고, 성성(猩猩)이가 비록 말을 할 수 있다고 하지만, 그 본질은 금수에 지나지 않는다. 오늘날 사람들은 누구나 다 인간이라는 존재에 해당하지만, 예가 없다면 비록 말은 할 수 있다고 하더라도, 껍데기만 사람이지, 또한 금수의 마음을 지니고 있는 것이 아니겠는가? 무릇 오직 짐승들만이 예가 없기 때문에, 부친과 자식이 암컷을 공유하는 것이다.

① **不離禽獸.**

補註 疏曰: "易云: '王用三驅, 失前禽.' 周禮云: '以禽作六摯, 卿羔, 大夫鴈.' 白虎通云: '禽者, 鳥獸之總名.' 故獸得通名禽也.

번역 소에서 말하길, 『역』에서 "왕이 세 방면에서 짐승들을 몰지만, 앞에 있는 짐승[禽]들을 잃는다."[1]라고 했고, 『주례』에서는 "짐승[禽]을 사용하여 여섯 가지 예물을 정하니, 경은 '새끼 양[羔]'을 쓰고, 대부는 기러기[鴈]를 쓴다."[2]라고 했으며, 『백호통』에서는 "금(禽)이라는 것은 조수(鳥獸)를 총칭하는 말이다."라고 했다. 그렇기 때문에 뭍짐승에 대해서 통칭하여 '금(禽)'이라 부를 수 있는 것이다.

---

1) 『역』「비괘(比卦)」: 九五, 顯比, 王用三驅, 失前禽, 邑人不誡, 吉.
2) 『주례』「춘관(春官)·대종백(大宗伯)」: 以禽作六摯, 以等諸臣. 孤執皮帛, 卿執羔, 大夫執鴈, 士執雉, 庶人執鶩, 工商執雞.

참고-집설

鸚鵡, 鳥之慧者, 隴蜀嶺南皆有之. 猩猩, 人面豕身, 出交趾封谿等處. 禽者, 鳥獸之總名. ①鳥不可曰獸, 獸亦可曰禽, 故鸚鵡不曰獸, 而猩猩則通曰禽也. 聚, 猶共也. 獸之牝者曰麀.

번역 앵무새는 새 중에서도 지혜로운 새이며, 롱(隴)[3]과 촉(蜀)[4], 그리고 영남(嶺南)[5] 지역 등에 이 새들이 서식하고 있다. 성성(猩猩)은 사람의 얼굴에 돼지의 몸뚱이를 하고 있는 동물로, 교지(交趾)[6] 봉계(封谿)[7] 등의 지역에서 출몰한다. 금(禽)자는 날짐승[鳥]이나 뭍짐승[獸]까지도 포함하는 명칭이다. 날짐승에 대해서는 '수(獸)'라고 부르지 못하지만, 뭍짐승에 대해서는 또한 '금'이라고 부를 수 있다. 그렇기 때문에 앵무새에 대해서는 '수'라고 부르지 못하지만, 성성이는 통칭하여 '금'이라고 부르는 것이다. '취(聚)'자는 "공유한다[共]."는 뜻이다. 뭍짐승의 암컷은 '우(麀)'라고 부른다.

① 鳥不可曰獸.

補註 按: 書益稷"百獸率舞", 註曰: "考工記曰, '天下大獸五, 脂者·膏者·臝者·羽者·鱗者.' 羽·鱗, 總可謂之獸也." 與此註異.

번역 살펴보니, 『서』「익직(益稷)」편에서는 "온갖 수(獸)가 서로 따라 춤을 추었다."[8]라고 했고, 주에서는 "『고공기』에서는 '천하에는 큰 수(獸)가 다섯 가지이니, 기름이 응어리지는 것, 기름이 풀어지는 것, 털이 짧은 것, 깃털을

---

3) 롱(隴)은 오늘날의 감숙성(甘肅省) 일대의 지역에 해당한다.
4) 촉(蜀)은 오늘날의 사천성(四川省) 일대의 지역에 해당한다.
5) 영남(嶺南)은 오령(五嶺)의 남쪽 지역을 지칭하는 용어로, 광동(廣東) 및 광서(廣西) 일대의 지역에 해당한다.
6) 교지(交趾)는 오령(五嶺)의 남쪽 지역을 범칭하는 말이다. 또한 한(漢)나라 무제(武帝)가 남월(南越)을 멸망시킨 이후 설치했던 13개의 자사부(刺史部) 중 하나를 가리킨다. 오늘날의 베트남 북부 지역에 해당한다.
7) 봉계(封谿)는 교지(交趾)에 속해있었던 지역 중 하나이다.
8) 『서』「우서(虞書)·익직(益稷)」: 夔曰, 於, 予擊石拊石, 百獸率舞, 庶尹允諧.

가진 것, 비늘이 있는 것이다.'9)라고 했으니, 깃털을 가진 새들과 비늘을 가진 물고기들에 대해서도 총칭하여 '수(獸)'라고 부를 수 있다."라고 했으니, 이곳의 주석 내용과는 차이를 보인다.

---

9) 『주례』「동관고공기(冬官考工記)·재인(梓人)」: 天下之大獸五: 脂者, 膏者, 臝者, 羽者, 鱗者.

「곡례상」 24장

참고-經文

① **人有禮則安, 無禮則危, 故曰禮者不可不學也.**

번역 사람에게 있어서 예가 있다면 편안하게 되고, 예가 없다면 위태롭게 된다. 그렇기 때문에 "예라는 것은 배우지 않을 수가 없는 것이다."라고 말하는 것이다.

① 人有禮[止]則危.

補註 大全答江德功書曰: 有禮則安, 只說施報往來之禮, 人能有此, 則不忤於物而身安耳.

번역 『대전』에서 강덕공에게 답한 서신에서 말하길, 예가 있으면 편안하다는 것은 단지 베풀고 보답하며 주고받는 예를 설명한 것인데, 사람이 이처럼 할 수 있다면 다른 사물을 거스르지 않아 본인이 편안하게 될 따름이다.

「곡례상」 25장

참고—經文

夫禮者, 自卑而尊人, ①雖負販者, 必有尊也, 而況富貴乎?

번역 무릇 예(禮)에 따른다는 것은 자신을 낮추고 남을 높이는 것이니, 비록 노동자[負]나 장사치[販]와 같이 신분이 비천하고 가난한 자라고 할지라도, 반드시 예에 따라서 존귀하게 대하는 행동을 하는데, 하물며 부유하고 존귀한 자에 있어서는 어찌해야겠는가?

① ○雖負販者, 必有尊也.

補註 鄭註: 負販者, 尤輕佻志利, 宜若無禮然.
번역 정현의 주에서 말하길, 노동자와 장사치들은 일반인들보다 더욱 경박하고 또한 이익에만 뜻을 두고 있어서, 응당 무례할 것만 같이 보인다.

補註 ○按, 蓋謂雖負販之中, 亦有自相尊者.
번역 ○살펴보니, 아마도 노동자나 장사치와 같은 자일지라도 그들 중에는 또한 서로를 존귀하게 높이는 점이 있음을 뜻하는 것 같다.

「곡례상」 27장

참고-經文

人生十年曰幼, 學. 二十曰弱, 冠. 三十曰壯, 有室. 四十曰强, 而仕. 五十曰艾, 服官政. ①六十曰耆, 指使. 七十曰老, 而傳. ②八十九十曰耄, 七年曰悼, 悼與耄, 雖有罪, 不加刑焉. 百年曰期, 頤.

번역 사람이 태어나서 10세가 되면, 그런 사람을 어리다는 뜻에서 유(幼)라 부르고, 학문에 입문하도록 한다. 20세가 되면, 아직 장성한 것이 아니기 때문에 약(弱)이라 부르고, 관례(冠禮)를 해준다. 30세가 되면, 장성하였기 때문에 장(壯)이라 부르고, 혼인을 시켜서 가정을 이루게 한다. 40세가 되면, 지기(志氣)가 강성해졌기 때문에 강(强)이라 부르고, 하위관료에 임명한다. 50세가 되면 머리가 희끗희끗해져서 마치 쑥잎처럼 되기 때문에 애(艾)라 부르고, 고위관료에 임명하여 국정(國政)에 참여하도록 한다. 60세가 되면, 노인에 가까워지기 때문에 기(耆)라 부르고, 제 스스로 일을 처리하기보다는 남에게 지시를 하며 시키게 된다. 70세가 되면, 나이가 들었기 때문에 노(老)라 부르고, 가사(家事)를 아들에게 전수한다. 80세나 90세가 되면, 정신이 흐려지고 잘 잊어버리기 때문에 모(耄)라 부르고, 한편 7세가 된 아이들은 가엾기 때문에 도(悼)라고 부르는데, 이 두 부류의 사람들은 비록 죄를 지었다고 하더라도, 그것은 실수로 죄를 범한 것이지 고의로 한 것이 아니기 때문에, 형벌을 내리지 않는다. 100세가 되면, 수명이 거의 다 되어가기 때문에, 기(期)라 부르고, 남의 도움 없이는 아무 것도 할 수 없으니, 모든 일들에 대해서 봉양을 해주어야 한다.

① ○六十曰耆.

補註 疏曰: 賀瑒云, "耆, 至也, 至老之境也."

번역 소에서 말하길, 하창[1]은 "'기(耆)'자는 '도달한다[至].'는 뜻으로, 노인의

---

1) 하창(賀瑒, A.D.452~A.D.510) : 남조(南朝) 때의 학자이다. 남조의 제(齊)나라와

경계에 도달했음을 의미한다."라고 했다.

② 八十九十曰耄.

補註 疏曰: 人或八十而耄, 或九十而耄, 故並言二時.
번역 소에서 말하길, 사람들은 80세 때 노망이 들거나 90세 때 노망이 들기 때문에, 이 두 시기를 아울러서 '모(耄)'라고 말한 것이다.

補註 ○陸曰: 本或作"八十曰耋, 九十曰旄", 後人妄加之.
번역 ○육덕명이 말하길, 판본에 따라서 간혹 "팔십왈질(八十曰耋), 구십왈모(九十曰旄)"라고도 기록하는데, 이것은 후대인들이 잘못 가필한 것이다.

참고─集說

呂氏曰: 五十曰艾, 髮之蒼白者, 如艾之色也. 古者四十始命之仕, 五十始命之服官政. 仕者, 爲士以事人, 治官府之小事也; 服官政者, 爲大夫以長人, 與聞邦國之大事者也. 才可用則使之仕, 德成乃命爲大夫也. 耆者, 稽久之稱, 不自用力, 惟以指意使令人, 故曰"指使". 傳, 謂傳家事於子也. 耄, 惛忘也. 悼, 憐愛也. 耄者, 老而知已衰; 悼者, 幼而知未及. 雖或有罪, 情不出於故, 故不加刑. ①<u>人壽以百年爲期</u>, 故曰期. 飲食居處動作, 無不待於養, 故曰頤.

번역 여씨가 말하길, "50세가 된 사람을 애(艾)라고 부른다."라고 하였는데, 그 이유는 모발이 창백한 색깔이 되어, 마치 쑥잎의 색깔처럼 되었기 때문이다. 고대에는

양(梁)나라에서 각각 활동하였다. 자(字)는 덕연(德璉)이다. 『예기신의소(禮記新義疏)』 등을 찬술하였다.

남자의 나이가 40세가 되어야만, 비로소 관리에 임명되어, 벼슬살이를 시작하였고, 50세가 되어야만, 비로소 더 높은 관리에 임명되어, 국가의 정사에 복무하였다. '사(仕)'한다는 말은 하위관료[2]인 사(士)가 되어서, 관부의 작은 업무들을 처리한다는 뜻이고, 관정(官政)에 복무한다는 말은 고위관료[3]인 대부(大夫)가 되어서, 국가의 대사(大事)를 처리하는 일에 참여한다는 뜻이다. 그 사람의 재주가 등용할만한 수준이라면, 그를 '사'로 임명하여 벼슬살이를 시키는 것이고, 덕(德)을 이루게 되면, 곧 '대부'로 임명하는 것이다. '기(耆)'라는 말은 오랜 기간 동안 살아왔다는 칭호로, 제 스스로 힘을 쓰지 않고, 다만 지시를 하여 사람들을 시키게 된다. 그렇기 때문에 "가리켜서 시킨다[指使]."라고 한 것이다. '전(傳)'자는 아들에게 가사(家事)를 전수한다는 뜻이다. '모(耄)'자는 정신이 흐릿해지고 잘 잊게 된다는 뜻이다. '도(悼)'자는 가엾게 여기며 애착을 갖는다는 뜻이다. 80세나 90세가 된 사람들은 너무 늙어서 지력이 이미 쇠퇴하였고, 7세가 된 아이는 너무 어려서 아직까지 지력이 성장하지 못한 상태이다. 따라서 비록 이들에게 죄가 있다고 하더라도, 죄를 짓게 된 정황이 고의에서 나온 것이 아니다. 그렇기 때문에 형벌을 내리지 않는 것이다. 사람의 수명에 있어서는 100세를 사람이 살 수 있는 최대의 기한으로 여긴다. 그렇기 때문에 100세가 된 사람을 '기(期)'라고 부르는 것이다. 그리고 100세가 된 사람들은 의식주 및 모든 행동들이 남의 도움 없이는 불가능하다. 그렇기 때문에 봉양한다는 뜻에서, '이(頤)'라고 한 것이다.

① **人壽[止]爲期**.

補註 通解曰: 期與朞同, 周匝之義, 謂百年已周.
번역 『통해』에서 말하길, '기(期)'자는 기(朞)자와 동일하니, 한 바퀴를 돈다는 뜻으로, 100년이라는 기한을 채웠다는 의미이다.

---

2) 사인(事人)은 하위관료에 임명된 사람들을 뜻한다.
3) 장인(長人)은 어떤 집단의 수장이 된다는 뜻으로, 고위관료에 임명된 사람을 뜻한다.

「곡례상」 29장

참고-經文

①若不得謝, 則必賜之几杖.

번역 만약 사직을 청원했던 노신(老臣)이 허락을 받지 못한다면, 군주는 반드시 그에게 안석과 지팡이를 하사해야 한다.

① 若不得謝.

補註 鄭註: 其有德尙壯, 則不聽耳.
번역 정현의 주에서 말하길, 그가 덕을 갖추고 있고 여전히 정정하다면 사직을 허락하지 않을 수 있다.

「곡례상」 30장

참고-經文

① 行役以婦人, 適四方, 乘安車.

번역 70세가 넘은 대부가 사직을 허락받지 못하고, 다시 공무를 집행하기 위해 외지로 나가게 되면, 부인을 대동하게 하여, 봉양을 잘 받도록 한다. 또한 각 지역으로 파견될 때에는 안거(安車)[1]에 타도록 한다.

① ○行役[止]安車.

補註 疏曰: 行役, 謂本國; 適四方, 謂異國.
번역 소에서 말하길, '행역(行役)'은 자신의 나라 안에서 돌아다니며 업무에 종사한다는 뜻이다. '적사방(適四方)'은 멀리 길을 떠나서 다른 나라를 방문하는 경우를 가리킨다.

---

1) 안거(安車)는 앉아서 탈 수 있었던 작은 수레를 뜻한다. 일반적으로 수레를 탈 때에는 서서 탔는데, 이 수레는 연로한 고위 관료 및 부인들이 앉아서 탈 수 있도록 설계가 되어, 편안하다는 뜻에서 '안(安)'자가 붙은 것이다. 『주례』「춘관(春官)·건거(巾車)」편에는 "安車, 彫面鷖總, 皆有容蓋."라는 기록이 있고, 이에 대한 정현의 주에서는 "安車, 坐乘車. 凡婦人車皆坐乘."이라고 풀이했다.

「곡례상」 32장

참고-經文

①越國而問焉, 必告之以其制.

번역 다른 나라에서 찾아와서 자문을 구하게 되면, 반드시 옛 고사를 들어서 일러준다.

① ○越國[止]其制.

補註 疏曰: 若他國來問國政, 君雖已達其事, 猶宜問於老賢, 老賢稱國之舊制以對他國之問也.

번역 소에서 말하길, 만약 다른 나라의 사람이 찾아와서 자신에게 군주가 시행해야 할 정치를 물어보게 되면, 비록 군주 본인이 그러한 일들에 대해 잘 안다고 하더라도, 오히려 나이가 많은 현자에게 자문을 구해야만 한다. 나이가 많은 현자는 그 나라에 전해져오던 고대의 제도를 일컬으며, 다른 나라 사람이 자문을 구한 내용에 대해 대답을 해주게 된다.

補註 ○按, 此段亦通上文, 爲老者之事, 而註泛以一國有賢爲說, 恐未精.

번역 ○살펴보니, 이 단락은 또한 앞의 문장과 함께 노인에 대한 사안이 되는데, 주에서는 범범하게 한 나라에 있는 현명한 자를 기준으로 설명했으니, 아마도 정확한 설명은 아닌 것 같다.

「곡례상」 33장

> 참고─經文
> 謀於長者, 必①操几杖以從之. 長者問, 不辭讓而對, 非禮也.

번역 어른에게 찾아가서 의논을 할 때에는 반드시 안석과 지팡이를 가지고서 찾아간다. 어른이 본인의 생각이 어떠냐고 물어보았는데, 먼저 사양하지도 않고 즉각 대답을 하는 것은 예가 아니다.

① ○操几杖以從之.

補註 鄭註: 從, 猶就也.

번역 정현의 주에서 말하길, '종(從)'자은 "찾아간다[就]."는 뜻이다.

「곡례상」 35장

참고-經文

夫爲人子者, ①三賜不及車馬. 故州閭鄕黨稱其孝也, 兄弟親戚稱其慈也, 僚友稱其弟也, 執友稱其仁也, 交遊稱其信也.

번역 무릇 자식된 자들은 관직생활을 하더라도, 부친이 생존해 계시다면, 삼명(三命)의 관리 등급을 받아도, 말과 수레는 받지 않는다. 말과 수레를 받게 되면, 자신의 신분이 존귀해져서 부친과 같아지기 때문이다. 이처럼 자신을 부친보다 낮추기 때문에, 마을사람들은 그의 효성[孝]을 칭송하게 되는 것이고, 형제와 친척들은 그의 자애로움[慈]을 칭송하게 되는 것이며, 동료 관리들은 그의 공손함[弟]을 칭송하게 되는 것이고, 함께 수학한 동문들은 그의 인자함[仁]을 칭송하게 되는 것이며, 주위의 친우들은 그의 신의[信]를 칭송하게 되는 것이다.

① ○三賜不及車馬.

補註 疏曰: 言爲人子者, 雖受三命之尊, 終不敢受車馬, 車馬則身有成尊, 便比躅於父, 故不受. 所以受三命, 而不受車馬者, 命是榮美, 光顯祖父, 故受也; 車馬是安身, 身安不關先祖, 故不受也.

번역 소에서 말하길, 자식된 자는 비록 삼명(三命)에 해당하는 존귀한 작위를 하사받게 되더라도, 끝내 수레와 말은 받지 않는다는 뜻으로, 수레와 말을 받게 된다면 본인에게 존귀함이 생겨서, 부친과 대등하게 되거나 또는 부친보다도 더 높아질 수 있다. 그렇기 때문에 받지 않는 것이다. 삼명을 내려준 군주의 명령 자체는 수락하되 함께 주어지는 수레와 말은 받아들이지 않는데, 그 이유는 명(命)을 받는 것은 명예스러운 것이니, 선조 및 부친의 이름을 영광스럽게 하는 것이다. 그렇기 때문에 수락하는 것이다. 그러나 수레와 말 자체는 자신을 편안하게 만드는 도구들이고, 본인이 편안하게 되는 것은 선조의 명예를 높이는 것과는 상관이 없기 때문에 받아들이지 않는 것이다.

補註 ○通解曰: 按左氏傳魯叔孫豹聘於王, 王賜之路. 豹以上卿無路, 而不敢乘. 疑此不及車馬, 亦謂受之而不敢用耳. 若尊者之賜, 又爵秩所當得, 豈容獨辭而不受耶?

번역 ○『통해』에서 말하길, 『좌씨전』을 살펴보면 노나라 숙손표(叔孫豹)가 천자를 빙문(聘問)[1]하게 되자 천자는 그에게 대로(大路)[2]를 하사한 일이 있었다. 그런데 숙손표는 상경(上卿)의 신분으로 본래의 규정에 따르면 대로를 소유할 수가 없었으니 그 수레를 감히 타지 않았다.[3] 아마도 이곳 문장에서 말한 '불급거마(不及車馬)'라는 기록도 수레와 말은 받되 감히 사용하지는 않을 뿐이라는 뜻인 것 같다. 만약 존귀한 자가 그에게 하사를 해준 것이고, 또한 그것은 작위의 등급에 따라 마땅히 받아야 하는 것들이라면, 어찌 사양만 하며 받아들이지 않을 수 있겠는가?

---

1) 빙문(聘問)은 국가 간이나 개인 간에 사람을 보내서 상대방을 찾아가 안부를 묻는 의식 절차를 통칭하는 말이다. 또한 제후가 신하를 시켜서 천자에게 보내, 안부를 묻는 예법을 뜻하기도 한다.

2) 대로(大路)는 대로(大輅)라고도 부른다. 본래 천자가 타던 옥로(玉路: =玉輅)를 가리킨다. '대로'라는 말은 수레들 중 가장 크다는 뜻에서 붙여진 명칭이다. 고대에는 천자가 타던 수레에 5종류가 있었다. 옥로(玉輅)·금로(金輅)·상로(象輅)·혁로(革輅)·목로(木輅)가 바로 천자가 타던 5종류의 수레인데, '옥로'가 수레들 중 가장 컸기 때문에, '대로'라고도 불렸던 것이다. 『서』「주서(周書)·고명(顧命)」편에는 "<u>大輅</u>在賓階面."이라는 기록이 있는데, 이에 대한 공안국(孔安國)의 전(傳)에서는 "大輅, 玉."이라고 풀이했고, 공영달(孔穎達)의 소(疏)에서는 "周禮巾車掌王之五輅, 玉輅·金輅·象輅·革輅·木輅, 是爲五輅也. …… 大輅, 輅之最大, 故知大輅玉輅也."라고 풀이했다. 한편 '옥로'는 옥(玉)으로 치장을 했기 때문에, '옥로'라는 명칭이 생기게 된 것인데, '옥로'에는 대상(大常)이라는 깃발을 세웠고, 깃발에는 12개의 치술을 달았으며, 주로 제사 때 사용하였다. 『주례』「춘관(春官)·건거(巾車)」편에는 "王之五路, 一曰<u>玉路</u>, 錫, 樊纓, 十有再就, 建大常, 十有二斿, 以祀."라는 기록이 있고, 이에 대한 정현의 주에서는 "玉路, 以玉飾諸末."이라고 풀이했다.

3) 이 고사는 『춘추좌씨전』「소공(昭公) 4년」 기사에 나온다.

참고-集說

言爲人子, 謂父在時也. 古之仕者, 一命而受爵, 再命而受衣服, 三命而受車馬. 有車馬, 則尊貴之體貌備矣. 今但受三賜之命, 而不與車馬同受, 故言不及車馬也. 君之有賜, 所以禮其臣, 子之不受, 不敢並於親也. 二十五家爲閭, ①四閭爲族, 五百家爲黨, 二千五百家爲州, 一萬二千五百家爲鄕. 孝之所該者大, 故其稱最廣, 曰慈, 曰弟, 曰仁, 曰信, 皆孝之事也. 僚友, 官同者. 執友, 志同者. 同師之友, 其執志同, 故曰執友. 交遊, 則泛言遠近之往來者.

번역 '사람의 자식된 자[爲人子]'라고 한 말은 곧 부친이 생존해 계실 때를 가리킨다. 고대에 벼슬살이를 했던 자들은 일명(一命)에 작위를 하사받았고, 이명(二命)에 의복을 하사받았으며, 삼명(三命)에 '수레와 말[車馬]'을 하사받았다.[4] '거마(車馬)'를 갖추게 되면, 존귀한 신분을 가진 사람으로서의 풍모를 갖추게 된다. 이곳 문장의 뜻은 삼명의 등급을 하사받게 되더라도, 일반적인 삼명의 관리들과는 달리 수레와 말은 받지 않는다는 뜻이다. 그렇기 때문에 "거마까지는 받지 않는다."라고 말한 것이다. 군주가 하사품을 내려주는 것은 자신의 신하를 예로 대접하는 방

---

4) 주대(周代)의 관직등급은 1명(命)부터 9'명'까지 있었는데, 1'명'이 가장 낮은 등급의 관리이며, 9'명'이 가장 높은 등급의 관리이다. 등급이 높아지게 되면 각 등급에 따른 하사품 또한 달라졌다. 한편 1'명' 밑에는 무명(無命)의 단계도 있었다. 『주례』「춘관(春官)·대종백(大宗伯)」편에는 "以九儀之命, 正邦國之位. 壹命受職, 再命受服, 三命受位. 四命受器. 五命賜則. 六命賜官. 七命賜國. 八命作牧. 九命作伯."이라는 기록이 있는데, 각 등급에 따른 하사품이 위의 기록과 다소 차이를 보인다. 즉 『주례』의 기록에 따르면, 1'명'에는 작위를 부여받고, 2'명'에는 의복을 하사받으며, 3'명'에는 상대부(上大夫)에 해당하는 높은 지위를 하사받게 된다. 참고적으로 4'명'에는 제사 때 사용하는 제기(祭器)를 하사받고, 5'명'에는 작은 봉지(封地)를 하사받으며, 6'명'에는 가신(家臣)을 두어 채읍(采邑)을 관리할 수 있는 권한을 부여받고, 7'명'에는 비교적 큰 봉지를 부여받아 후작[侯]과 백작[伯]의 반열에 오르게 되며, 8'명'에는 1개의 주(州)를 대표하는 제후의 반열에 올라서, 휘하의 제후들을 다스릴 수 있는 권한을 부여받고, 9'명'에는 전체 제후들을 양분하여 담당하게 되는 이백(二伯)의 반열에 오르게 된다.

법이다. 그러나 자식이 그것들을 받지 않는 것은 감히 부친과 대등한 신분이 될 수 없기 때문이다. 주대(周代)의 행정제도에서는 25개의 가(家)를 1개의 여(閭)로 삼았고, 4개의 여(閭)를 1개의 족(族)으로 삼았으며, 500개의 가(家)는 1개의 당(黨)으로 삼았고, 2500개의 가(家)를 1개의 주(州)로 삼았으며, 12,500개의 가(家)를 1개의 향(鄕)으로 삼았다.5) 효(孝)가 차지하는 비중이 크기 때문에, 그의 효성을 칭찬하는 것이 이처럼 가장 널리 퍼져나간 것이며, 자애로움[慈], 공손함[弟], 인자함[仁], 신의[信]라는 덕목들은 모두 '효'를 시행하는 일들이다. '요우(僚友)'는 동료 관리들이다. '집우(執友)'는 뜻을 함께 하는 동문들이다. 같은 스승 밑에서 배운 벗들은 '지니고 있는 뜻[執志]'이 같다. 그렇기 때문에 '집우'라고 부르는 것이다. '교유(交遊)'는 거리에 상관없이 교우하고 있는 사람들을 범칭하는 말이다.

① 四閭爲族.

補註 按: 鄭註, "四閭爲族, 五族爲黨, 五黨爲州, 五州爲鄕." 族字, 雖非經文所有, 不得不帶說, 而陳註旣變文, 則四閭爲族四字, 宜刪之.

번역 살펴보니, 정현의 주에서는 "4개의 여(閭)가 1개의 족(族)이 되며, 5개의 족(族)이 1개의 당(黨)이 되고, 5개의 당(黨)이 1개의 주(州)가 되며, 5개의 주(州)가 1개의 향(鄕)이 된다."고 했다. '족(族)'자는 비록 경문에 나온 글자는 아니지만 부득이하게 함께 설명하지 않을 수 없었다. 그러나 진호의 주에서는 이미 문장을 바꿨으니, '사려위족(四閭爲族)'이라는 네 글자는 마땅히 삭제해야만 한다.

---

5) 『주례』「지관(地官)・대사도(大司徒)」: 令五家爲比, 使之相保. 五比爲閭, 使之相受. 四閭爲族, 使之相葬. 五族爲黨, 使之相救. 五黨爲州, 使之相賙. 五州爲鄕, 使之相賓. / 주대의 행정단위에서, 향(鄕) 밑에는 주(州), 당(黨), 족(族), 여(閭), 비(比), 가(家)가 순차적으로 있었다. '향'을 기준으로 봤을 때, 1'향'은 5주(州)=25당(黨)=125족(族)=500여(閭)=2500비(比)=12500가(家)의 규모와 같다.

「곡례상」 38장

참고-大全

藍田呂氏曰: 出必告, 反必面, 受命於親, 而不敢專也. 所遊必有常, 所習必有業, 體親之愛, 而不敢貽其憂也. 恒言不稱老, 極子之慕, 而不忍忘也. 父母在而不敢有其身, 如之何聞斯行諸? 出入而無所受命, 是遺親也. 親之愛子至矣, 所遊必欲其安, 所習必欲其正, 苟輕身而不自愛, 則非所以養其志也. 君子之事親, 親雖老而不失乎孺子慕者, 愛親之至也. 孟子曰: "五十而慕, 吾於大舜, 見之矣." 故髧彼兩髦, 爲孺子之飾, ①親見然後說之. 苟常言而稱老, 則忘親而非慕也.

번역 남전여씨가 말하길, 외출할 때 그 사실을 반드시 아뢰고, 되돌아왔을 때 반드시 뵙는 것은 부모에게 분부를 받는 것으로, 감히 자기 마음대로 행동할 수 없기 때문이다. 가는 곳에 반드시 일정한 범위가 있어야 하고, 익히는 것에 반드시 과업이 있어야 하는 이유는 부모의 자식에 대한 사랑을 체득하여, 감히 부모에게 근심을 끼칠 수 없기 때문이다. 평상시 쓰는 말에서 '노인[老]'이라고 지칭하지 않는 이유는 자식이 부모를 사모하는 마음을 극진히 하여, 부모의 연로함에 대한 걱정을 차마 잊을 수가 없기 때문이다. 부모가 생존해 계시면, 감히 자기 마음대로 할 수 없는데,[1] 어찌 경문에서 말하고 있는 행실들이 있을 수 있겠는가? 출타하거나 다시 집으로 되돌아왔을 때 부모에게 분부를 받지 않는 것은 부모를 염두에 두지 않는 행위이다. 부모의 자식에 대한 사랑은 지극하니, 자식이 밖에서 돌아다닐 때에도 반드시 자식이 안전하기를 기원하며, 자식이 익히는 것에 있어서도 그것이 반드시 올바른 것들이기를 기원하게 된다. 그런데도 자신을 가벼이 여기어, 스스로를 사랑하지 않는다면, 이것은 부모의 뜻을 잘 살펴서 정성껏 봉양하는 방법[2]이 아니다. 군자가 부모를 섬길 때, 부모가 아무리 연로하더라도, 본인이 어린아이였을 때 부모

---

1) 『예기』「방기(坊記)」: <u>父母在, 不敢有其身</u>, 不敢私其財, 示民有上下也.
2) 『맹자』「이루상(離婁上)」: 曾子養曾晳, 必有酒肉, 將徹, 必請所與, 問有餘. …… 若曾子, 則可謂<u>養志</u>也. 事親若曾子者, 可也.

를 사모했던 마음을 잃지 않는 것은 부모를 사랑하는 마음이 지극하기 때문이다. 맹자는 "50세가 되어서도 부모를 사모하는 것을 나는 순임금에게서 그 행동을 보았다."3)라고 했다. 그러므로 양 갈래로 머리를 땋아 늘어트리는 것은 어린아이나 하는 머리모양에 해당하지만, 연로해진 부모는 그런 모습을 본 이후에야 안심이 되어 기뻐하게 된다. 만약 평상시에 말을 하면서 자신을 노인이라고 부른다면, 이것은 부모에 대한 마음을 잊은 것이며, 부모를 사모하는 것이 아니다.

① ○親見然後說之.

補註 見, 是死之誤, 說脫通.

번역 '견(見)'자는 사(死)자가 잘못 기록된 것이며, '탈(說)'자와 탈(脫)자는 통용된다.4)

---

3) 『맹자』「만장상(萬章上)」: 人少, 則慕父母, 知好色, 則慕少艾, 有妻子, 則慕妻子, 仕則慕君, 不得於君則熱中. 大孝終身慕父母. 五十而慕者, 予於大舜見之矣.

4) 『보주』의 해석에 따른다면, 부모가 돌아가신 뒤에야 이러한 복식을 벗게 된다는 뜻이다.

「곡례상」 39장

참고-經文

①年長以倍, 則父事之, 十年以長, 則兄事之, 五年以長, 則肩隨之.

번역 상대방의 나이가 본인보다 두 배나 많으면, 부친을 대하듯 섬기고, 본인보다 10살이 많으면, 형을 대하듯 섬기며, 본인보다 5살이 많으면, 나란히 걷되, 조금 뒤로 물러서서 따라간다.

① 年長[止]父事之.

補註 鄭註: "謂年二十於四十者. 人年二十, 弱冠成人, 有爲人父之端. 今四十於二十者有子道." 疏曰: "此謂鄕里之中, 非親非友, 但二十以後, 年長倍己, 則以父道事之. 二十乃能惇行孝弟, 可責以孝子之行, 故二十於四十, 約之爲倍年也."

번역 정현의 주에서 말하길, "나이가 20세인 사람이 40세인 사람을 대할 때를 뜻한다. 사람은 20세가 되면 관례(冠禮)를 치러서 성인이 되므로 부모가 되는 실마리를 얻게 된다. 현재 40세인 사람과 20세인 사람 사이에는 자식으로서 지켜야 하는 도리가 포함된다."라고 했다. 소에서 말하길, "이 문장은 마을 안에서 행동할 때의 예법에 대한 내용이다. 친인척 관계도 아니고 교우 관계도 아니지만, 20세 이상이 된 자들은 자신의 나이보다 두 배 이상이 되는 자를 만나게 된다면, 부모를 대하는 도리로 그들을 섬기게 된다. 나이가 20세가 되면 효와 우애를 돈독하게 시행할 수 있으니, 효자로서 따라야 할 시행규범을 그에게 책임지울 수 있다. 그렇기 때문에 20세가 된 자는 40세가 된 자에 대해서 대략적으로 두 배의 나이차가 되는 것이다."라고 했다.

補註 ○小學增註: 人生以十年爲一節, 倍之則二十年也.

번역 ○『소학증주』에서 말하길, 사람은 살면서 10년을 한 마디로 여기게 되니, 2배가 된다면 20살을 뜻한다.

「곡례상」 40장

> **참고-集說**
> 古者地敷橫席, 而容四人, 長者居席端. 若五人會, 則①長者一人異席也.

번역 고대에는 땅에 넓은 자리를 깔게 되면, 네 사람이 앉게 되는데, 네 사람 중 가장 연장자가 되는 자는 자리의 끝단 쪽에 앉는다. 만약 다섯 사람이 모인 경우라면, 그들 중 가장 연장자 한 명은 다른 곳에 자리를 펴고 앉는다.

① ○長者一人巽席.

補註 巽, 唐本作異.
번역 '손(巽)'자를 『당본』에서는 이(異)자로 기록했다.

「곡례상」 41장

참고-經文

爲人子者, ①居不主奧, ②坐不中席, 行不中道, 立不中門.

번역 자식된 자들은 집에 머무를 때 방의 아랫목에 머물지 않고, 앉을 때에는 자리의 중앙에 앉지 않으며, 길을 갈 때에는 도로의 중앙으로 걷지 않고, 서 있을 때에는 문 가운데 서 있지 않는다.

① 居不主奧.

補註 鄭註: "謂與父同宮者." 疏曰: "不言凡者, 或異居禮則不然."
번역 정현의 주에서 말하길, "부친과 같은 건물에 거주하는 자들에 대한 내용이다."라고 했다. 소에서 말하길, "범(凡)이라고 기록하지 않은 것은 부모와 자식이 다른 건물에 거주하는 경우에는 이처럼 하지 않기 때문이다."라고 했다.

② 坐不中席.

補註 疏曰: 共坐則席端爲上, 獨坐則席中爲尊. 尊者宜獨, 不與人共, 則坐常居中, 故卑者坐不得居中也.
번역 소에서 말하길, 함께 앉을 때에는 자리의 끝단이 상석이 되고, 홀로 앉을 때에는 자리의 중앙이 가장 존귀한 자리가 된다. 존귀한 자는 마땅히 홀로 앉게 되어, 다른 사람들과 함께 앉지 않으니, 자리에 앉을 때에는 항상 자리의 중앙에 앉게 된다. 그렇기 때문에 신분이 미천한 자는 자리의 중앙에 앉을 수 없다.

「곡례상」 42장

> **참고-集說**
> 食饗, 如奉親延客及①<u>祭祀之類皆是</u>. 不爲槩, 量順親之心, 而不敢自爲限節也.

번역 '사향(食饗)'에 대해 설명해보자면, 예를 들어 부친의 뜻을 받들어 손님들을 대접하는 음식을 준비하거나 제사 때 음식을 준비하는 것 등이 모두 여기에 해당한다. '불위개(不爲槩)'라는 말은 부친의 마음을 헤아려서 따라야 하며, 감히 자기 마음대로 음식 수량을 정해서는 안 된다는 뜻이다.

① ○祭祀之類皆是.

補註 玄石曰: 食饗專爲生人之道, 通解諸註無祭祀之意, 陳註非是.
번역 현석이 말하길, '사향(食饗)'은 오로지 살아있는 사람의 도에 해당하고, 『통해』의 여러 주에서도 제사에 대한 의미가 나타나지 않으니, 진호의 주는 잘못되었다.

「곡례상」 43장

참고-經文
① 祭祀不爲尸.

번역 제사를 지낼 때, 본인은 시동의 역할을 맡지 않는다.

① 祭祀不爲尸.

補註 鄭註: 尊者之處, 爲其失子之道. 然則尸卜筮無父者.

번역 정현의 주에서 말하길, 제사 때 시동이 앉는 자리는 선조의 혼령을 대신하는 자리이므로, 시동을 맡게 되면 존귀한 자의 자리를 차지하게 되어 자식된 도리를 잃게 된다. 그러므로 시동은 아비가 없는 자들 중에서 점을 쳐서 뽑는 것이다.

補註 ○語類曰: 尸用無父母者爲之, 故曰: "祭祀不爲尸."

번역 ○『어류』에서 말하길, 시동은 부모가 없는 자들로 삼는다. 그렇기 때문에 "제사 때에는 시동을 맡지 않는다."라고 했다.

「곡례상」 48장

참고-經文

① 孤子當室, 冠衣不純采.

번역 부모가 돌아가셔서 고아가 된 자들 중 부친의 뒤를 이은 적장자는 관과 의복에 채색으로 가선을 대지 않는다.

① ○孤子[止]不純采.

補註 鄭註: "早喪親, 雖除喪, 不忘哀也. 謂年未三十者, 三十壯, 有室, 有代親之端, 不爲孤也. 當室, 適子也. 深衣曰: '孤子衣純以素.'" 疏曰: "深衣云: '孤子衣純以素', 則嫡庶悉然. 今云 '當室', 則似庶子不同, 所以爾者, 通者有二, 云凡子皆然, 豈唯當室, 但嫡子內理烝嘗, 外交宗族, 代親旣備, 嫌或不同, 故特明之, 所以鄭引深衣爲註, 會證凡孤子悉同也. 崔靈恩云: '指謂當室, 不當室則純采, 所以然者, 當室之孤, 內理烝嘗, 外交宗族, 所履之事, 莫不傷心, 故特純素示哀也. 深衣不言當室者, 文略耳.'"

번역 정현의 주에서 말하길, "어린 나이에 부모의 상을 당하게 되면, 비록 상이 끝났다고 하더라도 애달픈 마음을 잊을 수가 없다. 따라서 이 문장의 내용은 아직 30세가 되지 못한 자에게 해당하는 규정이다. 30세가 되면 장성하게 되어 혼인을 하게 되고,[1] 또한 자식을 낳게 되므로 부친의 대를 잇는 단서를 갖추게 되니, 이러한 자들은 부모를 여의게 되더라도 그들을 고아[孤]라고 부르지 않는다. '당실(當室)'은 적장자를 뜻한다. 『예기』「심의(深衣)」편에서는 '고아인 경우, 옷에 순백색으로 가선을 댄다.'[2]라고 했다."라고 했

---

1) 『예기』「곡례상(曲禮上)」: 人生十年曰幼, 學. 二十曰弱, 冠. <u>三十曰壯, 有室</u>.
2) 『예기』「심의(深衣)」: 具父母大父母, 衣純以繢. 具父母, 衣純以靑. <u>如孤子, 衣純以素</u>. 純袂緣純邊, 廣各寸半.

다. 소에서 말하길, "「심의」편에서는 '고아인 경우, 옷에 순백색으로 가선을 댄다.'라고 하였으니, 적장자나 그 외의 아들들도 모두 그렇게 입는다는 뜻이 된다. 그런데 이곳 문장에서는 '당실(當室)'이라는 말을 명시하였으니, 적장자에 대한 규정은 서자들과는 달랐다는 뜻처럼 보인다. 이처럼 차이점을 보이는 이유에 대해서는 두 종류의 해석이 있는데, 첫 번째는 적장자나 서자의 구분 없이 모든 아들들이 이처럼 착용하는 것으로, 어찌 적장자만 이러한 규정을 따르겠느냐는 주장이다. 다만 적장자는 내적으로는 증상(烝嘗)3)과 같은 제사를 지내야 하고, 외적으로는 종족(宗族)들과 교류를 하게 되어, 부친의 임무를 대신하는 일들을 모두 따르게 된다. 따라서 혹여 나머지 아들들과 복장방식을 다르게 하지는 않을까 염려되었기 때문에, 특별히 적장자라고 명시를 했던 것이니, 정현이 「심의」편의 문장을 인용하여 주를 작성한 것 또한 모든 아들들이 이러한 복장방식을 동일하게 지킨다는 사실을 증명하기 위함이라는 해석이다. 한편 최영은4)은 '이 문장은 적장자에 대한 내용으로, 적장자가 아닌 자들은 채색으로 가선을 댄 옷을 입는다. 그러한 까닭은 고아가 된 자들 중 적장자는 내적으로 증상과 같은 제사를 지내야 하고, 외적으로는 종족들과 교류를 하게 되어, 내외적으로 실행하는 모든 일들이 부모가 생전에 하던 일들이었으므로, 그의 마음을 아프게 하지 않는 것들이 없게 된

---

3) 증상(烝嘗)은 종묘(宗廟)에서 지내는 가을 제사와 겨울 제사를 가리킨다. 또한 '증상'은 종묘에 대한 제사를 총칭하는 용어로도 사용된다. 사계절마다 큰 제사를 지내게 되는데, 계절별 제사 명칭이 다르며, 문헌마다 조금씩 차이를 보인다. 예를 들어 『춘추번로(春秋繁露)』「사제(四祭)」편에는 "四祭者, 因四時之所生孰而祭其先祖父母也. 故春曰祠, 夏曰礿, 秋曰嘗, 冬曰烝."이라고 하여, 봄 제사를 사(祠), 여름 제사를 약(礿), 가을 제사를 상(嘗), 겨울 제사를 증(烝)이라고 설명했다. 한편 『예기』「왕제(王制)」편에는 "天子諸侯宗廟之祭, 春曰礿, 夏曰禘, 秋曰嘗, 冬曰烝."이라고 하여, 봄 제사를 약(礿), 여름 제사를 체(禘), 가을 제사를 상(嘗), 겨울 제사를 증(烝)이라고 설명했다.
4) 최영은(崔靈恩, ?~?) : =최씨(崔氏). 남북조(南北朝) 때의 학자이다. 오경(五經)에 능통하였고, 다른 경전에도 두루 해박하였다고 전해진다. 『모시(毛詩)』, 『주례(周禮)』 등에 주석을 달았고, 『삼례의종(三禮義宗)』, 『좌씨경전의(左氏經傳義)』 등을 지었다.

다. 그렇기 때문에 적장자만 특별히 흰색의 가선을 댄 의관을 착용하여 애도의 뜻을 표시하는 것이다. 「심의」편에서 당실(當室)이라고 언급하지 않은 것은 단순히 문장을 생략한 것일 뿐이다.'라고 주장한다."라고 했다.

補註 ○按: 本註呂氏說, 與崔靈恩同, 而通解只載上一說, 不載崔說.
번역 ○살펴보니, 『집설』에 나온 여씨의 주장은 최영은의 주장과 같은데, 『통해』에서는 단지 앞의 한 가지 주장만 수록하였고 최영은의 주장은 수록하지 않았다.

「곡례상」 50장

참고-經文

童子, 不衣裘裳, ①立必正方, 不傾聽.

번역 어린아이들에게는 가죽으로 된 옷과 치마를 입히지 않고, 서 있을 때에는 반드시 바른 방향을 바라보게 하며, 어른이 말씀을 하면 삐딱하게 몸을 기울여서 듣지 않게 한다.

① ○立必正方, 不傾聽.

補註 疏曰: 立必正嚮一方, 不得傾頭屬聽左右也.

번역 소에서 말하길, 서 있을 때에는 반드시 바르게 서서 한 방향만을 바라보아야 하니, 머리를 기울여서 주변의 소리를 들으려고 기웃거려서는 안 된다.

참고-集說

呂氏曰: 裘之溫, 非童子所宜; 裳之飾, 非童子所便. 立必正所向之方, 或東或西, 或南或北, ①不偏有所向. 士相見禮云, "②凡燕見於君, 必辨君之南面, 若不得, 則正方, 不疑君." 疑謂邪向之也.

번역 여씨가 말하길, 가죽옷[裘]처럼 따뜻한 옷은 어린아이에게 맞지 않으며, 치마[裳]처럼 예식(禮式)을 차리는 복장은 어린아이가 입기에는 편리하지 못하다. 서 있을 때에는 반드시 바라보는 방향을 바르게 해야 하니, 때에 따라 동쪽, 서쪽, 남쪽, 북쪽을 바라보게 되더라도, 정방향을 바라보게 하며, 비스듬하게 바라보지 않게 해야 한다. 『의례』「사상견례(士相見禮)」편에서는 "무릇 연회에서 군주를 뵐 때에는 반드시 군주가 남면하여 바라보게 되는 남쪽에 서야 하며, 만약 그렇게 할 수 없는 경우라면, 정방향을 보고 서 있어야 하지, 사선으로 서서 군주를 바라보아서는 안 된다."[1]라고 했다. 이 문장의 '의(疑)'자는 정방향이 아닌 곳에서 바라본다는 뜻이다.

① 不偏有所向.

補註 按: 偏字未精, 代以側字似穩.
번역 살펴보니, '편(偏)'자는 뜻이 불명확하니, '측(側)'자로 바꾸는 것이 더 나을 것 같다.

② 凡燕見[止]疑君.

補註 士相見禮本註疏曰: 辨, 猶正也. 君南面, 則臣見正北面. 若不得南面, 或君東・西面, 則臣亦正方向之, 不得疑君所處邪向之. 疑, 度之.
번역 『의례』「사상견례(士相見禮)」편의 본래 주와 소에서 말하길, '변(辨)'자는 정(正)자의 뜻과 같다. 군주는 남면을 하게 되므로 신하가 알현하게 되면 정북 방향으로 바라보아야 한다. 만약 남면을 할 수 없어서 군주가 동쪽을 바라보거나 서쪽을 바라보게 된다면, 신하 또한 해당 방위의 바른 방향으로 군주를 바라보아야 하며, 군주가 계신 곳을 헤아려서 비스듬하게 향할 수 없다. '의(疑)'자는 헤아린다는 뜻이다.

---

1) 『의례』「사상견례(士相見禮)」: 凡燕見于君, 必辯君之南面. 若不得則正方, 不疑君. 君在堂, 升見無方階, 辯君所在.

「곡례상」 51장

> **참고─經文**
>
> 長者, 與之提攜, 則兩手奉長者之手, ①負劍②辟咡詔之, 則掩口而對.

번역 어른이 어린아이에게 손을 내밀어 이끌고 가려 하면, 어린아이는 두 손으로 어른의 손을 잡고, 어른이 등 뒤에서 어린아이에게 몸을 굽혀 입가에 대고 말을 건네면, 어린아이는 입을 가리고 대답을 한다.

① 負劍.

補註 鄭註: 負, 謂置之於背, 劍, 謂挾之於旁.
번역 정현의 주에서 말하길, '부(負)'자는 등 뒤로 업는다는 뜻이며, '검(劍)'자는 옆구리에 낀다는 뜻이다.

補註 ○小學註呂氏曰: 古之佩劍者, 挾之於旁, 負劍者, 佩劍也. 童子之幼者, 長者或旁挾之, 如負劍然.
번역 ○『소학』의 주에서 여씨가 말하길, 고대에는 검을 찰 때 옆구리에 끼었으니, '부검(負劍)'이라는 것은 검을 찬다는 뜻이다. 어린아이의 경우 어른이 간혹 옆에서 끼고 있을 때가 있는데, 마치 검을 차고 있을 때와 같다는 뜻이다.

補註 ○按: 通解則只載鄭註, 沙溪則從呂氏說.
번역 ○살펴보니, 『통해』에서는 단지 정현의 주만 수록하고 있고, 사계의 경우에는 여씨의 주장에 따르고 있다.

② 辟咡.

補註 鄭註: "謂傾頭與語, 口旁曰咡." 疏曰: "此長者之爲也."

번역 정현의 주에서 말하길, "머리를 기울여서 말을 한다는 뜻으로, 입가를 '이(咡)'라고 부른다."라고 했다. 소에서 말하길, "이것은 어른들이 해야 할 행동이다."라고 했다.

참고-大全

馬氏曰: 就而攜之, 則捧其手, 近而詔之, 則掩口而對者, 皆事長之禮也. 古之成人有德, 小子有造者, 豈一朝一夕之習哉? 蓋自幼稚而已知禮讓矣. 少而習之, 壯而行之, 老而安之, 古人年彌高而①德彌卲者, 蓋出於此也.

번역 마씨[1]가 말하길, 어른이 다가와서 이끌면, 그 손을 받들어 잡고, 어른이 가까이 와서 말을 건네면, 입을 가리고 대답을 한다. 이러한 행동들은 모두 어른을 섬기는 예법이다. 고대에 성인(成人)들에게 덕성이 있었고, 어린아이들에게 바른 됨됨이가 있었던 것이 어찌 하루아침에 익혀서 그렇게 된 것이었겠는가? 무릇 매우 어렸을 때부터 이미 이러한 예절을 지켜야 하고, 또한 겸손하게 행동해야 함을 알고 있었기 때문이다. 즉 어렸을 때에는 이러한 예법들을 익혔던 것이며, 장성해서는 그것들을 적극적으로 실천하였던 것이고, 나이가 들어서는 그것들을 편안하게 여겼던 것이니, 고대인들이 나이가 들면 들수록 덕성이 높아졌던 까닭도 아마 이러한 예법들에서 비롯되었을 것이다.

① 德彌劭.

補註 劭, 當作卲.
번역 '소(劭)'자는 마땅히 소(卲)자로 기록해야 한다.

---

1) 마희맹(馬睎孟, ?~?) : =마씨(馬氏)・마언순(馬彦醇). 자(字)는 언순(彦醇)이다. 『예기해(禮記解)』를 찬술했다.

「곡례상」 53장

> **참고-經文**
> 從長者, 而上丘陵, 則必鄕長者所視, ①登城不指, 城上不呼.

번역 연장자를 따라서 구릉(丘陵)에 오르게 되면, 반드시 연장자가 바라보는 곳을 바라보고, 성벽에 올라서는 여기저기 손가락으로 가리키지 않으며, 성벽 위에서는 소리를 지르지 않는다.

① 登城[止]不呼.

補註 按: 此與從長者意不相蒙, 當依古經作別段.

번역 살펴보니, 이 문장은 어른을 따른다는 것과는 그 의미가 서로 관여되지 않으니, 『고경』에 따라서 별도의 단락으로 보아야 한다.

「곡례상」 55장

> **참고-集說**
> 上堂, 升主人之堂也. 揚其聲者, 使內人知之也. ①古人脫屨在戶外, 客雖衆, ②脫屨於戶內者惟長者一人. 言有二屨, 則幷戶內一屨爲三人矣. 三人而所言不聞於外, 必是密謀, 故不入也.

번역 당에 오른다는 말은 주인집의 당에 오른다는 뜻이다. 목소리를 크게 내는 이유는 방안에 있는 사람들로 하여금 자신이 찾아왔다는 사실을 알리기 위해서이다. 고대인들은 신발을 방문 밖에 벗어두었는데, 찾아온 손님이 아무리 많더라도, 문 안쪽에 신발을 벗어둘 수 있는 자는 오직 가장 연장자 한 사람뿐이었다. 그런데 이곳 문장에서는 두 짝의 신발이 문밖에 놓여 있다고 했으니, 문 안쪽에 있는 신발 한 짝까지 합치면, 총 세 사람이 된다. 세 사람의 대화내용이 문밖으로 들리지 않는다면, 반드시 비밀스러운 논의를 하고 있는 것이기 때문에, 들어가지 않는 것이다.

① ○古人脫屨.

補註 按: 下毋踐屨, 註: "複下曰舃, 單下曰屨." 八字, 當移在此句之上.
번역 살펴보니, 아래문장에서는 "남의 신발을 밟지 않는다."[1]라고 했고, 진호의 주에서는 "여러 겹으로 된 신발을 '석(舃)'이라고 부르고, 홑겹으로 된 신발을 '구(屨)'라고 부른다."라는 여덟 글자가 있는데, 이 구문은 마땅히 이곳 구문 앞으로 옮겨야 한다.

② 脫屨於[止]一人.

補註 少儀曰: 排闔說屨於戶內者, 一人而已矣.
번역 『예기』「소의(少儀)」편에서 말하길, 문짝을 열어두고 방문 안쪽에서 신발을 벗어두는 것은 가장 연장자 한 사람만 할 수 있을 뿐이다.[2]

---

1) 『예기』「곡례상(曲禮上)」: 毋踐屨, 毋踖席, 摳衣趨隅, 必愼唯諾.
2) 『예기』「소의(少儀)」: 排闔說屨於戶內者, 一人而已矣. 有尊長在則否.

「곡례상」 56장

참고-經文

將入戶, 視必下, ①入戶奉扃, 視瞻毋回, 戶開亦開, 戶闔亦闔, 有後入者, 闔而勿遂.

번역 장차 방문으로 들어가려고 할 때에는 시선은 반드시 밑으로 향하고, 문에 들어서면 문빗장을 받치듯 심장 높이까지 손을 높여 경의를 나타내며, 자세를 숙여서 굽어보되, 두리번거리지 않고, 방문이 열려 있었다면, 또한 열어놓으며, 방문이 닫혀 있었다면, 또한 닫아두되, 뒤에 들어올 자가 있다면, 완전히 닫지는 않는다.

① 入戶奉扃.

補註 通解約載古註疏曰: 禮有鼎扃, 所以關鼎, 故關戶之木, 亦謂之扃. 奉扃, 謂以兩手當心徐徐開戶, 如奉扃, 然不敢放手排闥也.

번역 『통해』에서 옛 주와 소를 요약하여 수록하길, 예법에 따르면 정경(鼎扃)이라는 것이 있는데, 솥을 걸 때 사용하는 것이다. 그렇기 때문에 방문을 거는 나무를 또한 '경(扃)'이라고 부른다. '봉경(奉扃)'이라는 것은 두 손을 심장 근처까지 높여서 천천히 방문을 여는 것이니, 마치 경(扃)을 드는 것과 같은 것이다. 그러므로 감히 손을 제멋대로 놀려 문을 밀치며 열 수 없다.

補註 ○小學集解: 扃, 門關之木, 入戶之時, 兩手奉戶置扃之處, 不敢放手排闥也.

번역 ○『소학집해』에서 말하길, '경(扃)'은 문을 거는 나무이니, 방문으로 들어갈 때 두 손은 방문에 걸어둔 경이 있는 곳을 받들며 감히 손을 제멋대로 놀려 문을 밀치며 열 수 없다.

補註 ○沙溪曰: 集解說爲長.

번역 ○사계가 말하길, 『집해』의 주장이 가장 뛰어나다.

補註 ○按: 鄭註固與小學集解不遠, 而陳註過加刪節有若, 奉扃二字, 非指開戶, 而泛言端拱之狀者, 然所以致人疑惑.

번역 ○살펴보니, 정현의 주장은 『소학집해』의 주장과 큰 차이가 나지 않는데, 진호의 주에서는 지나치게 삭제한 측면이 있는 것 같으니, 그 결과 봉경(奉扃)이라는 두 글자가 문을 연다는 뜻을 가리키는 것이 아니라, 단정하고 공손한 태도를 범범하게 나타내는 뜻이 되어 사람들의 의혹을 일으키게 되었다.

「곡례상」 57장

참고-經文

毋踐屨, ①毋踏席, 摳衣趨隅, 必愼唯諾.

번역 방안에 들어갈 때에는 남의 신발을 밟아서는 안 되고, 남의 자리를 밟아서는 안 되며, 옷자락을 걷어 올려서 구석자리를 따라 신속하게 걸어가고, 대답을 할 때에는 반드시 신중하게 해야만 한다.

① ○毋踏席.

補註 疏曰: 將就坐, 當從下而升. 凡席皆升由下, 降由前. 玉藻云: "升席不由前爲躐席."

번역 소에서 말하길, 장차 자리에 나아가 앉을 때에는 마땅히 아래쪽에서 올라가야 한다. 무릇 자리에 앉을 때에는 모든 경우에 있어서 아래쪽을 통해 올라가고 내려올 때에는 앞쪽으로 내려온다. 『예기』「옥조(玉藻)」편에서는 "자리에 오를 때 앞으로 오르지 않으니, 자리를 밟게 되기 때문이다."[1]라고 했다.

補註 ○通解曰: 此是衆人共坐一席, 卽須立於席後, 乃得當己位上, 蓋以前爲上, 後爲下也, 正與玉藻義同.

번역 ○『통해』에서 말하길, 이것은 여러 사람이 함께 하나의 자리에 앉는 경우를 뜻하니, 모름지기 자리에 앉을 때에는 자신의 자리 뒤편에 서야만 곧 자기 자리의 위쪽에 해당하게 되는 것으로, 아마도 전(前)자를 상(上)자로 여기고 후(後)자를 하(下)자로 여긴다면, 이 문장은 『예기』「옥조(玉藻)」편에서 말한 내용과 같아지게 된다.

---

1) 『예기』「옥조(玉藻)」: 登席不由前爲躐席.

補註 ○按: 玉藻之意, 謂登席時, 須不由前者爲其躐席故也. 疏與朱子說甚明, 然則登席當由後矣. 今陳註登席當由前云者, 蓋由於誤解玉藻也.

번역 ○살펴보니, 『예기』「옥조(玉藻)」편의 내용은 자리로 올라갈 때 앞쪽을 이용하지 않는 것은 자리를 밟게 되기 때문이라는 의미이다. 소와 주자의 설명은 매우 분명하므로, 자리에 올라갈 때에는 마땅히 뒤편을 통해야 한다. 진호의 주에서는 자리에 올라갈 때 앞쪽을 통해야만 한다는 등의 설명이 나오는데, 아마도 「옥조」편의 기록을 잘못 해석했기 때문인 것 같다.

「곡례상」 58장

참고-經文

大夫士出入君門, 由闑右, ①不踐閾.

번역 대부와 사가 군주가 사는 궁성의 문을 출입하는 경우에는 문에 설치한 말뚝의 오른편을 경유하며, 문턱을 밟지 않는다.

① ○不踐閾.

補註 疏曰: 出入不得踐履門限, 所以爾者, 一則自高, 一則不淨, 並爲不敬.
번역 소에서 말하길, 출입할 때에는 문턱을 밟을 수 없는 것이니, 그렇게 하는 이유는 첫 번째 이러한 행동은 제 스스로를 높이는 꼴이 되고, 두 번째 그곳을 밟게 되면 더럽혀지기 때문이니, 이 둘 모두는 불경스러운 태도에 해당한다.

참고-大全

永嘉戴氏曰: 君門雖遠, 有君在焉, 臣子烏得而不敬? 出入君門, 如見其君然, 鞠躬屛息, 不敢中立, 不敢履閾, 所以習其恭敬卑下之意也. 推此意也, 其敢喧譁於殿陛之間乎? 見君之乘車與君之路馬, 猶不敢慢也, 況入君門者乎? 以此敎天下, 朝廷之儀, 猶有不肅者, 況於君門乎? 雖然此大夫士自事其君之禮也. 若適他國, 爲聘享之禮, 則不然. ①少儀曰, "公事, 自闑西, 私事, 自闑東."

번역 영가대씨[1]가 말하길, 궁성의 문이 비록 군주가 있는 곳과 멀리 떨어진 곳에

---

1) 영가대씨(永嘉戴氏, A.D.1141~A.D.1215) : =대계(戴溪)・대씨(戴氏)・대초망(戴仔望)・대소망(戴少望)・대민은(戴岷隱)・민은선생(岷隱先生). 남송(南宋) 때의 학

설치되어 있더라도, 그곳에는 군주가 서는 위치도 있으니, 신하된 자가 어찌 공경스러운 태도를 취하지 않을 수 있겠는가? 궁성의 문을 출입함에도 마치 군주를 직접 뵙는 것처럼 하여, 몸을 굽히고 숨죽여서 조심스럽게 들어가는 것이니, 감히 문 중앙에 서 있을 수 없고,2) 문턱을 밟아서도 안 되는 것으로, 이것을 통해 공손한 태도와 자신을 겸손하게 낮춘다는 뜻을 익히는 것이다. 이러한 뜻을 확장시켜보면, 조정에서 감히 소란을 피울 수 있겠는가? 군주가 타는 수레나 그 수레에 매는 말을 보게 되더라도 오히려 감히 경솔하게 행동할 수 없는데,3) 하물며 궁성의 문에 들어가는 일에 있어서는 어찌하겠는가? 이러한 내용을 가지고 천하의 모든 백성들을 교화시킨다고 하더라도, 조정에서의 예식(禮式) 때에는 여전히 엄숙하지 못한 자들이 발생하는데, 하물며 궁성의 문에 대해서는 어떠하겠는가? 비록 그렇다고 하더라도, 이 문장의 내용은 대부와 사가 자신들의 군주를 섬기는 예법에 해당한다. 만약 다른 나라에 가서, 빙향(聘享)4)의 의례를 시행하게 된 경우라면, 이처럼 행동하지 않는다. 『예기』「소의(少儀)」편에서는 "공적인 일에서는 문 말뚝의 서쪽을 경유해서 들어가고, 사적인 일에서는 말뚝의 동쪽을 경유해서 들어간다."라고 했다.

① *少儀曰*.

補註 少儀當作玉藻.

번역 '소의(少儀)'는 마땅히 '옥조(玉藻)'로 기록해야 한다.5)

자이다. 자(字)는 초망(肖望)·소망(少望)이고, 호(號)는 민은(岷隱)이다. 저서로는 『춘추강의(春秋講義)』, 『예기구의(禮記口義)』 등이 있다.
2) 『예기』「곡례상(曲禮上)」: 爲人子者, 居不主奧, 坐不中席, 行不中道, <u>立不中門</u>.
3) 『예기』「곡례상(曲禮上)」: 國君下齊牛, 式宗廟. 大夫士下公門, <u>式路馬</u>. / 『예기』「곡례상」: <u>乘路馬, 必朝服</u>, 載鞭策, 不敢授綏, 左必式. / 『예기』「곡례상」: 步路馬, 必中道. 以足蹙路馬芻有誅, 齒路馬有誅.
4) 빙향(聘享)은 빙문(聘問)의 의례를 시행하며 선물로 가지고 간 폐백을 바치는 의식이다. '빙문'을 하게 되면, 폐백을 받은 자는 상대방에게 반드시 연회를 베풀어주게 된다. 따라서 빙문(聘問)에서의 빙(聘)자와 연회를 뜻하는 향(享)자를 합쳐서, 이러한 의식을 '빙향'이라고 부르게 되었다. 『의례』「빙례(聘禮)」편에는 "受夫人之聘璋, 享玄纁."이라는 기록이 있고, 이에 대한 정현의 주에서는 "享, 獻也. 旣聘又享, 所以厚恩惠也."라고 풀이했다.
5) 『예기』「옥조(玉藻)」: 賓入不中門, 不履閾, <u>公事自闑西, 私事自闑東</u>.

「곡례상」 59장

> **참고-經文**
> 凡與客入者, 每門讓於客. 客至於寢門, 則主人①請入爲席, 然後出迎客. 客②固辭, 主人③肅客而入.

번역 무릇 빈객과 함께 집으로 들어갈 경우에는 매 문마다 잠시 멈춰서, 빈객에게 먼저 들어가도록 권유를 한다. 이러한 절차를 반복하여, 빈객이 침문(寢門)[1]에 도달하게 되면, 주인은 빈객에게 양해를 구하며, 자신이 먼저 들어가서 자리를 마련하겠다고 청한다. 주인이 먼저 들어가서 자리를 편 이후에야, 주인은 밖으로 다시 나와서 빈객을 맞이한다. 이때에도 주인은 빈객에게 먼저 들어갈 것을 권유하는데, 빈객이 고사(固辭)하면, 주인은 빈객에게 숙배(肅拜)를 하고 먼저 들어간다.

① 請入爲席.

補註 疏曰: 主人嚮已應正席, 今客至門, 方請先入敷席者, 一則自謙, 不敢逆設席以招賢, 一則重愼, 宜更視之.
번역 소에서 말하길, 주인은 그 이전에 이미 자리를 마련해둔 상태이다. 그런데도 빈객과 함께 침문(寢門)에 도달하여 자신이 먼저 들어가서 자리를 펴겠다고 양해를 구하게 된다. 그 이유는 첫 번째 스스로를 겸손하게 낮추는 것으로, 자리를 펴서 현자를 초빙하는 예법을 감히 거스를 수 없기 때문이다. 두 번째 더욱 신중하게 행동하는 것으로, 이미 자리를 펼쳐두었더라도 다시금 그 상태를 점검해야 하기 때문이다.

---

1) 침문(寢門)은 침문(寢門)이라고도 부른다. 노문(路門)을 가리킨다. '노문'은 궁실(宮室)의 건축물 중에서도 가장 안쪽에 있었던 정문을 뜻하는데, 여러 문들 중에서도 노침(路寢)과 가장 가까운 위치에 있었기 때문에, '노문'이라는 명칭이 생겼다. '침문'이라는 용어 또한 '노침'에 가까이 있었기 때문에 붙여진 명칭이다. 한편 가장 안쪽에 있었던 정문이었으므로, '침문'을 내문(內門)이라고도 부른다.

② 固辭.

補註 鄭註: "又讓先入." 疏曰: "禮有三辭, 初曰禮辭, 再曰固辭, 三曰終辭. 主人入鋪席竟, 出迎客客, 再辭不先入也."
번역 정현의 주에서 말하길, "재차 사양하여 먼저 들어가도록 권유한다는 뜻이다."라고 했다. 소에서 말하길, "예법에 따르면 세 차례 사양을 하게 되는데, 첫 번째 사양하는 것을 '예사(禮辭)'라고 부르며, 두 번째 사양하는 것을 '고사(固辭)'라고 부르고, 세 번째 사양하는 것을 '종사(終辭)'라고 부른다. 주인이 먼저 들어가서 자리 펴는 일이 다 끝나면, 밖으로 나와서 빈객을 맞이하는데, 이때 빈객은 재차 사양을 하며 주인보다 먼저 들어가지 않는 것이다."라고 했다.

③ 肅客.

補註 鄭註: 肅, 進也. 進客, 謂道之.
번역 정현의 주에서 말하길, '숙(肅)'자는 "나아간다[進]."는 뜻이다. "빈객에게 나아간다[進客]."는 말은 그를 인도한다는 뜻이다.

補註 ○按: 肅客, 呂氏之訓以肅拜者爲是. 大戴禮註: "肅拜者, 但俯下手, 鄕飮酒賓入門揖, 春秋傳敢肅從者, 是也. 揖, 揖也."
번역 ○살펴보니, '숙객(肅客)'에 대해서 여씨는 숙배(肅拜)[2]로 풀이했는데 이 주장이 옳다. 『대대례기』의 주에서는 "숙배(肅拜)라는 것은 단지 몸을 숙여 손을 밑으로 내리는 것이니, 『의례』 「향음주례(鄕飮酒禮)」에서는 빈객이 문으로 들어서면 의(揖)를 한다고 했고, 『춘추전』에서는 종자에 대해 감히 숙배를 한다고 했다. '의(揖)'는 읍을 한다는 뜻이다."라고 했다.

---

2) 숙배(肅拜)는 구배(九拜) 중의 하나이다. 절을 하는 방법 중 하나로, 무릎을 가지런히 모으고, 단지 손을 아래로만 내리며, 머리는 숙이지 않는 방법이다.

「곡례상」 60장

참고-經文

① <u>主人入門而右, 客入門而左</u>. 主人就東階, 客就西階, 客若降等, 則就主人之階. 主人固辭, 然後客復就西階.

번역 주인은 문으로 들어서면 오른쪽으로 가고, 빈객은 문으로 들어서면 왼쪽으로 간다. 주인은 동쪽 계단으로 가고, 빈객은 서쪽 계단으로 가는데, 만약 빈객의 신분이 주인보다 낮다면, 서쪽 계단으로 가지 않고, 주인이 오르는 동쪽 계단으로 간다. 주인이 고사(固辭)를 하며 빈객의 행동을 만류하면, 그런 뒤에야 빈객은 다시 서쪽 계단으로 나아간다.

① ○主人入門[止]而左.

補註 按: 陳註, 入右・入左之義, 殊不親切. 鄭註謂: "右就其右, 左就其左", 儘精.

번역 살펴보니, 진호의 주에서는 입우(入右)와 입좌(入左)의 의미가 다소 자세하지 않은 것 같다. 정현의 주에서는 "'우(右)'자는 오른쪽으로 간다는 뜻이고, '좌(左)'자는 왼쪽으로 간다는 뜻이다."라고 했는데, 매우 정확하다.

「곡례상」 61장

참고—經文

主人與客讓登, 主人先登, 客從之, 拾級聚足, 連步以上. ①上於東階, 則先右足; 上於西階, 則先左足.

번역 계단에 오를 경우, 주인은 빈객에게 먼저 올라가라고 사양을 하는데, 빈객이 다시 사양을 하여, 끝내 주인이 먼저 오르게 되면, 빈객이 뒤따라 올라간다. 다만 한 계단을 오를 때마다 양발을 모으니, 이런 방식으로 걸음을 이어가서 계단을 오르게 된다. 동쪽 계단으로 오르는 경우에는 오른쪽 발을 먼저 떼고, 서쪽 계단으로 오르는 경우에는 왼쪽 발을 먼저 뗀다.

① 上於東階[止]左足.

補註 語類曰: 主人升東階, 客上西階, 皆不可亂. 然不是强安排, 皆是天理之自然. 如上東階, 則先右足; 上西階, 則先左足. 蓋上西階而先右足, 背却主人; 上東階而先左足, 背却客, 自是理合如此.

번역 『어류』에서 말하길, 주인은 동쪽 계단으로 올라가고 빈객은 서쪽 계단으로 올라가니 모두 혼란스럽게 할 수 없다. 그러나 이것은 억지로 정해서 하는 것이 아니라 모두 하늘의 이치에 따른 자연스러운 것이다. 예를 들어 동쪽 계단으로 오르게 되면 오른쪽 발을 먼저 떼고, 서쪽 계단으로 오르게 되면 왼쪽 발을 먼저 뗀다는 것과 같다. 서쪽 계단으로 올라가며 오른쪽 발을 먼저 떼면 주인을 등지게 되고, 동쪽 계단으로 올라가며 왼쪽 발을 먼저 떼면 빈객을 등지게 되니, 본래 그 이치가 이와 같이 합치되는 것이다.

補註 ○愚伏曰: 本註各順入門之左右, 甚無意義.

번역 ○『우복집』에서 말하길, 진호의 주에서는 "각각 문에 들어서서 왼쪽으로 가느냐 아니면 오른쪽으로 가느냐에 따른 것이다."라고 했는데, 매우 의미 없는 해석이다.

「곡례상」 62장

> **참고-經文**
> ①帷薄之外不趨, 堂上不趨, 執玉不趨. 堂上②接武, 堂下③布武, 室中不翔.

번역 장막과 주렴 밖에 사람이 없다면, 공경스러운 태도를 보이기 위해 굳이 종종걸음으로 걷지 않는다. 또한 당 위에서는 공간이 좁으므로 종종걸음으로 걷지 않고, 옥을 들고 있을 때에는 실수로 떨어트릴 수도 있으니, 종종걸음으로 걷지 않는다. 한편 당 위에서는 보폭을 적게 하여 발자국이 이어지도록 걷고, 당 아래에서는 보폭을 넓게 해서 성큼 성큼 걸으며, 방안에서는 공간이 협소하므로 양팔을 벌려서 걷지 않는다.

① ○帷薄之外不趨.

補註 鄭註: "不見尊者, 行自由, 不爲容也." 疏曰: "禮, 天子外屛, 諸侯內屛, 卿大夫以簾, 士以帷. 外屛, 門外爲之. 內屛, 門內爲之. 邦君樹塞門, 是也. 今言帷薄, 謂大夫士也. 其外不趨, 則內可趨, 爲敬也."

번역 정현의 주에서 말하길, "존귀한 자가 보이지 않는다면, 자연스럽게 걸으며, 굳이 공손한 태도를 취하지 않는다."라고 했다. 소에서 말하길, "예법에 따르면, 천자는 외병(外屛)[1]을 설치하고, 제후는 내병(內屛)[2]을 설치한다.[3] 또한 경과 대부는 주렴[簾]을 치고, 사는 휘장[帷]을 친다. 외병은 문밖

---

1) 외병(外屛)은 천자가 문 밖에 설치했던 담장이다. 문 안에 있는 작은 담장을 내병(內屛)이라고 부르는데, 이것과 상대되는 말이다. 문 밖에 설치했기 때문에 '외(外)'자를 붙인 것이고, 병풍과도 같은 역할을 했기 때문에 '병(屛)'자를 붙여서 '외병'이라고 부른 것이다. 후대에는 조벽(照壁)으로 부르기도 했다.
2) 내병(內屛)은 제후가 문 안에 설치했던 담장을 뜻한다. 문 안쪽에 위치하여 '내(內)'자를 붙인 것이며, 병풍처럼 가려주는 역할을 하므로, '병(屛)'자를 붙여서 '내병'이라고 부른 것이다.

에 설치한다. 반면 내병은 문안에 설치한다. '제후만이 나무로 문 가림을 한다.'⁴⁾라고 하였는데, 이때의 '수색문(樹塞門)'이 바로 내병을 가리킨다. 이곳 문장에서는 장막과 주렴이라고 하였으니, 대부와 사에 대한 내용이다. 장막이나 주렴 밖에서는 종종걸음으로 걷지 않는다고 하였으니, 그 안에서는 종종걸음으로 걸어야하며, 이처럼 행동하는 이유는 더욱 공손하게 행동하기 위해서이다."라고 했다.

② 接武.

補註 鄭註: 每移足半躡之.
번역 정현의 주에서 말하길, 매 걸음마다 반보씩 뗀다는 뜻이다.

③ 布武.

補註 鄭註: 每移足, 各自成迹, 不相躡.
번역 정현의 주에서 말하길, 발걸음을 뗄 때마다 각각 본래의 발걸음대로 걷는다는 뜻으로, 발걸음이 겹치도록 반보씩 떼지 않는다는 의미이다.

---

3) 『순자』「대략(大略)」: <u>天子外屛, 諸侯內屛</u>, 禮也. 外屛, 不欲見外也, 內屛, 不欲見內也.
4) 『논어』「팔일(八佾)」: <u>邦君樹塞門</u>, 管氏亦樹塞門.

「곡례상」 64장

참고-經文

凡爲長者①糞之禮, 必加帚於箕上, 以袂拘而退. 其塵不及長者, 以箕自鄕而扱之.

번역 무릇 어른을 위해 청소하는 예법은 다음과 같다. 청소를 하기 위해 이동할 때에는 반드시 쓰레받기 위에 빗자루를 얹어서 이동한다. 그리고 자신의 소매로 빗자루를 가리고, 빗자루로 쓸면서 어른이 계신 곳 반대방향으로 물러나며 청소한다. 청소할 때 발생하는 먼지가 어른에게 가지 않게 하기 위해서, 청소를 할 때는 빗자루를 자신의 방향으로 쓸어서 쓰레받기에 담는다.

① ○糞.

補註 陸曰: 糞音奮, 又作▼(扌+糞).
번역 육덕명이 말하길, '糞'자의 음은 '奮(분)'이며, 또한 '(扌+糞)'자로도 기록한다.

참고-集說

糞, 除穢也. 少儀云, "埽席前曰①拚", 義與糞同. 呂氏讀扱爲插音, 然凡氣之出入, 噓則散, 吸則聚, 今以收斂爲義, 則吸音爲是.

번역 '분(糞)'자는 더러운 것들을 청소한다는 뜻이다. 『예기』「소의(少儀)」편에서는 "자리 주변을 청소하는 것을 '분(拚)'이라고 부른다."[1]라고 하였는데, '분(拚)'

---

1) 『예기』「소의(少儀)」: 氾埽曰埽, 埽席前曰拚. 拚席不以鬣, 執箕膺擖.

자의 의미는 분(糞)자와 동일하다. 여씨는 '급(扱)'자를 '삽(插)'자로 해석하였다. 그러나 무릇 기(氣)가 출입할 때에는 내불면 흩어지고, 들이마시면 모아진다. 지금 이곳 문장에서 언급하는 '급'자는 "수렴한다[收斂]."는 뜻이 되므로, '흡(吸)'자로 해석하는 것이 옳다.

① 抍.

補註 沙溪曰: 韻會, 揮, 棄物也.
번역 사계가 말하길, 『운회』에서는 휘(揮)는 물건을 버린다는 뜻이라고 했다.

補註 ○少儀註, 抍音糞, 除穢也.
번역 ○『예기』「소의(少儀)」편의 주에서 말하길, '抍'자의 음은 '糞(분)'이며, 더러운 것을 제거한다는 뜻이다.

「곡례상」 66장

참고-經文

請席何鄕, ①請衽何趾.

번역 자리를 들고 간 다음, 어른이 앉고자 한다면 어느 방향으로 자리를 펼 것인지 여쭙고, 어른이 눕고자 한다면 어느 방향으로 발을 둘 것인지 여쭙는다.

① 請衽何趾.

補註 鄭註: 衽, 臥席也.

번역 정현의 주에서 말하길, '임(衽)'자는 눕는 자리를 뜻한다.

「곡례상」 67장

참고-經文

① 席南鄉北鄉, 以西方爲上; 東鄉西鄉, 以南方爲上.

번역 자리가 남향이나 북향으로 되어 있을 때에는 서쪽을 상석으로 삼고, 동향이나 서향으로 되어 있을 때에는 남쪽을 상석으로 삼는다.

① ○席南鄉[止]爲上.

補註 鄭註: 坐在陽則上左, 坐在陰則上右.
번역 정현의 주에서 말하길, 앉는 자리가 양(陽)에 해당하는 방위에 놓여 있다면, 좌측을 상석으로 삼고, 앉는 자리가 음(陰)에 해당하는 방위에 놓여 있다면, 우측을 상석으로 삼는다.

「곡례상」 68장

참고-經文
①若非飮食之客, 則布席, ②席間函丈.

번역 만약 음식을 대접하기 위해 초대한 빈객이 아니라면, 자리를 펼 때, 자리 간격을 함장(函丈)[1]으로 한다.

① ○若非飮食之客.

補註 疏曰: 講說之客, 不在牖前, 或在於室.
번역 소에서 말하길, 학문 등을 강설하기 위해 찾아온 빈객에 대해서는 들창 앞에 자리를 두지 않고, 방안에 두게 된다.

② 席間函丈.

補註 疏曰: 函, 容也. 旣來講說, 則所布兩席, 中間相去使容一丈之地, 足以指畫也. 文王世子云: "侍坐於大司成, 遠近間三席." 席之制, 三尺三寸三分寸之一, 則三席是一丈, 故鄭云容丈也.
번역 소에서 말하길, '함(函)'자는 "수용한다[容]."는 뜻이다. 강설을 하기 위해 찾아온 빈객이므로, 두 개의 자리를 펼 때 중간에 서로 1장(丈) 정도 떨어지도록 공간을 두어서, 충분히 의사 표현을 할 수 있도록 하는 것이다. 『예기』「문왕세자(文王世子)」편에서는 "대사성(大司成)을 모시고 앉을 때에는 거리를 세 개의 자리를 펼 정도로 벌린다."[2]라고 하였다. 자리를 제작할 때

---

1) 함장(函丈)의 '함(函)'자는 수용한다는 뜻이고, '장(丈)'자는 1장(丈)을 뜻하는 거리이다. 따라서 '함장'은 강학하는 자와 강학을 받는 자는 1장(丈)의 거리만큼 떨어져서 앉는다는 뜻이다. 후대에는 이 뜻에서 파생되어, 강학하는 좌석 및 스승을 뜻하는 용어로도 사용되었다.
2) 『예기』「문왕세자(文王世子)」: 凡侍坐於大司成者, 遠近間三席, 可以問. 終則負

에는 그 너비를 3척(尺) 3과 3분의 1촌(寸)으로 만드니, 세 개의 자리가 차지하는 너비는 1장의 길이가 된다. 그렇기 때문에 정현이 1장의 크기를 수용한다고 말한 것이다.

補註 ○按: 陳氏引疏, 而沒去所引文王世子之文, 只存席之制三尺三寸三分寸之一, 又改兩席中間相去使容一丈, 云兩席幷中間空地共一丈也. 妄以己意添改舊文, 似未安.
번역 ○살펴보니, 진호는 소를 인용하였는데, 소에서 인용하고 있는 「문왕세자」의 기록을 삭제하고 단지 자리를 제작할 때 그 너비를 3척(尺) 3과 3분의 1촌(寸)의 길이로 한다는 내용만 남겨두었으며, 또 두 자리 사이의 거리가 1장 정도 벌리게 한다는 내용을 고쳐서 두 개의 자리와 중간의 공간을 합치면 그 너비는 모두 1장(丈)의 길이가 된다고 하였다. 망령되게 자신의 견해를 첨부하고 옛 기록을 고쳤으니, 아마도 잘못 해석한 것 같다.

補註 ○沙溪曰: 以文勢觀之, 兩席間容一丈之長也, 註說可疑.
번역 ○사계가 말하길, 문장의 흐름으로 살펴보면 두 자리 사이에 1장(丈)의 거리를 둔다는 진호 주의 설명은 의문스럽다.

牆, 列事未盡, 不問.

「곡례상」 71장

참고-經文

將卽席, ①容毋怍. ②兩手摳衣去齊尺. ③衣毋撥, 足毋蹶.

번역 장차 자리에 나아가 앉을 때에는 행동거지를 신중하고 조심스럽게 하여, 부끄러운 일이 생기게 해서는 안 된다. 양쪽 손으로는 치마를 걷어 올려서, 치마의 밑단이 지면과 1척(尺) 정도 떨어지도록 한다. 앉은 이후에는 옷을 펄럭거리게 해서는 안 되며, 발을 움직여서는 안 된다.

① ○容毋怍.

補註 鄭註: 怍, 顏色變也.
번역 정현의 주에서 말하길, '작(怍)'자는 부끄러워서 안색이 변한다는 뜻이다.

補註 ○呂氏曰: 怍者, 愧赧不安之貌.
번역 ○여씨가 말하길, '작(怍)'자는 부끄러워 얼굴을 붉히며 불안해하는 모습을 뜻한다.

補註 ○按: 此兩說爲是, 本註劉氏說, 恐誤.
번역 ○살펴보니, 이 두 주장은 옳은데, 진호의 주에서 인용한 유씨의 주장은 아마도 잘못된 것 같다.

참고-集說 劉氏曰: 將就席, 須詳緩而謹容儀, 毋使有失而可愧怍也. 仍以兩手摳揭衣之兩旁, 使下齊離地一尺而坐, 以便起居, 免有躓蹶失容也. 坐後更須整疊前面衣衽, 毋使撥開. 又古人以膝坐, 久則膝不安, 而易以蹶動, 坐而足動, 亦爲失容, 故戒以毋動也. 管寧坐席歲久, 惟兩膝著處穿, 是足不動故然耳.
번역 유씨[1]가 말하길, 자신의 자리로 나아갈 때에는 매우 천천히 움직여서 용모와 행동거지를 신중하게 해야만 하니, 실수를 유발하여, 부끄러운 일을 발생시켜서는 안 되기 때문이다. 그러므로 양손으로는 치마의 양쪽 옆면을 살짝 걷어 올려서, 치맛자락이 지면으로부터 1척(尺) 정도 떨어지게 해서 자리에 앉으니, 이처럼 하는 이유는 일어서거나 앉을 때 편리하며, 또한 넘어져서 창피를 당하는 일을 없게끔 해주기 때문이다. 자리에 앉은 이후에는 다시금 전면에 놓이는 옷자락과 소매를 가지런하게 포개어, 펄럭거리게 해서는 안 된다. 또한 고대인들은 무릎을 꿇고 앉았었는데, 장시간 앉아 있게 되면, 무릎이 불편하게 되어, 발을 움직이기 쉽다. 그러나 앉아 있을 때 발을 움직이는 것 또한 단정치 못한 행동이다. 그렇기 때문에 움직여서는 안 된다고 주의를 주고 있는 것이다. 관녕(管寧)은 앉은 자세로 오랜 기간을 보내서, 옷 중에서 땅에 닿게 되는 양쪽 무릎 부분만 뚫어졌다고 하는데,[2] 발을 움직이지 않았기 때문에 이렇게 된 것이다.

② **兩手[止]齊尺**.

補註 鄭註: "齊, 謂裳下緝也." 疏曰: "就席之時, 兩手提裳令下緝去地一尺許, 恐轉足踐之."

번역 정현의 주에서 말하길, "'제(齊)'자는 치마의 밑단을 뜻한다."라고 했다. 소에서 말하길, "자신의 자리로 나아가려고 할 때, 양손으로는 치마의 앞쪽을 걷어 올려서 치마가 올라가도록 하여 치마의 밑단이 지면으로부터 1척(尺) 정도 떨어지게 만드니, 치마가 다리를 감아서 밟고 넘어지게 될까를 염려했기 때문일 것이다."라고 했다.

---

1) 장락유씨(長樂劉氏, A.D.1017~A.D.1086) : =유씨(劉氏)・유이(劉彛)・유집중(劉執中). 북송(北宋) 때의 성리학자이다. 자(字)는 집중(執中)이다. 복주(福州) 출신이며, 어려서 호원(胡瑗)에게서 학문을 배웠다. 『정속방(正俗方)』, 『주역주(周易注)』를 지었으나 현존하지 않는다. 『칠경중의(七經中議)』, 『명선집(明善集)』, 『거이집(居易集)』 등이 남아 있다.
2) 이 고사는 황보밀(皇甫謐)이 지은 『고사전(高士傳)』에 나온다.

補註 ○按: 劉氏說曰:"使下齊離地一尺而坐, 以便起居." 坐則豈有下齊離地之理? 大誤.
번역 ○살펴보니, 유씨는 "치맛자락이 지면으로부터 1척(尺) 정도 떨어지게 해서 자리에 앉으니, 일어서거나 앉을 때 편리하기 때문이다."라고 설명했는데, 자리에 앉는다면 어떻게 치마의 밑단이 지면과 떨어질 수가 있겠는가? 매우 잘못된 설명이다.

③ 衣毋撥, 足毋蹶.

補註 沙溪曰: 此言其方入時也. 至下文始言坐必安, 小學集註, "撥, 發揚貌, 蹶, 行遽貌." 恐此得之.
번역 사계가 말하길, 이것은 막 들어가려고 할 때의 상황을 뜻한다. 아래문장에 이르러서야 비로소 "앉을 때에는 반드시 안정된 자세로 앉아야 한다."3)라고 했고, 『소학집주』에서는 "발(撥)은 휘날리는 모양을 뜻하고, 궐(蹶)은 급히 걸어가는 모양을 뜻한다."라고 했는데, 아마도 이것이 옳은 해석일 것이다.

補註 ○按: 小學註, 本出鄭註, 朱子亦以載之. 通解則可從無疑, 而劉氏並以坐後事釋之, 大誤.
번역 ○살펴보니, 『소학』의 주는 본래 정현의 주에서 나온 것이며, 주자 또한 그 주장을 수록하였다. 『통해』의 해석은 의심할 것 없이 따를 만한 주장이지만, 유씨는 이 모두를 자리에 앉은 이후의 일로 풀이했으니, 매우 잘못된 설명이다.

---

3) 『예기』「곡례상(曲禮上)」: 虛坐盡後, 食坐盡前. 坐必安, 執爾顔. 長者不及, 毋儳言.

「곡례상」 73장

> **참고-經文**
> ①虛坐盡後, 食坐盡前. ②坐必安, 執爾顏. 長者不及, 毋③儳言.

번역 아직 음식이 차려지지 않은 자리에 앉을 때에는 멀찌감치 뒤로 물러나서 앉고, 음식이 차려진 자리에 앉을 때에는 바짝 당겨서 앉는다. 앉을 때에는 반드시 안정된 자세로 앉아야 하고, 자신의 얼굴색을 단정하게 가다듬는다. 어른이 말을 끝내지 않았다면, 어른의 말에 끼어들어서는 안 된다.

① ○虛坐[止]盡前.

補註 疏曰: 虛, 空也. 空謂非飮食坐也. 盡後, 不敢近前, 以爲謙也. 食坐, 謂飮食坐也. 古者地鋪席, 而俎豆皆陳於席前之地, 若坐近後則濺汚席, 故盡前也.

번역 소에서 말하길, '허(虛)'자는 "비어 있다[空]."는 뜻이다. 비어 있다는 말은 곧 음식을 먹기 위해 앉는 자리가 아닌 경우를 뜻한다. '최대한 뒤로[盡後]'라는 말은 감히 앞쪽으로 가까이 다가가지 않는다는 뜻이니, 이러한 행동을 겸손한 것으로 여겼기 때문이다. '식좌(食坐)'는 음식을 먹는 자리에 앉는 경우를 뜻한다. 고대에는 바닥에 자리를 깔고, 음식을 담는 그릇들은 모두 자리의 앞쪽 바닥에 놓아두었다. 따라서 만약 자신이 앉은 자리가 뒤쪽에 치우쳐 있으면, 음식을 떨어트려서 자리를 더럽힐 수가 있다. 그렇기 때문에 앞으로 바짝 당겨서 앉는 것이다.

補註 ○按: 陳註席地, 而俎豆在其前云者, 蓋指食坐, 而語有未瑩.

번역 ○살펴보니, 진호의 주에서는 자리를 펴고, 음식을 담는 그릇들을 자리의 앞쪽에 놓아둔다는 말을 했는데, 아마도 이것은 식좌를 가리키는 것 같지만, 그 설명이 명확하지 못한 것 같다.

② 坐必安.

補註 疏曰: 凡坐好自搖動, 故戒之令必安坐.
번역 소에서 말하길, 무릇 앉아 있을 때에는 발이 저려서 움직이기 쉽기 때문에, 주의를 주어서 반드시 안정된 자세로 앉도록 한 것이다.

③ 僭言.

補註 通解曰: 說文云, "僭互, 不齊也." 僭言, 僭長者之先而言也.
번역 『통해』에서 말하길, 『설문』에서는 "참호(僭互)는 단정하지 못하다는 의미이다."라고 했다. '참언(僭言)'은 어른이 먼저 말한 것에 끼어들어서 말한다는 뜻이다.

「곡례상」 77장

참고-經文

① <u>父召無諾</u>, 先生召無諾, 唯而起.

번역 부친이 부르거든 대답만 해서는 안 되고, 선생이 부르거든 대답만 해서는 안 되니, 대답을 하고 얼른 일어나서 그 앞으로 나아가야 하는 것이다.

① ○父召無諾.

補註 鄭註: "應辭, 唯恭於諾." 疏曰: "唯, 𠱾也, 諾則似緩慢."

번역 정현의 주에서 말하길, "응답하는 말 중에서 '유(唯)'는 '낙(諾)'보다 공손한 것이다."라고 했다. 소에서 말하길, "'유(唯)'라는 말은 신속하게 대답한다는 뜻으로, '낙(諾)'이라고 한다면, 마치 너무나 느긋하여 오만한 것처럼 보이게 된다."라고 했다.

「곡례상」 78장

참고-經文

侍坐於所尊敬, ①無餘席. ②見同等不起.

번역 존경하는 분을 모시고 앉을 경우에는 자신의 자리와 상대방의 자리에 공간이 없도록 가까이 앉는다. 앉아 있을 때 자신과 신분이나 학업 정도가 대등한 자를 보게 되면, 자리에서 일어나지 않는다.

① ○無餘席.

補註 無, 古經作毋.

번역 '무(無)'자를 『고경』에서는 무(毋)자로 기록했다.

② 見同等不起.

補註 疏曰: 尊敬先生, 不敢曲爲私敬.

번역 소에서 말하길, 선생을 존경한다면 감히 개인적으로 공경하는 마음을 그에게까지 쏟을 수가 없기 때문이다.

「곡례상」 79장

> **참고-經文**
> 燭至起, 食至起, ①上客起.

번역 등불이 방안으로 들어오면 자리에서 일어나고, 음식이 방안으로 들어오면 자리에서 일어나며, 신분이 높은 빈객이 들어오면 자리에서 일어난다.

① ○上客起.

補註 疏曰: 尊者見之起, 故侍者宜從而起.
번역 소에서 말하길, 존장자도 상객을 보면 일어나게 되기 때문에, 존장자를 모시고 있는 본인 또한 마땅히 존장자를 따라서 함께 일어나야 한다.

「곡례상」 80장

참고-經文
① 燭不見跋.

번역 등불의 경우, 타고 남은 심지가 보이지 않도록 한다.

① ○燭不見跋.

補註 疏曰: 古者未有蠟燭, 唯呼火炬爲燭.
번역 소에서 말하길, 고대에는 아직 촛불이 없었기 때문에, 횃불을 '촉(燭)'이라고 불렀다.

「곡례상」 83장

> **참고-經文**
> 侍坐於君子, 君子欠伸, ①撰杖屨, 視日蚤莫, 侍坐者請出矣.

번역 군자를 모시고 앉아 있을 때, 시간이 오래되어 군자가 하품을 하거나 기지개를 펴거나, 또는 지팡이나 신발을 잡으며, 해가 아직 떠 있는지 아니면 저물었는지를 살핀다면, 군자가 피로해하는 것이므로, 모시고 앉아 있던 자들은 본인들은 이제 그만 물러나도 되겠는지를 여쭙는다.

① ○撰杖屨.
補註 少儀還屨疏曰: 尊者, 脫屨於戶內, 屨常在側.
번역 『예기』「소의(少儀)」편의 '환구(還屨)'에 대한 소에서 말하길, 존장자는 방문 안쪽에 신발을 풀어놓고, 신발은 항상 자신 곁에 놓아둔다.

「곡례상」 90장

> **참고-集說**
> 侍長者之坐於堂, 故不敢以屨升. ①若長者在室, 則屨得上堂 而不得入室, "戶外有二屨", 是也. 解, 脫也. 屨有綦繫, 解而脫 之, 不敢當階, 爲妨後升者.

번역 당에서 어른을 모시고 앉아 있을 경우에 해당한다. 그렇기 때문에 감히 신발을 신은 채로 올라가지 않는 것이다. 만약 어른이 방안에 있는 경우라면, 신발을 신은 채로 당에 오를 수도 있지만, 신발을 신은 채로 방으로 들어갈 수는 없다. "방문 밖에 두 짝의 신발이 있다."[1]라고 한 말이 바로 이러한 뜻을 나타낸다. '해(解)'자는 "벗는다[脫]."는 뜻이다. 신발에는 들메끈이 달려 있으므로, 그것을 풀어서 신발을 벗게 되는데, 감히 계단에 벗어두지 않는 이유는 뒤이어 당에 오르는 자에게 방해가 되기 때문이다.

① ○若長者[止]是也.

補註 按: 此出疏說, 而又曰: "或云悉不得上也."

번역 살펴보니, 이것은 소에서 도출된 설명인데, 소에서는 또한 "어떤 자들은 모든 경우에 있어서 신발을 신고서 당 위에 올라갈 수 없다고 해석한다."라고 했다.

---

1) 『예기』「곡례상(曲禮上)」: 將上堂, 聲必揚, 戶外有二屨, 言聞則入, 言不聞則不入.

「곡례상」 92장

> **참고-集說**
>
> 疏曰: 此明少者禮畢退去, ①爲長者所送, 則於階側跪取屨稍移之, 面向長者而著之. 遷, 徙也. 就階側跪取稍移近前也. 俯而納者, 旣取因俯身向長者而納足著之. 不跪者, 跪則足向後不便, 故俯也. 雖不並跪, 亦②坐左納右, 坐右納左.

번역 공영달의 소에서 말하길, 이 문장의 내용은 나이가 어린 자가 의례에 참가했다가, 그 의례가 모두 끝나서 물러나는 경우의 예법을 뜻하는데, 연장자로부터 전송을 받는 경우라면, 계단 곁에서 무릎을 꿇고서 신발을 들며, 조금 이동을 하여, 연장자를 바라보는 방향으로 서서, 착용을 하게 된다. '천(遷)'자는 "이동한다[徙]."는 뜻이니, 계단 곁으로 가서 무릎을 꿇고, 자기 신발을 든 다음 그 앞으로 조금 이동한다는 뜻이다. '부이납(俯而納)'이라는 말은 이미 신발을 들고 왔으므로, 그에 따라 연장자를 바라보는 방향에서 몸을 숙이고서, 발을 신발에 넣어서 신는다는 뜻이다. 이러한 경우 무릎을 꿇지 않는 이유는 무릎을 꿇게 된다면, 발이 뒤로 향하게 되어, 신발을 신기에 불편하게 되기 때문이다. 그래서 단지 몸을 숙이기만 하는 것이다. 비록 양쪽 무릎을 모두 꿇지는 않는다고 하지만, 신발을 신을 때에는 왼쪽 무릎을 꿇고서 오른쪽 신발을 신고, 그 다음으로는 오른쪽 무릎을 꿇고서 왼쪽 신발을 신는 것이다.

① ○爲長者所送.

補註 通解曰: 鄭註云, "長者送之", 恐非是. 但謂雖降階出戶, 猶鄕長者不敢背耳.

번역 『통해』에서 말하길, 정현의 주에서는 "연장자가 전송하는 경우에 대한 내용이다."라고 했는데, 아마도 잘못된 설명인 것 같다. 이것은 단지 계단을 내려오고 방문을 빠져나가게 되더라도 여전히 연장자를 향하며 감히 등을 돌리지 않는다는 뜻일 뿐이다.

補註 ○按: 若依朱子說解之, 則自就屨至向長者而屨, 自是一串語. 跪而遷屨以下, 又論其遷屨納屨之法.

번역 ○살펴보니, 만약 주자의 주장에 따라 풀이한다면, "신발을 신는다."2)라는 구문부터 "연장자를 바라보며 신발을 신는다."3)라는 구문까지는 하나로 연결된 말이 된다. "무릎을 꿇고 신발을 옮긴다."라는 구문으로부터 그 이하의 내용은 또한 신발을 옮겨서 신발을 신는 법도를 논의한 것이다.

② 坐左納右, 坐右納左.

補註 玉藻文.

번역 이것은 『예기』「옥조(玉藻)」편의 기록이다.4)

---

2) 『예기』「곡례상(曲禮上)」: <u>就屨</u>, 跪而擧之, 屛於側.
3) 『예기』「곡례상(曲禮上)」: <u>鄕長者而屨</u>, 跪而遷屨, 俯而納屨.
4) 『예기』「옥조(玉藻)」: 君若賜之爵, 則越席再拜稽首受. 登席祭之, 飮卒爵而俟君卒爵, 然後授虛爵. 君子之飮酒也, 受一爵而色洒如也, 二爵而言言斯, 禮已三爵而油油以退. 退則坐取屨, 隱辟而后屨, <u>坐左納右, 坐右納左</u>.

「곡례상(曲禮上)」 제1편 **117**

「곡례상」 93장

> 참고-經文
> ① 離坐離立, 毋往參焉. 離立者, 不出中間.

번역 두 명이 서로 짝을 이루어 앉아 있고, 또 두 명이 서로 짝을 이루어 서 있는 경우에는 그곳에 끼어들지 않는다. 두 명이 서로 짝을 이루어 서 있다면, 그 사이로 지나가지 않는다.

① 離坐[止]中間.

補註 鄭註: "離, 兩也." 疏曰: "易曰, '明兩作離', 是離爲兩也. 若見彼或二人倂坐, 或兩人倂立, 恐密有所論, 則己不得輒往參預. 又若見有二人倂立當己行路, 則避之, 不得輒當其中間出也. 不云離坐者, 道路中非安坐之地故也."

번역 정현의 주에서 말하길, "'이(離)'자는 짝[兩]이라는 뜻이다."라고 했다. 소에서 말하길, "『역』에서는 "밝음 두 개가 리괘(離卦)를 이룬다."[1]라고 하였으니, 이것이 바로 '이(離)'자가 '짝[兩]'을 뜻하는 용례가 된다. 만약 저쪽에 두 사람이 나란히 앉아 있거나 혹은 두 사람이 나란히 서 있는 것을 보게 된다면, 비밀리에 논의하는 것이 있다고 생각되므로 본인이 갑작스럽게 그곳에 가서 끼어들어서는 안 된다. 또 만약 자신이 가는 길에 두 사람이 나란히 서 있는 것을 보게 된다면, 그들을 피해서 길을 가야 하지, 갑작스럽게 그 사이로 지나가서는 안 된다. '나란히 앉아 있는 경우[離坐]'에 대해서 언급하지 않고 있는데, 도로는 편안하게 앉을 수 있는 땅이 아니기 때문이다.

補註 ○通解曰: 非但不往參其坐, 立亦不行出其中間, 皆爲干人私也.

---

1) 『역』「리괘(離卦)·상전(象傳)」: 象曰, <u>明兩作, 離</u>, 大人以繼明照于四方.

번역 ○『통해』에서 말하길, 단지 앉아 있을 때에만 가서 끼어들지 말아야 하는 것이 아니며 서 있을 때에도 가서 그 사이로 지나갈 수 없으니, 이 모두는 남의 사적인 측면을 간여할 수 있기 때문이다.

「곡례상」 94장

> **참고-集說**
>
> 內則註云, 植者曰楎, 橫者曰椸. 枷, 與架同, 置衣服之具也. ①
> 巾以帨潔, 櫛以理髮. 此四者皆所以遠私褻之嫌.

번역 『예기』「내칙(內則)」편에 대한 정현의 주에서는 수직으로 세워둔 옷걸이를 '휘(楎)'라고 부르고, 가로로 걸어둔 옷걸이를 '이(椸)'라고 부른다고 했다.[1] '가(枷)'자와 '시렁'을 뜻하는 '가(架)'자는 같은 글자로, 옷을 걸어두는 도구이다. 수건으로 물기를 닦고, 빗으로는 머리를 단정하게 만든다. 이러한 네 가지 지침들은 모두 남녀가 사적으로 친하게 지낸다는 의심을 멀리하는 방법이다.

① ○巾以帨潔.

補註 沙溪曰: 帨, 音稅, 淸也.

번역 사계가 말하길, '帨'자의 음은 '稅(세)'이니, 청결하게 한다는 뜻이다.

---

[1] 이 문장은 『예기』「내칙(內則)」편의 "不敢縣於夫之楎椸"라는 문장에 대한 정현의 주이며, 본문은 "竿謂之椸. 楎, 杙也."라고 되어 있다. 위의 문장은 공영달(孔穎達)의 소(疏)에 나오는 문장으로, 본문은 "郭景純引禮云, 不敢縣於夫之楎・椸. 植曰楎, 橫曰椸."라고 되어 있다.

「곡례상」 95장

참고-經文

嫂叔不通問, ①諸母不漱裳.

번역 형수와 시동생은 안부를 묻거나 선물을 건네지 않고, 부친의 첩들 중 아들을 낳은 여자에게는 하의를 세탁시키지 않는다.

① 諸母不漱裳.

補註 鄭註: 諸母, 庶母也. 庶母賤, 可使漱衣, 不可使漱裳. 裳, 賤, 尊之者, 亦所以遠別.

번역 정현의 주에서 말하길, '제모(諸母)'는 '서모(庶母)'[1]들을 뜻한다. '수(漱)'자는 "빨래한다[澣]."는 뜻이다. '서모'는 신분이 낮으므로, 그녀들을 시켜서 옷을 세탁할 수 있다. 그러나 하의[裳]를 세탁시킬 수는 없다. 하의는 천한 물건이기 때문이다. 따라서 하의를 세탁시키지 않는 것은 그녀들을 존중하는 행위이며, 또한 남녀 사이의 구별을 두어 멀리 대하는 방법이다.

---

1) 서모(庶母)는 부친의 첩(妾)들을 뜻한다. 『의례』「사혼례(士昏禮)」편에는 "庶母及門內施鞶, 申之以父母之命."이라는 기록이 있는데, 이에 대한 정현의 주에서는 "庶母, 父之妾也."라고 풀이했다. 한편 '서모'는 부친의 첩들 중에서도 아들을 낳은 여자를 뜻하기도 한다. 『주자전서(朱子全書)』「예이(禮二)」편에는 "庶母, 自謂父妾生子者."라는 기록이 있다.

「곡례상」 97장

참고-經文

①<u>女子許嫁</u>, 纓, 非有②<u>大故</u>, 不入其門.

번역 여자는 혼인이 결정되면, 영(纓)이라는 것을 차게 되니, 중요한 일이 아니라면, 그 여자가 있는 장소에는 함부로 들어가지 않는다.

① ○女子許嫁纓.

補註 疏曰: 纓有二時, 一少時常佩香纓, 二許嫁時繫纓. 何以知然者? 內則云: "男女未冠笄, 衿纓", 鄭以爲佩香纓. 昏禮: "主人入, 親說婦纓", 鄭云: "婦人許嫁笄, 因着纓, 明有繫也. 蓋以五采爲之, 其制未聞."

번역 소에서 말하길, 영(纓)을 차는 경우에는 두 시기가 있는데, 첫 번째는 어렸을 때 항상 향기가 나는 영을 차게 되며, 두 번째는 혼인이 성사되었을 때 영을 매다는 것이다. 어떻게 이러한 사실을 알 수 있는가? 『예기』「내칙(內則)」편에서는 "남자와 여자 중 아직 관례(冠禮)나 계례(笄禮)를 치르지 않은 자들은 영을 찬다."[1]라고 하였는데, 정현은 이 문장의 뜻을 향기가 나는 영을 찬다는 의미로 여겼다. 『의례』「사혼례(士昏禮)」편에서는 "남편이 들어와서, 부인이 차고 있는 영을 직접 푼다."[2]라고 하였고, 정현의 주에서는 "부인은 혼인이 성사되면 비녀를 꼽게 하고 혼인이 성사되었으므로 영을 차게 하여, 결속됨이 있음을 나타낸다. 무릇 다섯 가지 색으로 된 비단으로 그것을 만든다고 하는데, 그것의 제작방법에 대해서는 들어보지 못하였다."라고 했다.

---

1) 『예기』「내칙(內則)」: <u>男女未冠笄</u>者, 雞初鳴, 咸盥, 漱, 櫛, 縰, 拂髦, 總角, <u>衿纓</u>, 皆佩容臭.
2) 『의례』「사혼례(士昏禮)」: 主人入, 親說婦之纓. 燭出.

② **大故.**

補註 鄭註: 宮中有災變, 若疾病, 乃後入也.
번역 정현의 주에서 말하길, 집안에 재앙이나 변고가 발생한 경우이니, 만약 질병이 발생하였다면 남자도 뒤따라 들어갈 수 있다.

「곡례상」 98장

참고-經文

姑・姊妹・女子子, 已嫁而反, ①兄弟弗與同席而坐, ②弗與同器而食.

번역 고모 및 자매, 딸자식 등이 이미 시집을 갔다가 문제가 생겨 되돌아왔다면, 그들의 형제들은 같은 자리에 앉지 않고, 같은 밥상에서 식사를 하지 않는다.

① ○兄弟弗與同席而坐.

補註 疏曰: 不云姪及父者, 姪父尊卑, 禮殊不嫌也.
번역 소에서 말하길, 조카 및 부친에 대해 언급하지 않은 것은 조카 및 부친은 딸자식과 신분차이가 명백하므로, 예법상 별다른 혐의를 두지 않기 때문이다.

② 弗與同器而食.

補註 疏曰: 熊氏以爲不得傳同器, 未嫁亦然. 今嫌嫁或有異, 故明之.
번역 소에서 말하길, 웅안생[1]은 같은 그릇을 사용할 수 없다는 것은 아직 시집을 가지 않은 여자에게도 마찬가지라는 뜻으로 여겼다. 이곳 문장의 뜻은 이미 시집을 간 여자가 혹여 아직 출가하지 않은 여자가 지키는 예법과 다르게 하는 점이 생길까를 염려하였기 때문에, 시집을 간 여자들을 문장의 첫머리에 명시를 해둔 것이다.

---

1) 웅안생(熊安生, ?~A.D.578): =웅씨(熊氏). 북조(北朝) 때의 경학자이다. 자(字)는 식지(植之)이다. 『주례(周禮)』, 『예기(禮記)』, 『효경(孝經)』 등 많은 전적에 의소(義疏)를 남겼지만, 모두 산일되어 남아 있지 않다. 현재 마국한(馬國翰)의 『옥함산방집일서(玉函山房輯佚書)』에 『예기웅씨의소(禮記熊氏義疏)』 4권이 남아 있다.

「곡례상」 101장

참고-經文

故①日月以告君, 齊戒以②告鬼神, 爲酒食以召鄕黨僚友, 以厚其別也.

번역 이처럼 남녀 사이에서는 유별함이 중요하기 때문에, 혼인 날짜를 정하여 군주에게 아뢰고, 재계를 하고서 조상에게 아뢰며, 음식과 술을 차려서 향당의 친구들을 초청하여 연회를 베푸니, 이렇게 함으로써 남녀 사이의 유별함을 더욱 신중하게 지키는 것이다.

① 〇日月以告君.

補註 鄭註: "周禮凡取判妻入子者, 媒氏書之以告君." 疏曰: "妻是判合, 故云判也. 入子者, 容媵及姪娣不聘者也."

번역 정현의 주에서 말하길, "『주례』에서는 여자들 중 혼인을 한 자와 혼인할 때 뒤따라 온 자들을 가려내서, 매씨(媒氏)가 그들을 기록하여 군주에게 아뢴다고 했다.[1]"라고 했다. 소에서 말하길, "부인은 이미 결혼을 한 자이기 때문에, '가려낸다[判].'고 말한 것이다. '입자(入子)'라고 했는데, 부인이 시집올 때 데려오는 몸종 및 질제(姪娣) 등처럼 혼인을 하지 않았는데도 오게 된 자들을 뜻한다."라고 했다.

② 告鬼神.

補註 疏曰: 告先祖也.

번역 소에서 말하길, 선조에게 아뢰는 것이다.

---

1) 『주례』「지관(地官)・매씨(媒氏)」: 凡娶判妻入子者, 皆書之.

「곡례상」 103장

> 참고-經文
> 故買妾, ①不知其姓, 則卜之.

번역 동성(同姓)인 자를 맞이할 수 없으므로, 부인의 몸종을 들일 때에도, 만약 그녀의 성(姓)을 알 수 없는 상황이라면, 점을 쳐서 길흉을 판단한다.

① ○不知其姓則卜之.

補註 左傳昭元年, 子産曰: "內官不及同姓, 其生不殖, 故志曰: '買妾不知其姓, 則卜之.'" 林註: "卜而得吉, 必非同姓者矣."

번역 『좌전』 소공 1년의 기록에서 자산은 "내관(內官)은 동성인 자를 쓰지 않으니, 자식을 낳음이 번성하지 못하기 때문이다. 그래서 옛 기록에서는 '첩을 살 때 그녀의 성을 모르면 점을 친다.'라고 했다."[1]라고 했고, 임씨의 주에서는 "점을 쳐서 길한 점괘를 얻는다면 분명 동성인 여자가 아니다."라고 했다.

---

1) 『춘추좌씨전』「소공(昭公) 1년」: 僑又聞之, <u>內官不及同姓, 其生不殖</u>. 美先盡矣, 則相生疾, 君子是以惡之. <u>故志曰, '買妾不知其姓, 則卜之.'</u>

「곡례상」 104장

참고─經文

① 寡婦之子, 非有見焉, 弗與爲友.

번역 과부의 아들에 대해서는 함부로 친교를 맺지 않으니, 그의 재능과 학덕이 남다르다는 것이 나타나지 않는다면, 그와 함께 친교를 맺지 않아야 한다.

① ○寡婦之子[止]爲友.

補註 鄭註: "辟嫌也." 疏曰: "若此子凡庸, 而己與其往來, 則於寡婦有嫌也."

번역 정현의 주에서 말하길, "혐의를 피하기 위해서이다."라고 했다. 소에서 말하길, "만약 과부의 아들에게 특별한 재주도 없는데 본인이 그와 교분을 맺어 왕래한다면, 과부에게 흑심을 품었다는 혐의를 사게 된다."라고 했다.

補註 ○坊記曰: 子云, "寡婦之子, 不有見焉, 則弗友也, 君子以辟遠也. 以此坊民, 民猶以色厚於德."

번역 ○『예기』「방기(坊記)」편에서 말하길, 공자는 "과부의 자식에 대해서는 그에게 특별한 재능이 드러나지 않는다면 그와 사귀지 않으니, 군자는 혐의를 피하기 위해 소원하게 대한다. 이를 통해 백성들의 잘못을 방지했는데도, 백성들은 오히려 여색 밝히는 것을 덕보다 중시한다."[1]라고 했다.

---

1) 『예기』「방기(坊記)」: 子云, "寡婦之子, 不有見焉, 則弗友也, 君子以辟遠也. 故朋友之交, 主人不在, 不有大故, 則不入其門. 以此坊民, 民猶以色厚於德."

참고-大全

藍田呂氏曰: 人之所以異於禽獸者, 以有別也. 有別者, 先於男女, 天地之義, 人倫之始. 內則曰, "禮始於謹夫婦, 爲宮室, 辨內外, 男子居外, 婦人居內. 深宮固門, 閽寺守之, 男不入, 女不出", 所以別於居處者至矣. "非祭非喪, 不相授器, 其相受, 則女受以篚, 其無篚, 則皆坐奠之, 而后取之. 不雜坐, 不通乞假, 內言不出, 外言不入", 所以別於往來者至矣. "道路男子由右, 婦人由左, 女子出門, 必擁蔽其面, 夜行以燭, 無燭則止", "御婦人, 則進左手", 所以別於出入者至矣. "外內不共井, 不共湢浴, 不通寢席, 不通衣裳", "不同椸枷, 不同巾櫛", "不敢縣於夫之楎椸, 不敢藏於夫之篋笥", 所以別於服御器用者至矣. 姑·姊妹·女子子, 天屬也, "許嫁則非有大故, 不入其門, 已嫁而反, 則不與同席而坐同器而食." 嫂與諸母同宮之親也, "嫂叔則不通問, 諸母則不漱裳." 妻之母婚姻之近屬也, "壻見主婦, 闔扉立于其內, 壻立于門外, 東面, 主婦一拜, 壻答再拜, 主婦又拜, 壻出", 所以別於宗族婚姻者至矣. "男女非有行媒, 不相知名, 非受幣, 不交不親, 必日月以告君, 齊戒以告鬼神, 爲酒食以召鄕黨僚友, 取妻不取同姓, 故買妾不知其姓, 則卜之, 寡婦之子, 非有見焉, 則弗與爲友", 所以厚別於交際者至矣. ①<u>男女不雜坐, 經雖無文</u>, 然喪祭之禮, 男女之位異矣, 男子在堂, 則女子在房, 男子在堂下, 則女子在堂上, 男子在東方, 則女子在西方, 坐亦當然.

번역 남전여씨가 말하길, 사람이 금수와 다른 이유는 유별함이 있기 때문이다. 유별함이라는 것은 남녀 사이에 우선적으로 적용되니, 남녀 사이에서 지켜야 하는 도리는 천지자연의 도리이자 인륜의 시작이 된다. 『예기』「내칙(內則)」편에서는 "예라는 것은 부부 사이의 도리를 조심스럽게 지키는 데에서 시작하니, 집을 짓게 되면, 안채와 바깥채를 구별하여, 남자는 바깥채에 기거하고, 부인은 안채에 기거한다. 안채는 집안의 깊숙한 장소에 짓고 문을 굳건하게 잠그며, 문지기인 혼(閽)과 통제를 담당하는 사(寺)가 그곳을 지키며, 남자는 그곳으로 들어가지 않고, 여자는 바깥으로 나오지 않는다."2)라고 하였으니, 남녀가 거처하는 곳에도 구별을 둠이 이처럼 철저하였던 것이다. 「내칙」편에서는 "제사나 상사가 아니라면, 본래부터 남녀는 서로 물건을 주고받지 않는데, 제사나 상사 때 물건을 서로 주고받는 경우가 생기면, 여자는 대광주리를 이용하여 받고, 대광주리가 없는 경우라면, 둘 모두 무릎을 꿇고서 그 앞에 물건을 내려두고, 또 그 이후에 그것을 들어올린다. 남자와 여자는 섞어 앉지 않으며, 서로 물건을 빌리거나 빌려주지 않으며, 집안의 말이 집밖으로 나가지 않고, 집밖의 말이 집안으로 들어오지 않는다."3)라고 하였으니, 남녀 사이에 왕래하는 경우에도 구별을 둠이 이처럼 철저하였던 것이다. 「내칙」편에서는 "도로를 지나갈 때, 남자는 오른쪽 길로 가고, 부인은 왼쪽 길로 지나가며, 여자가 문밖으로 나갈 때에는 반드시 얼굴을 가리고, 밤에 길을 갈 때에는 등불을 비춰서 가며, 등불이 없다면 그만둔다."4)라고 하였고, 또 『예기』「방기(坊記)」편에서는 "부인을 위해 수레를 몰게 되면, 수레를 모는 자는 부인의 우측에 있게 되므로, 왼쪽 손을 앞으로 내밀어, 부인을 등지도록 한다."5)라고 하였으니, 남녀가 출입을 하는 경우에도 구별을 둠이 이처럼 철저하였던 것이다. 「내칙」편에서는 "남편과 부인은 같은 우물을 쓰지 않고, 같은 욕실에서 목욕을 하지 않으며, 침구류를 공용으로 사용하지 않고, 의복류를 공용으로 사용하지 않는다."6)라고 하였고, 또 이곳 경문에서는 "옷걸이를 함께 쓰지 않으며, 수건과 빗을 함께 쓰지 않는다."라고 하였으며, 또 「내칙」편에서는 "부인은 감히 남편의 옷걸이에 옷을 걸어두지 않고, 남편의 옷을 보관하는 상자에 감히 자신의 옷을 넣지 않는다."7)라고 하였으니, 남녀가 사용

---

2) 『예기』「내칙(內則)」: 禮始於謹夫婦, 爲宮室, 辨外內, 男子居外, 女子居內. 深宮固門, 閽寺守之, 男不入, 女不出.
3) 『예기』「내칙(內則)」: 男不言內, 女不言外, 非祭非喪, 不相授器. 其相授, 則女受以篚. 其無篚則皆坐, 奠之而后取之. 外內不共井, 不共湢浴, 不通寢席, 不通乞假. 男女不通衣裳, 內言不出, 外言不入.
4) 『예기』「내칙(內則)」: 男子入內, 不嘯不指, 夜行以燭, 無燭則止. 女子出門, 必擁蔽其面, 夜行以燭, 無燭則止. 道路男子由右, 女子由左. / 『예기』「왕제(王制)」: 道路, 男子由右, 婦人由左, 車從中央.
5) 『예기』「방기(坊記)」: 故男女授受不親, 御婦人, 則進左手.
6) 『예기』「내칙(內則)」: 外內不共井, 不共湢浴, 不通寢席, 不通乞假. 男女不通衣裳.
7) 『예기』「내칙(內則)」: 男女不同椸枷, 不敢縣於夫之楎椸, 不敢藏於夫之篋笥, 不敢

하는 의복·수레·각종 기물들에 있어서도, 구별을 둠이 이처럼 철저하였던 것이다. 고모, 자매, 딸자식 등은 혈연관계인데도, 이곳 경문에서는 "혼인이 결정되면, 큰 사유가 있지 않은 이상 그들이 사는 건물의 문으로 들어가지 않고, 이미 결혼을 하였는데 되돌아온 경우에도, 같은 자리에 앉지 않고, 같은 밥상에서 밥을 먹지 않는다."라고 하였고, 형수와 제모(諸母)는 같은 집에 사는 가족인데도, 이곳 경문에서는 "형수와 시동생의 관계가 된다면, 서로 문안인사를 하지 않고, 제모에 대해서는 하의를 세탁하지 않게 한다."라고 하였으며, 처의 모친은 혼인으로 맺어진 가까운 인척인데도, "사위가 장모를 뵐 때, 장모는 왼쪽 문짝을 닫고서, 그 안쪽에 서있고, 사위는 문밖에 서 있으면서, 동쪽을 바라보게 되고, 장모가 일배를 하면, 사위는 답배로 재배를 하며, 장모가 다시 배를 하면, 사위는 밖으로 나간다."[8]라고 하였으니, 종족이나 혼인으로 맺어진 관계 속에서도 남녀 사이에 구별을 둠이 이처럼 철저하였던 것이다. 이곳 경문에서 "남녀 사이에 중매를 성사시키는 자가 왕래하지 않았다면, 서로의 이름을 알 수 없고, 폐백을 받지 않았다면, 교제를 하거나 가깝게 지내지 않으며, 반드시 혼인 날짜를 정해서 군주에게 아뢰고, 재계를 하고서 조상신에게 아뢰며, 음식과 술을 차려서 향당의 친우들을 초청하고, 아내를 들일 때에는 동성(同姓)에서 취하지 않으며, 그러한 까닭에 몸종을 둘 때에도, 그녀의 성(姓)을 알 수 없다면 점을 치고, 과부의 아들에 대해서 그가 남다른 재능을 발휘함이 없다면, 그와 교분을 맺지 않는다."라고 하였으니, 교제를 함에 있어서도 구별을 둠이 이처럼 철저하였던 것이다. "남녀가 자리를 섞어 앉지 않는다."라는 내용에 대해서, 경문에서는 비록 구체적인 언급이 없지만, 상례나 제례를 치를 때에도 남자와 여자의 위치가 달랐으니, 남자가 당에 있게 되면, 여자는 방에 있었고, 남자가 당하에 있게 되면, 여자는 당상에 있었으며, 남자가 동쪽에 있게 되면, 여자는 서쪽에 있었으니, 앉을 때에도 또한 마땅히 이처럼 해야 하는 것이다.

① **男女**[止]經雖無文.

補註 按: 男女不雜坐, 卽本篇文. 呂氏亦於上文引之, 而此云經無文, 似以儀禮而言也.

共湢浴.

8) 『의례』「사혼례(士昏禮)」: 見主婦. 主婦闔扉立于其內. 壻立于門外, 東面. 主婦一拜. 壻答再拜. 主婦又拜. 壻出, 主人請醴

번역 살펴보니, "남녀가 자리를 섞어 앉지 않는다."는 말은 「곡례상」편의 문장에 해당한다. 여씨는 앞 문장에서도 이 말을 인용했는데, 이곳에서는 경문에 해당 기록이 없다고 했으니, 아마도 『의례』를 기준으로 말한 것 같다.

「곡례상」 105장

참고-經文

① 賀取妻者曰, "某子使某, 聞子有客, 使某羞."

번역 아내를 맞이한 자에게 축하의 말을 전할 때에는 "아무개께서 아무개인 저를 시켜서 대신 보내니, 당신에게 아내를 맞이하는 경사가 있다는 소식을 듣고서, 저 아무개를 시켜서 부조를 보냈습니다."라고 한다.

① 賀取妻者[止]某羞.

補註 疏曰: 親朋友有昏, 己有事礙不得自往, 而遣人往也. 某子使某者, 此使者辭也. 客, 鄕黨僚友之屬也. 羞, 進也. 子旣召賓客, 或須飮食, 故使我將此酒食以與子進賓客.

번역 소에서 말하길, 본인의 친한 친구 중에 혼례를 치르는 자가 있는데, 만약 본인에게 사정이 생겨서 직접 가지 못하여 다른 사람을 대신 보내는 경우에 해당한다. '모자사모(某子使某)'는 심부름을 간 자가 하는 말에 해당한다. '객(客)'은 결혼하는 자가 초대하게 되는 같은 향당의 친구들을 뜻한다. '수(羞)'자는 "~를 영접한다[進]."는 뜻이다. 혼사를 치르는 당사자가 빈객들을 초대한 상태이므로, 혹여 음식이 필요할 수도 있기 때문에, 심부름을 간 나를 시켜서 이러한 술과 음식들을 보내, 결혼을 하는 그대가 빈객들을 대접하는데 도우라고 했다는 의미이다.

補註 ○通解曰: 記曰, "昏禮不賀, 人之序也", 而此云然者, 蓋不言取妻, 而但稱有客爾.

번역 ○『통해』에서 말하길, 『예기』에서는 "혼례에서 축하[賀]를 하지 않는 이유는 사람에게 있어서 혼례는 신구세대의 교체를 뜻하기 때문이다."[1]라고

---

1) 『예기』「교특생(郊特牲)」: 昏禮不用樂, 幽陰之義也. 樂, 陽氣也. <u>昏禮不賀, 人之</u>

했는데, 이곳에서 이처럼 말했으니, 아마도 아내를 들인다고 말하지 않고 단지 객(客)이 있다고만 말할 따름이다.

참고-集說

呂氏曰: 賀者, 以物遺人而有所慶也. ①著代以爲先祖後, 人子之所不得已, 故不用樂, 且不賀也. 然爲酒食以召鄕黨僚友, 則遺問不可廢也, 故其辭曰, 聞子有客, 使某羞. ②舍曰昏禮而謂之有客, 則所以羞者, 佐其供具之費而已, 非賀也, 作記者, 因俗之名稱賀.

번역 여씨가 말하길, '하(賀)'라는 것은 물건을 남에게 보내는 것으로, 경축할 만한 일이 생겼을 때 쓰는 말이다. 결혼을 하여 부친의 지위를 계승해서, 가문의 대를 잇는 것은 선조의 뒤를 잇기 위함이니, 자식된 자에게는 부득이한 일이다. 그렇기 때문에 음악을 사용하지 않고,2) 또 축하도 하지 않는 것이다.3) 그러나 술과 음식을 차려서 향당의 친우들을 초청하게 되면, 답례로 예물을 보내는 일까지 폐지할 수는 없게 된다. 그렇기 때문에 이러한 경우 축하하는 말에서, "그대에게 아내를 맞이한 일이 있다는 소식을 듣고서, 아무개를 시켜서 부조를 보낸다."고 말하는 것이다. 해당 집안에서는 혼례(婚禮)라고 부르기는 하지만, 본래 하례(賀禮)를 하지 않기 때문에, 아내를 맞이하였다고 직접적으로 말하지 않는다. 그 대신 빈객들이 혼례 때문에 찾아왔으므로, "손님이 드는 일이 있다[有客]."라고 부르게 되니, 부조[羞]를 하는 이유 또한 행사를 치르는데 소용되는 물건의 비용을 돕기 위해서일 뿐이며, '정식으로 축하[賀]'를 하는 것은 아니다. 다만 『예기』를 기록한 자는 세속에서 쓰는 용어에 따라서, '하(賀)'라고 기록한 것이다.

---

2) 『예기』「증자문(曾子問)」: 孔子曰 嫁女之家, 三夜不息燭, 思相離也. 取婦之家, 三日不擧樂, 思嗣親也. 三月而廟見, 稱來婦也. 擇日而祭於禰, 成婦之義也.

3) 『예기』「교특생(郊特牲)」: 昏禮不用樂, 幽陰之義也. 樂, 陽氣也. 昏禮不賀, 人之序也.

① 著代以爲先祖後.

補註 按: 著代, 見郊特牲·冠義·昏義, 爲先祖後, 見郊特牲.
번역 살펴보니, "대를 잇는다."는 것은 『예기』「교특생(郊特牲)」4)·「관의(冠義)」5)·「혼의(昏義)」6)편에 나오며, "선조의 후계자가 된다."는 것은 「교특생」편에 나온다.7)

② 舍曰.

補註 按: 論語·季氏篇孔子曰, "求, 君子疾夫舍曰欲之", 恐語意相同.
번역 살펴보니, 『논어』「계씨」편에서 공자는 "구야, 군자는 하고자 한다고 말하지 않는다."8)라고 했는데, 아마도 말의 뜻이 상호 동일한 것 같다.

---

4) 『예기』「교특생(郊特牲)」: 適子冠於阼, 以<u>著代</u>也. 醮於客位, 加有成也. 三加彌尊, 喩其志也. 冠而字之, 敬其名也.

5) 『예기』「관의(冠義)」: 故冠於阼, 以<u>著代</u>也. 醮於客位, 三加彌尊, 加有成也. 已冠而字之, 成人之道也.

6) 『예기』「혼의(昏義)」: 厥明, 舅姑共饗婦, 以一獻之禮奠酬. 舅姑先降自西階, 婦降自阼階, 以<u>著代</u>也.

7) 『예기』「교특생(郊特牲)」: 玄冕齊戒, 鬼神陰陽也. 將以爲社稷主, <u>爲先祖後</u>, 而可以不致敬乎?

8) 『논어』「계씨(季氏)」: 孔子曰, <u>求! 君子疾夫舍曰欲之</u>而必爲之辭.

134 『예기보주』1권

「곡례상」 106장

참고-集說

應氏曰: ①無財不可以爲悅, 而財非貧者之所能辦; ②非强有力者不足以行禮, 而强有力非老者之所能勉.

번역 응씨가 말하길, 재물이 없는 것은 기뻐해야할 일은 아니지만, 재물은 가난한 자가 쉽게 갖출 수 있는 것이 아니며, 힘이 강성한 자가 예를 시행하지 못하는 것은 아니지만, 힘이 강성해야만 할 수 있는 일은 노인들이 힘쓸 수 있는 대상이 아니다.

① ○無財不可以爲悅.

補註 孟子・公孫丑文.
번역 『맹자』「공손추(公孫丑)」편의 기록이다.[1]

② 非强有力[止]行禮.

補註 按: 此約聘義文.
번역 살펴보니, 이것은 『예기』「빙의(聘義)」편의 기록을 요약한 것 같다.[2]

---

1) 『맹자』「공손추하(公孫丑下)」: 不得, 不可以爲悅, <u>無財, 不可以爲悅</u>. 得之爲有財, 古之人皆用之, 吾何爲獨不然?

2) 『예기』「빙의(聘義)」: 聘射之禮, 至大禮也. 質明而始行事, 日幾中而后禮成, <u>非强有力者弗能行也</u>. 故强有力者, 將以行禮也, 酒淸, 人渴而不敢飮也; 肉乾, 人飢而不敢食也. 日莫人倦, 齊莊正齊, 而不敢解惰. 以成禮節, 以正君臣, 以親父子, 以和長幼. 此衆人之所難, 而君子行之, 故謂之有行. 有行之謂有義, 有義之謂勇敢. 故所貴於勇敢者, 貴其能以立義也; 所貴於立義者, 貴其有行也; 所貴於有行者, 貴其行禮也. 故所貴於勇敢者, 貴其敢行禮義也. 故勇敢强有力者, 天下無事, 則用之於禮義; 天下有事, 則用之於戰勝. 用之於戰勝則無敵, 用之於禮義則順治. 外無敵, 內順治, 此之謂盛德. 故聖王之貴勇敢强有力如此也. 勇敢强有力而不用之於禮義戰勝, 而用之於爭鬪, 則謂之亂人. 刑罰行於國, 所誅者亂人也. 如此則民順治而國安也.

「곡례상」 107장

참고-經文

① 名子者, 不以國, 不以日月, 不以隱疾, 不以山川.

번역 자식의 이름을 지을 경우에는 국명(國名)으로 짓지 않고, 해나 달 등의 고유명사로 짓지 않으며, 그에게 있는 은질(隱疾)[1]로써 짓지 않고, 산천(山川) 등의 지명(地名)으로 짓지 않는다.[2]

① 名子者[止]山川.

補註 鄭註: "此在常語之中, 爲後難諱也. 春秋傳曰: '名, 終將諱之.' 隱疾, 衣中之疾, 謂若'黑臀'·'黑肱'. 疾在外, 雖不得言, 尙可指擿. 此則無時可辟." 疏曰: "不以國者, 杜氏春秋註云: '不以本國爲名', 他國, 旣得爲名, 如衛侯晉·晉侯周是也. 日月, 甲·乙·丙·丁也. 殷家得以爲名者, 殷質, 不諱名故也. 然春秋魯僖公名申, 蔡莊公名甲午者, 亂世不能如禮, 或云不以日月二字爲名也." 又曰: "宣二年, 晉使趙穿迎公子黑臀於周而立之, 周語單子云: '吾聞晉成公之生, 夢神規其臀以黑, 使有晉國, 此天所命也', 有由而得爲名. 楚公子黑肱·邾黑肱, 或亦有由, 或亂世不能如禮. 名終將諱之者, 桓六年傳文. 傳文又云: '不以官, 不以畜牲, 不以器幣', 此記文略耳. 傳云: '以官則廢職, 以山川則廢主, 以畜牲則廢祀, 以器幣則廢禮. 晉以僖侯廢司徒, 宋以武公廢司空, 先君獻·武廢二山', 杜註云: '司徒改爲中軍, 司空改爲司城. 魯獻公名具, 武公名敖.' 國語范獻子聘魯, 問具敖之山, 以鄕名對. 獻子云: '何不云具敖乎?' 對曰: '先君獻·武之所諱也.'"

---

1) 은질(隱疾)은 겉으로 잘 드러나지 않는 질병들을 뜻한다.
2) 『춘추좌씨전』「환공(桓公) 6년」: <u>不以國</u>, 不以官, <u>不以山川</u>, <u>不以隱疾</u>, 不以畜牲, 不以器幣.

번역 정현의 주에서 말하길, "이름으로 사용되는 글자가 일상적으로 사용되는 글자 중에 포함되어 있다면, 훗날 피휘(避諱)를 하기 어렵게 된다. 『춘추전』에서는 '이름은 그가 죽게 되면 피휘를 하게 된다.'3)라고 하였다. '은질(隱疾)'은 잘 드러나지 않는 질병이니, 마치 춘추시대 때 '흑둔(黑臀)'이나 '흑굉(黑肱)' 등으로 이름을 짓는 경우를 뜻한다. 겉으로 드러나는 질병이 있는 경우, 비록 그것을 직접적으로 말할 수 없다고 하더라도, 오히려 사람들이 지적할 수 있다. 따라서 이러한 이름을 짓게 된다면 시도 때도 없이 허물로 지적될 수 있다."라고 했다. 소에서 말하길, "국명(國名)으로 짓지 않는다는 말에 대해서, 『춘추』에 대한 두예의 주에서는 '본인 나라의 국명으로 이름을 짓지 않는다는 뜻이다.'4)라고 했다. 다른 나라의 국명이라면 그 글자들로 이름을 지을 수 있으니, 위(衛)나라 후작 진(晉)5)이나 진(晉)나라 후작 주(周)6)와 같은 경우가 여기에 해당한다. '일월(日月)'은 갑(甲) · 을(乙) · 병(丙) · 정(丁)과도 같은 날짜에 쓰이는 간지(干支)이다. 은나라 때에는 이러한 간지로 이름을 지을 수 있었는데, 은나라 때의 예법은 질박하였으므로 이름을 피휘하지 않았기 때문이다. 그런데 『춘추』의 기록들을 살펴보면, 노나라 희공의 이름은 '신(申)'이었고, 채나라 장공의 이름은 '갑오(甲午)'였다. 이러한 사례들이 발생했던 이유는 주나라 말기는 난세였으므로, 예법대로 따를 만한 능력이 안 되었거나 혹은 경문의 '불이일월(不以日月)'이라는 문장을 해[日]와 달[月]을 뜻하는 이 두 글자로 이름을 지어서는 안 된다는 뜻으로 여겼기 때문이다."라고 했다. 또 말하길, "선공 2년에 대한 기록에서 진나라는 조천(趙穿)을 시켜서 주나라에서 공자 흑둔(黑臀)을 맞아오게 하여 그를 군주로 세웠다7)고 했다. 『국어』「주어(周語)」의 기록에서는 단자(單

---

3) 『춘추좌씨전』「환공(桓公) 6년」: 周人以諱事神, <u>名, 終將諱之</u>. 故以國則廢名, 以官則廢職, 以山川則廢主, 以畜牲則廢祀, 以器幣則廢禮.
4) 이 문장은 『춘추좌씨전』「환공(桓公) 6년」의 "取於父爲類. 不以國."이라는 기록에 대한 두예(杜預)의 주이다.
5) 『춘추』「환공(桓公) 12년」: 丙戌, <u>衛侯晉卒</u>.
6) 『춘추』「양공(襄公) 15년」: 冬, 十有一月, 癸亥, <u>晉侯周卒</u>.
7) 『춘추좌씨전』「선공(宣公) 2년」: 宣子<u>使趙穿逆公子黑臀于周而立之</u>. 壬申, 朝于

子)가 '내가 진나라 성공의 출생에 대해서 들은 적이 있었는데, 꿈에 신이 나타나 그의 엉덩이[臀]에 검은색을 칠해주었고, 그로 하여금 진나라를 소유하라고 하였으니, 이것은 하늘이 분부를 내려준 것이다.'8)라고 하였으니, 그는 이러한 연유 때문에 '흑둔(黑臀)'이라는 이름을 얻게 되었다. 그리고 초나라 공자 흑굉(黑肱)9), 주나라 흑굉(黑肱)10)이 있었는데,11) 이처럼 은질로 이름을 지을 수 있었던 이유는 그럴만한 사연이 있었거나 그것이 아니라면 당시가 난세여서 예법대로 따를 수 없었기 때문이다. 그가 죽게 되면 피휘를 하게 된다고 했는데, 이것은 환공 6년에 대한 전문의 기록이다.12) 전문에서는 또한 '관직명[官]으로 짓지 않고, 희생물로 사용되는 가축의 이름[畜牲]으로 짓지 않으며, 각종 기물[器]이나 폐백[幣]으로 사용되는 명칭으로 짓지 않는다.'13)라고 했으니, 이곳 기문은 이러한 내용을 요약한 것일 뿐이다. 전문에서 '관직명으로 이름을 짓게 되면 그 관직을 폐지하고 다른 관직을 만들어야 하며, 산천(山川)의 명칭으로 이름을 짓게 되면 산천의 이름을 없애고 다른 이름으로 고쳐야 하고, 희생물로 사용될 가축의 명칭으로 이름을 짓게 되면 그 가축은 제사에 올리지 못하며, 기물이나 폐물의 명칭으로 이름을 짓게 되면 그것들은 예물로 사용하지 못한다. 진나라에서는 희공(僖公) 때문에 사도(司徒)라는 관직명을 없앴고,14) 송나라에서는 무공(武公) 때문에 사공(司空)이라는 관직명을 없앴으며,15) 선군인 헌공(獻公)과 무공(武公) 때문

武宮.

8) 『국어(國語)』「주어하(周語下)」: 一旣往矣, 後之不知, 其次必此. 且吾聞成公之生也, 其母夢神規其臀以墨, 曰, "使有晉國, 三而畀驩之孫." 故名之曰, "黑臀."
9) 『춘추좌씨전』「소공(昭公) 1년」: 楚公子圍使公子黑肱・伯州犁城犫・櫟・郟.
10) 『춘추좌씨전』「소공(昭公) 31년」: 冬, 邾黑肱以濫來奔. 賤而書名, 重地故也.
11) 흑굉(黑肱)은 팔뚝에 검은 점이 있다는 뜻이다.
12) 『춘추좌씨전』「환공(桓公) 6년」: 名, 終將諱之.
13) 『춘추좌씨전』「환공(桓公) 6년」: 不以國, 不以官, 不以山川, 不以隱疾, 不以畜牲, 不以器幣.
14) 진(晉)나라 희공(僖公)의 이름은 '사도(司徒)'였다. 그래서 '사도(司徒)'라는 관직명을 없애고, '중군(中軍)'이라는 명칭으로 관직명을 고치게 되었다는 뜻이다.

에 두 산의 이름을 없애게 되었다.16)'17)라고 했고, 두예의 주에서는 '사도(司徒)라는 관직명을 중군(中軍)으로 고쳤고, 사공(司空)이라는 관직명을 사성(司城)으로 고쳤으며, 노나라 헌공(獻公)의 이름은 구(具)이고, 무공(武公)의 이름은 오(敖)이다.'18)라고 했다. 『국어』에서는 범헌자(范獻子)가 노나라에 빙문(聘問)을 와서 구(具)산과 오(敖)산에 대해서 물었는데, 노나라 사람들은 그 산이 속한 향(鄕)의 명칭으로 대답하였다. 그래서 범헌자는 '어찌하여 구(具)산과 오(敖)산이라고 부르지 않는 것입니까?'라고 묻자 '선군이신 헌공과 무공의 이름 때문에 피휘를 하는 것입니다.'라고 대답했다."19)라고 했다.

---

15) 송(宋)나라 무공(武公)의 이름은 '사공(司空)'이었다. 그래서 '사공(司空)'이라는 관직명을 없애고, '사성(司城)'이라는 명칭으로 관직명을 고치게 되었다는 뜻이다.
16) 두 산은 '구(具)'와 '오(敖)'를 뜻한다. 노(魯)나라 헌공(獻公)의 이름이 '구(具)'였고, 무공(武公)의 이름이 '오(敖)'였기 때문에, 두 산의 이름을 고치게 되었다는 뜻이다.
17) 『춘추좌씨전』「환공(桓公) 6년」: 故以國則廢名, 以官則廢職, 以山川則廢主, 以畜牲則廢祀, 以器幣則廢禮. 晉以僖侯廢司徒, 宋以武公廢司空, 先君獻·武廢二山, 是以大物不可以命.
18) 두예(杜預)의 주(注) 본문은 "僖侯名司徒, 廢爲中軍. 武公名司空, 廢爲司城. 二山, 具·敖也. 魯獻公名具, 武公名敖, 更以其鄕名山."으로 기록되어 있다.
19) 『국어(國語)』「진어구(晉語九)」: 范獻子聘於魯, 問具山·敖山, 魯人以其鄕對. 獻子曰, "不爲具·敖乎?" 對曰, "先君獻·武之諱也."

「곡례상」 108장

참고-集說

① **各爲伯仲**, 示不相干雜之義也.

번역 남자와 여자가 각자 첫째나 둘째의 순서를 정한다는 뜻으로, 즉 장유(長幼)의 순서가 서로 뒤섞여서는 안 된다는 의미를 나타내고 있다.

① ○各爲伯仲.

補註 疏曰: 禮緯又云, "嫡長稱伯, 庶長稱孟."

번역 소에서 말하길, 『예』의 위서에서 또 말하길, "첫째에 대해서 적장자의 경우에는 '백(伯)'이라 부르고, 서자(庶子)의 경우에는 '맹(孟)'이라고 부른다."라고 했다.

「곡례상」 109장

참고-集說

① 冠而字之, 敬其名也.

번역 관례(冠禮)를 치르고서 아들에게 자(字)를 지어주어, 앞으로는 이름을 부르지 않고 자를 부르게 되니, 이처럼 하는 이유는 자식의 이름을 존중하기 때문이다.

① ○冠而字之, 敬其名也.

補註 郊特牲文.

번역 『예기』「교특생(郊特牲)」편의 기록이다.[1]

---

1) 『예기』「교특생(郊特牲)」: 適子冠於阼, 以著代也. 醮於客位, 加有成也. 三加彌尊, 喩其志也. 冠而字之, 敬其名也. / 『의례』「사관례(士冠禮)」: 三加彌尊, 諭其志也. 冠而字之, 敬其名也.

「곡례상」 110장

> **참고-集說**
>
> 呂氏曰: 事父者, 家無二尊, 雖母不敢以抗之, 故無長幼皆名, 不敢致私敬於其長也. 事君者, 國無二尊, 雖父不可以抗之, 故無貴賤尊卑皆名, 不敢致私敬於其所尊貴也. 春秋鄢陵之戰, ① 欒書欲載晉侯, 其子鍼曰書退, 此君前臣名, 雖父亦不敢抗也.

번역 여씨가 말하길, 부친을 섬기는 경우, 집안에는 부친보다 존엄한 자가 없으니,[1] 비록 모친이라고 하더라도, 감히 부친의 존엄함에는 견줄 수가 없다. 그렇기 때문에 부친 앞에서는 나이에 상관없이 모두 이름을 대게 되는데, 이름을 부르지 않고 자(字)로 부르는 것은 상대방을 공경하는 행위가 되어, 부친 앞에서는 자신보다 연장자에게 감히 사사로운 공경을 표할 수가 없기 때문이다. 군주를 섬기는 경우, 국가에는 군주보다 존엄한 자가 없으니,[2] 비록 자신의 부친이라고 하더라도, 군주의 존엄함에는 견줄 수가 없다. 그렇기 때문에 군주 앞에서는 신분이나 관직에 상관없이 모두 이름을 대게 되는데, 이름을 부르지 않고 다른 명칭으로 부르는 것은 상대방을 공경하는 행위가 되어, 군주 앞에서는 자신보다 존귀한 자에게 감히 사사로운 공경을 표할 수가 없기 때문이다. 『춘추』에 기록된 언릉(鄢陵) 땅의 전투에서, 난서(欒書)가 진나라 후작을 수레에 태우려고 하였는데, 난서의 아들 난침(欒鍼)은 군주의 앞에서 자신의 부친에게, "'서(書)'는 물러나시오."라고 한 기록[3] 이 바로 군주 앞에서는 신하의 이름을 일컫는다는 용례에 해당하니, 비록 자신의 부친이 된다고 하더라도, 또한 부친의 존엄함을 감히 군주에게 견줄 수가 없기 때문이다.

---

1) 『예기』「상복사제(喪服四制)」: 資於事父以事母而愛同. 天無二日, 土無二王, 國無二君, <u>家無二尊</u>, 以一治之也, 故父在爲母齊衰期者, 見無二尊也.

2) 『예기』「상복사제(喪服四制)」: 資於事父以事母而愛同. 天無二日, 土無二王, <u>國無二君</u>, 家無二尊, 以一治之也, 故父在爲母齊衰期者, 見無二尊也.

3) 『춘추좌씨전』「성공(成公) 16년」: 六月, 晉・楚遇於<u>鄢陵</u>. …… <u>欒書將載晉侯, 鍼曰, "書退!</u> 國有大任, 焉得專之? 且侵官, 冒也; 失官, 慢也; 離局, 姦也. 有三罪焉, 不可犯也."

① ○欒書欲載晉侯.

補註 沙溪曰: 欒書, 晉大夫. 晉侯, 厲公也. 與楚·鄭戰于鄢陵, 晉侯之車陷於泥, 書欲載之於其車.

번역 사계가 말하길, '난서(欒書)'는 진나라 대부이다. 진나라 후작은 여공(厲公)에 해당한다. 초나라 및 정나라와 언능에서 전쟁을 벌일 때 진나라 후작의 수레가 진창에 빠지자 난서가 그를 자신의 수레에 태우려고 했던 것이다.

補註 ○按: 此見左傳成十六年, 而沙溪說以爲文公與宋襄公戰恐誤, 故敢略改正之.

번역 ○살펴보니, 이것은 『좌전』성공 16년의 기록에 보이는데, 사계는 문공이 송나라 양공과 전쟁을 벌인 것으로 여겼으니 아마도 잘못된 설명인 것 같다. 그렇기 때문에 가히 약술하고 고쳐서 바로잡는다.

「곡례상」 112장

참고-經文

凡進食之禮, ①左殽右胾, ②食居人之左, 羹居人之右. ③膾炙處外, 醯醬處內, ④葱渫處末, 酒漿處右, 以脯脩置者, 左朐右末.

번역 무릇 음식을 올릴 때의 예법에서는 '뼈에 살점이 붙은 고기[殽]'들은 좌측에 놓고, '살코기를 썬 것[胾]'은 우측에 놓아두며, 밥[食]은 사람이 앉는 자리의 좌측에 놓아두고, 국[羹]은 사람의 우측에 놓아둔다. '생고기를 잘게 저민 것[膾]'과 '불로 익힌 고기[炙]'들은 효(殽)와 자(胾) 바깥쪽에 놓아두고, '고기를 찍어먹는 젓갈류[醯醬]'는 효와 자 안쪽에 놓아두며, 채소절임[葱渫] 등은 가장 끝에 놓아두고, 술[酒]이나 음료[漿] 등은 국의 오른쪽에 놓아두며, 포(脯)를 놓을 때에는 굽힌 쪽을 좌측으로 가도록 하고, 끝부분을 우측으로 가도록 놓는다.

① 左殽右胾.

補註 鄭註: 殽在俎, 胾在豆.
번역 정현의 주에서 말하길, 효(殽)를 차려낼 때에는 조(俎)에 올리고, 자(胾)는 두(豆)에 올린다.

② 食居[止]之右.

補註 鄭註: 食, 飯屬. 居人左右, 明其近也.
번역 정현의 주에서 말하길, 사(食)는 밥 종류를 뜻한다. 사람이 앉는 곳의 좌측이나 우측에 둔다는 말은 사람과 가까운 위치에 둔다는 뜻을 나타낸다.

③ 膾炙[止]處內.

補註 鄭註: "殽胾之外內也. 膾炙皆在豆." 疏曰: "知在殽胾之外內者, 以此饌之設, 羹食最近人, 羹食之外, 乃有殽胾, 今云: '膾炙處外, 醢醬處內', 明其不得在羹食之內, 故知在殽胾之外內."

번역 정현의 주에서 말하길, "밖에다 두거나 안에다 둔다는 말은 효(殽)와 자(胾)가 있는 위치의 안팎을 뜻한다. 회(膾)나 적(炙)은 모두 두(豆)에 올린다."라고 했다. 소에서 말하길, "효(殽)와 자(胾)가 있는 위치의 안팎을 뜻한다는 뜻임을 알 수 있는 이유는 이곳에서 언급하고 있는 차려내는 음식에 따른다면, 국과 밥이 사람과 가장 가까운 곳에 놓이게 되니, 국과 밥 바깥쪽에는 곧 효와 자가 놓이게 된다. 그런데 이곳 문장에서 '회(膾)와 적(炙)이 바깥에 놓이고, 혜장(醢醬)이 안쪽에 놓인다.'라고 했으니, 이 말은 곧 음식들을 국이나 밥의 안쪽에 놓을 수 없다는 뜻을 나타낸다. 그렇기 때문에 효와 자가 있는 위치의 안팎을 뜻한다는 사실을 알 수 있다.

④ **葱渫處末**.

補註 鄭註: "處醢醬之左." 疏曰: "知處醢醬之左者, 地道尊右, 既云處末, 則末在左, 上繼醢醬, 文承其下, 故云在醢醬之左."

번역 정현의 주에서 말하길, "젓갈류의 좌측에 둔다."라고 했다. 소에서 말하길, "찐 파를 젓갈류의 좌측에 둔다고 했는데, 이 말이 사실임을 알 수 있는 이유는 땅에서의 도리에 따른다면 우측을 높이게 되는데, 경문에서는 이미 끝에 둔다고 하였으니, '끝[末]'은 좌측에 해당한다. 그리고 이 문장은 앞의 '혜장(醢醬)'이라는 문구 다음에 연이어 기술되어 있다. 그렇기 때문에 그 위치가 혜장(醢醬)의 좌측에 해당한다고 말한 것이다.

「곡례상」 115장

> 참고-集說
>
> 疏曰, "三飯, 謂三食也. 禮食三飧而告飽, 須勸乃更食. 三飯竟, 而主人乃導客食胾也. 公食大夫禮云, '賓三飯以湆醬.' 鄭云, '每飯歠湆, 以殽擩醬, ①食正饌也.' 所以至三飯後乃食胾者, 以胾爲加, 故三飧前未食." 食胾之後, 乃可徧食殽也.

번역 공영달의 소에서 말하길, "'삼반(三飯)'은 세 번 밥을 뜬다는 뜻이다. 예사(禮食)에서는 빈객이 세 번 수저를 뜨고 나서 배가 부르다고 아뢰며, 주인이 더 먹기를 권하게 되어야만 다시 수저를 뜬다. 세 번 수저 뜨는 일이 끝나게 되면, 주인은 곧 빈객을 인도하여 자(胾)를 먹게 한다. 『의례』「공사대부례(公食大夫禮)」편에서는 '빈객이 세 번 수저를 뜨면서, 국[湆]과 장(醬)을 먹는다.'[1]라고 하였고, 이 문장에 대한 정현의 주에서는 '매번 수저를 뜨면서 국을 떠먹고, 효(殽)를 장에 찍어서 정찬을 먹는 것이다.'라고 하였다. 세 번 수저를 뜬 이후에야 곧 자를 먹게 되는 이유는 자가 이후에 추가적으로 차려지는 음식이기 때문에, 세 번 수저를 뜨기 이전에는 먹지 못하는 것이다."라고 했다. 자를 먹은 이후에는 곧 효를 골고루 먹을 수 있게 된다.

① ○食正饌也.

補註 疏此下曰: 案, 彼文是三飯, 但食醬及他饌而未食胾, 故三飯竟, 主人道客使食胾也. 所以至三飧後乃食胾者, 公食禮亦以胾爲加, 客三飧前未食之, 故鄭註云: "以殽擩醬, 食正饌." 正饌則非胾也.

번역 소의 이 구문 뒤의 기록에서 말하길, 살펴보면 『의례』「공사대부례(公食大夫禮)」편에서 세 번 수저를 뜰 때에는 단지 장과 다른 음식들을 먹을 뿐이지, 아직 자(胾)를 먹는 것은 아니다. 그렇기 때문에 세 번 수저 뜨는

---

1) 『의례』「공사대부례(公食大夫禮)」: 賓坐, 遂卷加席. 公不辭. 賓三飯以湆醬. 宰夫執觶漿飲與其豊以進.

일이 끝나고서야 주인이 빈객을 인도하여 그로 하여금 자를 먹게 하는 것이다. 이처럼 세 번 수저를 뜬 이후에야 곧 자를 먹게 되는데, 그 이유는 「공사대부례」편에서 자를 추가적으로 차려지는 음식으로 삼았기 때문이다. 그래서 빈객이 세 번 수저를 뜨기 이전에는 먹지 못하는 것이며, 정현의 주에서도 "효(殽)를 장에 찍어서 정찬을 먹는 것이다."라고 한 것이다. 정찬(正饌)이라고 했다면 자를 뜻하는 것이 아니다.

補註 ○沙溪曰: "擩醬, 擩染於醬也." 又曰: "正字, 與加字相對, 當釋云食其正饌."
번역 ○사계가 말하길, "유장(擩醬)은 장에 적신다는 뜻이다."라고 했다. 또 말하길, "정(正)자는 가(加)자와 서로 대비되니 마땅히 정찬을 먹는다고 풀이해야 한다."라고 했다.

補註 ○公食禮疏曰: 湇言歠, 淡故也. 醬言擩, 醎故也.
번역 ○『의례』「공사대부례(公食大夫禮)」편의 소에서 말하길, 국에 대해서 들이마신다고 말한 것은 담백하기 때문이다. 장에 대해서 적신다고 말한 것은 짜기 때문이다.

補註 ○字彙: 湇音泣, 肉羹也.
번역 ○『자휘』에서 말하길, '湇'자의 음은 '泣(읍)'이니, 고깃국을 뜻한다.

「곡례상」 116장

참고-經文

① 主人未辯, 客不虛口.

번역 주인이 아직 효(殽)를 골고루 먹지 않았다면, 빈객은 입을 헹구지 않는다.

① 主人[止]虛口.

補註 疏曰: 主人若食殽未辯, 則客雖已辯, 不得輒酳漱也.

번역 소에서 말하길, 주인이 만약 효(殽) 먹는 것을 아직 골고루 먹지 않았다면, 빈객이 비록 이미 골고루 먹은 상태라 하더라도, 갑작스럽게 술이나 음료로 입을 헹굴 수 없다.

「곡례상」 117장

> 참고-經文
> ① 侍食於長者, 主人親饋, 則拜而食, 主人不親饋, 則不拜而食.

번역 어른을 모시고서 음식을 먹을 때, 주인이 직접 음식을 차려서 내오면, 절을 하고서 음식을 먹으며, 주인이 직접 음식을 차려 내오지 않으면, 절을 하지 않고 음식을 먹는다.

① ○侍食於[止]不拜而食.

補註 疏曰: 嚮是自爲客法, 此明侍從尊長爲客禮也. 饋, 進饌也. 己雖侍尊長, 而主人若自親饋與己, 己則拜謝之而後食.

번역 소에서 말하길, 이전 문장의 내용들은 본인이 직접 빈객의 신분이 되었을 때의 예법에 해당하고, 이곳 문장의 내용은 존귀한 자나 연장자를 모시며 함께 따라가게 되어, 그들과 함께 빈객이 되었을 때의 예법을 나타내고 있다. '궤(饋)'는 음식을 차려서 내놓는다는 뜻이다. 본인이 비록 존귀한 자나 연장자를 모시고 있다고 하더라도, 주인이 만약 음식을 직접 자신에게 차려주게 되면, 본인은 절을 하며 사양하고 그 이후에야 식사를 하는 것이다.

「곡례상」 118장

참고─經文

共食不飽, ①共飯不澤手.

번역 다른 사람과 함께 음식을 먹을 때에는 배불리 먹는 것을 추구하지 않고, 다른 사람과 함께 한 그릇에 있는 밥을 먹을 때에는 손을 문지르지 않는다.

① ○**共飯不澤手**.

補註 疏曰: 共飯不澤手, 是共器盛飯也. 古之禮, 飯不用箸, 但用手, 與人共飯, 手宜潔淨, 不得臨食始挼莎手乃食, 恐爲人穢也.

번역 소에서 말하길, 함께 밥을 먹을 때 손을 비벼서는 안 된다는 말은 같은 그릇에 밥을 퍼서 먹는 경우에 해당한다. 고대의 예법에서는 밥을 먹을 때 젓가락을 사용하지 않았고, 단지 손만 사용해서 먹었는데, 다른 사람과 함께 같은 그릇에서 밥을 먹게 되었으므로, 손은 마땅히 청결하게 해야 하며, 음식을 먹을 때가 되어서야 손을 비비고서 밥을 먹어서는 안 되니, 상대방이 더럽다고 여기게 될 것을 염려했기 때문이다.

補註 ○張子曰: 不澤手, 必有物以取之, 不使濡其手也.

번역 ○장자[1]가 말하길, 손을 적시지 않는다는 것은 반드시 다른 사물을 두어 음식을 떠먹게 하여 손을 적시지 않게끔 한다는 뜻이다.

---

1) 장재(張載, A.D.1020~A.D.1077) : =장자(張子)·장횡거(張橫渠). 북송(北宋) 때의 유학자이다. 북송오자(北宋五子) 중 한 사람으로 칭해진다. 자(字)는 자후(子厚)이다. 횡거진(橫渠鎭) 출신으로, 이곳에서 장기간 강학을 했기 때문에 횡거선생(橫渠先生)으로 일컬어지기도 한다.

補註 ○按: 以下文飯黍毋以箸註觀之, 當是飯黍稷用匕, 飯稻用箸耳. 然則古者飯, 但用手之說, 可疑. 不澤手, 只當依張子之訓.

번역 ○살펴보니, 아래문장에서 "기장밥을 먹을 때에는 젓가락을 사용해서는 안 된다."[2]라고 한 문장의 주를 통해 살펴보면 기장으로 지은 밥을 먹을 때에는 숟가락을 사용해야 하며, 쌀로 지은 밥을 먹을 때에만 젓가락을 사용해야 할 따름이다. 그러므로 고대에 밥을 먹을 때 단지 손만 사용했다는 설명은 의심스럽다. 따라서 '불택수(不澤手)'라는 구문에 있어서도 마땅히 장자의 해석에 따라야 한다.

---

2) 『예기』「곡례상(曲禮上)」: 毋揚飯, <u>飯黍毋以箸</u>.

「곡례상」 119장

참고-經文

毋摶飯, ①毋放飯, 毋流歠.

번역 밥을 뭉치지 말아야 하며, 밥을 크게 떠서 먹어서는 안 되고, 물을 들이키듯 먹어서는 안 된다.

① ○毋放飯, 毋流歠.

補註 通解曰: 放飯, 大飯; 流歠, 長歠也.
번역 『통해』에서 말하길, '방반(放飯)'은 크게 밥을 떠서 먹는 것이다. '유철(流歠)'은 길게 마신다는 뜻이다.

「곡례상」 121장

> 참고-經文
> 毋揚飯, ①飯黍毋以箸.

번역 밥을 먹을 때에는 열기를 식히기 위해 손으로 부채질을 해서는 안 되며, 기장밥을 먹을 때에는 젓가락을 사용해서는 안 된다.

① ○飯黍毋以箸.

補註 疏曰: 飯黍當用匕, 故少牢云: "廩人溉匕", 註云: "匕, 所以匕黍稷", 是也.

번역 소에서 말하길, 기장밥을 먹을 때에는 마땅히 숟가락을 사용해야 한다. 그렇기 때문에 『의례』 「소뢰궤식례(少牢饋食禮)」편에서 "늠인(廩人)[1]은 숟가락(匕)과 돈(敦)을 씻는다."[2]라고 하였는데, 이 문장에 대한 정현의 주에서는 "숟가락은 기장밥을 떠먹는 도구이다."라고 했다.

---

1) 늠인(廩人)은 식자재 창고를 담당하던 관리이다.
2) 『의례』 「소뢰궤식례(少牢饋食禮)」: 廩人溉甑·甗·匕與敦于廩爨, 廩爨在雍爨之北.

「곡례상」 122장

참고-經文

①毋嚃羹, ②毋絮羹, 毋刺齒, 毋歠醢. 客絮羹, 主人辭不能亨. 客歠醢, 主人辭以窶.

번역 건더기가 있는 국은 훅 들이키듯 먹어서는 안 되며, 국이 싱겁더라도 간을 맞춰서는 안 되고, 이쑤시개로 이를 쑤셔서는 안 되며, 싱겁다고 하더라도 젓갈을 마셔서는 안 된다. 만약 빈객이 국의 간을 맞추게 되면, 주인은 조리를 제대로 하지 못해서 미안하다고 말한다. 그리고 빈객이 젓갈을 마시게 되면, 주인은 집안이 가난하여 맛을 제대로 내지 못해서 미안하다고 말한다.

① ○毋嚃羹.

補註 字彙: 嚃, 歠也.
번역 『자휘』에서 말하길, '탑(嚃)'자는 마신다는 뜻이다.

② 毋絮羹.

補註 疏曰: 絮謂就食器中調足塩梅, 是嫌主人食味惡也.
번역 소에서 말하길, '서(絮)'자는 자기 앞에 놓인 그릇에 소금이나 매실 등을 첨가하여 간을 맞춘다는 뜻이다. 주인이 음식을 맛없게 만든 것처럼 보이게 될까 염려되기 때문이다.

補註 ○按: 絮陸音敕慮反, 而此云摛據反, 字彙摛音鴟, 敕慮, 摛據元不相遠.
번역 ○살펴보니, '絮'자의 육음은 '敕(칙)'자와 '慮(려)'자의 반절음인데, 이곳에서는 '摛'자와 '거(據)'자의 반절음이라고 했고, 『자휘』에서 '摛'자의 음은 '鴟(치)'자라고 했으니, '敕慮'와 '摛據'는 본래 큰 차이가 없는 것이다.

참고-集說

羹之有菜宜①用梜, 不宜以口噬取食之也. 絮, 就器中調和也. 口容止, 不宜以物刺於齒也. 醢宜鹹, 歠之以其味淡也. 客或有絮羹者, 則主人以不能烹飪爲辭, 客或有歠醢者, 則主人以貧窶之味爲辭.

번역 채소 건더기가 있는 국을 먹을 때에는 젓가락을 사용해야만 하며, 입으로 훅 들이키며 건더기까지 먹어서는 안 된다. '서(絮)'자는 자기 앞에 놓인 국그릇에 간을 맞춘다는 뜻이다. 입모양은 경거망동해서는 안 되니,[1] 뾰족한 물건으로 이를 쑤셔서는 안 된다. 젓갈은 본래 그 맛이 짜야 하는데, 그 젓갈을 들이키는 이유는 젓갈 자체의 맛이 싱겁기 때문이다. 빈객이 혹여 자신의 국에 간을 맞추는 일이 생기게 된다면, 주인은 제대로 조리를 하지 못했음을 사과하게 되고, 빈객이 혹여 젓갈을 들이키는 일이 생기게 된다면, 주인은 집안이 가난하여 맛을 제대로 내지 못했음을 사과하게 된다.

① 用梜.

補註 本篇文見下.
번역 「곡례상」편의 아래문장에 나온다.[2]

---

1) 『예기』「옥조(玉藻)」: 目容端, <u>口容止</u>.
2) 『예기』「곡례상(曲禮上)」: 羹之有菜者<u>用梜</u>, 其無菜者不用梜.

「곡례상(曲禮上)」 제1편 155

「곡례상」 124장

> **참고-經文**
> 卒食, 客自前跪, 徹飯齊以授①相者, 主人興辭於客, 然後客坐.

번역 식사를 모두 마치면, 빈객은 자기가 앉아있던 자리 앞에서 무릎을 꿇고, 밥그릇과 젓갈 등을 치우며 시중을 들던 자에게 건네게 되니, 빈객이 이러한 행동을 취하면, 주인은 자리에서 일어나서, 빈객에게 그렇게 하지 않아도 괜찮다는 말을 건네고, 그런 연후에야 빈객은 다시 자리에 앉는다.

① 相者.

補註 鄭註: 主人贊饌者.

번역 정현의 주에서 말하길, 주인에게 종속된 자로 음식을 놓을 때 시중을 드는 자이다.

「곡례상」 125장

참고-集說

呂氏曰: 古之飮酒, 貴賤長幼無不及. 鄕飮之禮, 堂下之賓, ①樂工及笙, 無不與獻. ②特牲饋食禮, 賓·兄弟·弟子·公有司·私臣無不與獻. 其獻也, 皆主人親酌授之. 此侍飮者, 亦長者親酌授之, 所以有拜受于尊所之節也. 惟燕禮③以宰夫爲獻主, 故君不親酌. 鄕飮·射·饋食禮皆尊于房戶之間, 賓主共之也. 燕禮·大射皆尊于兩楹之西, 尊面向君, 君專之也. 燕禮·鄕飮禮皆不云拜受於尊所, 以禮與侍飮異也.

번역 여씨가 말하길, 고대의 음주 예법에서는 신분의 귀천이나 나이에 상관없이 모두 연회에 참여하였다. 향음주례(鄕飮酒禮)에서는 당하에 머무는 빈객들과 그곳에 위치한 악공(樂工)들,[1] 생(笙) 등의 관악기를 연주하는 자들[2]까지도 모두 술잔을 주고받는 일에 참여하지 않은 적이 없었다.[3] 『의례』「특생궤식례(特牲饋食禮)」편

---

1) 『의례』「향음주례(鄕飮酒禮)」: 設席于堂廉, 東上. 工四人, 二瑟, 瑟先. 相者二人, 皆左何瑟, 後首, 挎越, 内弦, 右手相. 樂正先升, 立于西階東. 工入, 升自西階, 北面坐. 相者東面坐, 遂授瑟, 乃降. 工歌鹿鳴·四牡·皇皇者華. 卒歌, 主人獻工. 工左瑟. 一人拜, 不興受爵. 主人阼階上拜送爵. 薦脯醢. 使人相祭, 工飮, 不拜旣爵, 授主人爵. 衆工則不拜受爵, 祭, 飮. 辯有脯醢, 不祭. 大師則爲之洗. 賓·介降, 主人辭降. 工不辭洗.

2) 『의례』「향음주례(鄕飮酒禮)」: 笙入堂下, 磬南北面立. 樂南陔·白華·華黍. 主人獻之于西階上. 一人拜, 盡階, 不升堂受爵. 主人拜送爵. 階前坐祭, 立飮, 不拜旣爵, 升授主人爵. 衆笙則不拜受爵, 坐祭, 立飮. 辯有脯醢, 不祭.

3) 의례(儀禮) 절차에 따르면, 당상(堂上)에서는 노래를 부르고, 마당[庭]에서는 춤을 추며, 당하(堂下)에서는 관악기 연주를 하였다. 악기 연주는 당상과 당하에서 모두 시행되었는데, 노래를 당상에서 하므로, 당하에 대해서는 악기를 연주하는 것이라고 표현했을 뿐이라는 해석도 있다. 『예기』「문왕세자(文王世子)」에는 "反, 登歌淸廟. 旣歌而語以成之也, 言父子·君臣·長幼之道, 合德音之致, 禮之大者也. 下管象, 舞大武, 大合衆以事, 達有神, 興有德也. 正君臣之位, 貴賤之等焉, 而上下之

에서는 빈객 무리들·형제·제자·공유사(公有司)[4]·개인 가신[私臣]들까지도 모두 술잔을 주고받는 일에 참여하지 않은 적이 없었다.[5] 술잔을 따라줄 때에는 모든 경우에 있어서, 주인이 직접 잔에 술을 따라서 상대방에게 건넨다. 이곳 문장에서는 연장자를 모시고 음주를 한다고 하였는데, 이러한 경우에서도 또한 주인의 신분에 해당하는 연장자가 직접 잔에 술을 따라서 젊은이에게 건네는 것이니, 이러한 까닭으로 술동이가 놓인 곳으로 가서 절을 하고 술잔을 받는 규범이 있게 되는 것이다. 다만 『의례』 「연례(燕禮)」 편에서는 재부(宰夫)를 헌주(獻主)로 삼았기 때문에,[6] 군주가 직접 술잔을 따라주지 않는 것이다. 향음주례·사례(射禮)·특생궤식례·소뢰궤식례(少牢饋食禮)에서는 모두 술동이를 방문 사이에 설치하고, 빈객과 주인이 함께 그 술동이를 사용하였다. 연례·대사례(大射禮)에서는 모두 양쪽 기둥의 서쪽 편에 술동이를 설치하였고, 술동이가 향하는 쪽은 군주가 앉는 자리 방향이 되어서, 군주만이 그 술동이를 사용하였다. 연례·향음주례에는 모두 술동이가 있는 자리에서 절을 하며 술잔을 받는다고 언급하지 않았는데, 그 예법이 연장자를 모시고 음주를 할 때와는 다르기 때문이다.

① ○樂工及笙, 無不與獻.

補註 按: 笙, 吹笙者也.
번역 살펴보니, '생(笙)'자는 생황을 연주하는 자를 뜻한다.

補註 ○鄕飮禮工入升歌三終, 主人獻工, 笙入三終, 主人獻笙.
번역 ○『의례』 「향음주례(鄕飮酒禮)」 편에서는 악공이 들어와서 당상에 올

義行矣."라는 기록이 있다.
4) 공유사(公有司)는 사(士)가 맡았던 직책으로, 군주에게 특명을 받은 유사(有司)이다. '유사'는 실무 담당자를 뜻한다.
5) 『의례』 「특생궤식례(特牲饋食禮)」: 衆賓及衆兄弟·內賓·宗婦·若有公有司·私臣, 皆殽脀. / 효승(殽脀)은 희생물의 고기를 도마[俎]에 올려서 연회를 베푼다는 뜻이다.
6) 『의례』 「연례(燕禮)」 편의 "賓升自西階, 主人亦升自西階, 賓右北面至再拜, 賓答再拜."에 대한 정현의 주: "不親獻, 以其尊, 莫敢亢禮也. 至再拜者, 拜賓來至也. 天子膳夫爲獻主."

라 세 악곡을 부르면, 주인은 악공에게 술을 따라주고, 생황을 연주하는 자가 들어와서 세 악곡을 연주하면 주인은 생황을 연주하는 자에게 술을 따라준다고 했다.

② 特牲饋食禮[止]不與獻.

補註 按: 特牲饋食禮, 卽士之祭禮也. 賓兄弟, 賓及兄弟也. 弟子, 後生也. 公有司, 亦士之屬, 命於君者也. 私臣, 自己所辟除者也.]
번역 살펴보니, 『의례』「특생궤식례(特牲饋食禮)」편의 내용은 사 계층의 제례에 해당한다. '빈형제(賓兄弟)'는 빈객과 형제를 뜻한다. '제자(弟子)'는 나이가 어린 자들을 뜻한다. '공유사(公有司)' 또한 사의 부류이니 군주의 명령을 받은 자이다. '사신(私臣)'은 자신이 임명한 자들이다.

③ 以宰夫爲獻主

補註 燕義文本註: 獻主, 代主人擧爵獻賓也. 君尊, 臣不敢抗行賓主之禮. 宰夫, 主膳食之官, 卑故抗禮無嫌.
번역 『의례』「연례(燕禮)」편의 문장에 대한 본래 주석에서 말하길, '헌주(獻主)'는 주인을 대신해서 술잔을 들어 빈객에게 술을 따라주는 자이다. 군주는 존귀하여 신하가 감히 대등하게 여겨 빈객과 주인의 예법을 시행할 수 없다. '재부(宰夫)'는 음식을 담당하는 관리이니, 그는 미천하기 때문에 대등한 예법을 시행하더라도 혐의를 받지 않는다.

「곡례상」 129장

참고-經文

①餕餘不祭. 父不祭子, 夫不祭妻.

번역 제사를 지내고 남은 음식들을 받아오게 되면, 그 음식으로는 제사를 지내지 않는다. 부친을 제사지낸 음식으로는 자식에 대한 제사를 지내지 않고, 남편을 제사지낸 음식으로는 아내에 대한 제사를 지내지 않는다.

① 餕餘[止]不祭妻.

補註 通解曰: 禮君賜腥, 則孰而薦之, 以爲榮. 若賜孰食, 則恐是餕餘, 故不以祭. 妻子, 雖卑於己, 旣沒, 則以神道接之, 故亦不以祭也.
번역 『통해』에서 말하길, 예법에 있어서 군주가 날고기를 하사했다면, 그것들을 익혀서 선조에게 제사를 지내니, 이것을 영예로운 일로 여겼기 때문이다. 만약 익힌 음식을 하사했다면, 간혹 그것들이 먹고 남은 음식들일 경우가 있기 때문에, 이러한 음식으로는 제사를 지내지 않는다. 처와 자식은 비록 자신보다 미천하지만, 그들이 죽었다면 신에 대한 도리로 그들을 대접한다. 그렇기 때문에 이러한 경우에도 이러한 음식으로 제사를 지내지 않는 것이다.

補註 ○語類曰: 祭, 非飮食必有祭之祭.
번역 ○『어류』에서 말하길, '제(祭)'자는 "음식에 대해서는 마땅히 그것에 대한 제사를 지내야 한다."라고 했을 때의 제사를 뜻하는 것이 아니다.

補註 ○沙溪曰: 祭父之餕餘, 不以祭子, 祭夫之餕餘, 不以祭妻.
번역 ○사계가 말하길, 부친에 대한 제사를 지내고 남은 음식으로는 자식에 대한 제사를 지내지 않고, 남편에 대한 제사를 지내고 남은 음식으로는 처에 대한 제사를 지내지 않는다.

補註 ○按: 若曰父與夫不以己之餕餘祭子與妻, 則可也. 今曰祭父之餕祭夫之餕, 文勢似不然.

번역 ○살펴보니, 부친과 남편이 자신이 받은 남은 음식으로 자식과 처에 대한 제사를 지내지 않는다고 한다면 옳다. 그런데 부친을 제사지내고 남은 음식이나 남편을 제사지내고 남은 음식이라고 한다면 문장의 흐름상 그렇지 않은 것 같다.

「곡례상」 130장

> **참고-經文**
> 御同於長者, 雖貳不辭, ①偶坐不辭.

번역 연장자를 모시고 함께 식사를 하는 경우에는 비록 음식들을 많이 내온다고 하더라도, 사양을 하지 않으며, 다른 손님과 함께 동석하게 된다고 하더라도, 음식들을 많이 내오는 것에 대해서 사양하지 않는다.

① ○偶坐不辭.

補註 疏曰: 或彼爲客設饌, 不爲己設, 故己不辭之也.
번역 소에서 말하길, 간혹 연장자에게 빈객이 찾아와서 음식을 차리게 된 경우이니, 이것은 본래부터 자신을 위해 차려지는 것들이 아니다. 그렇기 때문에 본인은 음식이 많다고 사양하지 않는 것이다.

補註 ○按: 陳註此席之席字, 可疑代以饌字方明.
번역 ○살펴보니, 진호의 주에서 '차석(此席)'이라고 했을 때의 석(席)자는 아마도 찬(饌)자로 바꾸면 뜻이 명확해질 것이다.

참고-集說 御, 侍也. 貳, 益物也. 侍食者雖獲殽饌之重, 而不辭其多者, 以此饌本爲長者設耳. 偶者, 配偶之義. 因其有賓而己亦偶配於坐, 亦以此席不專爲己設, 故不辭也.
번역 '어(御)'자는 "모신다[侍]."는 뜻이다. '이(貳)'자는 음식을 늘린다는 뜻이다. 연장자를 모시고 식사를 하는 자가 비록 고기 요리와 음식들이 거듭 나오는 것을 받게 되더라도, 음식이 많다고 사양하지 않는 이유는 그 음식들은 본래 연장자를 위해서 진설되는 것이기 때문이다. '우(偶)'라는 말은 '배우자[配偶]'라고 했을 때의 '우(偶)'자의 뜻이다. 빈객이 있게 되어, 자신 또한 그 자리에 합석하여 앉게 된다면, 또한 이 자리가 오로지 자기만을 위해 마련된 것이 아니기 때문에, 사양하지 않는 것이다.

「곡례상」 131장

참고-經文

羹之有菜者用梜, 其①無菜者不用梜.

번역 국 중에 야채 건더기가 들어간 것은 젓가락을 사용해서 먹고, 야채 건더기가 없는 국은 젓가락을 사용해서 먹지 않는다.

① ○無菜者不用梜.

補註 疏曰: 無菜者, 謂大羹湆也, 直歠之而已. 其犬羹, 兔羹之屬, 或當用匕.

번역 소에서 말하길, 야채 건더기가 없는 국은 대갱(大羹) 등의 국을 뜻하는데, 이러한 국들은 직접 입을 대고 마시기만 할 따름이다. 개고기로 만든 국이나 토끼 고기로 만든 국 등에 대해서는 아마도 숟가락을 사용해야만 했을 것이다.

「곡례상」 132장

참고-經文

爲天子削瓜者副之, 巾以絺. ①爲國君者華之, 巾以綌. ②爲大夫累之, ③士疐之, ④庶人齕之.

번역 천자를 위하여 참외를 깎을 때에는 껍질을 깎고 나서 네 등분으로 쪼개고, 다시 가로로 자른 다음 고운 갈포로 덮어서 올린다. 제후를 위해서 참외를 깎을 때에는 껍질을 깎고 나서 반으로 쪼개고, 다시 가로로 자른 다음 거친 갈포로 덮어서 올린다. 대부를 위해서 참외를 올릴 때에는 껍질만 벗겨서 올린다. 사에 대해서는 꼭지만 따서 주고, 서인들은 직접 깨물어 먹는다.

① ○爲國君者華之.

補註 按: 華, 陸音胡瓜反, 字書引禮記此語, 韻會引周禮無有華離之地.
번역 살펴보니, '華'자의 육음은 '胡(호)'자와 '瓜(과)'자의 반절음이다. 『자서』에서는 『예기』의 이 문장을 인용하였고, 『운회』에서는 『주례』의 "고르지 못한 땅이 없게 한다."[1]라고 한 말을 인용했다.

② 爲大夫累之.

補註 疏曰: 大夫, 中裂橫斷不巾覆也. 知然者, 鄭云: "士不中裂, 橫斷去疐而已", 則知大夫猶中裂橫斷, 倮而已.
번역 소에서 말하길, 대부에 대해서는 중간 부분을 쪼개서 가로로만 자를 뿐이며 천으로 덮지 않고 올린다. 이러한 사실을 알 수 있는 이유는 정현이 "사에 대해서는 참외의 중간을 쪼개지 않고, 가로로만 자르며 꼭지를 딸 뿐이다."라고 했으니, 대부에 대해서는 여전히 중간을 쪼개고 가로로 자르지만

---

1) 『주례』「하관(夏官)·형방씨(形方氏)」: 形方氏; 掌制邦國之地域, 而正其封疆, <u>無有華離之地</u>.

천으로 덮지 않을 뿐임을 알 수 있다.

③ 士疐之.

補註 鄭註: "不中裂, 橫斷去疐而已." 疏曰: "下註庶人云: '不橫斷', 則知士橫斷也."
번역 정현의 주에서 말하길, "참외의 중간을 쪼개지 않고, 가로로만 자르며 꼭지를 딸 뿐이다."라고 했다. 소에서 말하길, "아래 서인에 대한 주에서 '가로로 자르지도 않는다.'라고 하였으니, 사에게 올리는 참외는 가로로 자른다는 사실을 알 수 있다."라고 했다.

④ 庶人齕之.

補註 鄭註: "不橫斷." 疏曰: "旣註云: '不橫斷', 故知去疐而齕之."
번역 정현의 주에서 말하길, "참외를 가로로 자르지도 않는다."라고 했다. 소에서 말하길, "이미 주에서 '가로로 자르지도 않는다.'라고 했다. 그렇기 때문에 입으로 까서 깨물어 먹기만 할 따름이라는 사실을 알 수 있다."라고 했다.

「곡례상」 134장

> 참고-經文
> ① 有憂者, 側席而坐, 有喪者, 專席而坐.

번역 부모의 병환 때문에 근심이 있는 자는 별도의 자리를 마련해서 혼자 앉고, 상(喪)을 치르는 사람은 홑겹으로 된 자리에 앉는다.

① ○有憂[止]而坐.

補註 按: 陽村, 側席·專席之訓, 皆從陳註, 後一說, 恐得之.

번역 살펴보니, 양촌은 '측석(側席)'과 '전석(專席)'에 대한 풀이를 모두 진호의 주에 따르고 있는데, 진호의 주에 있어서 뒤에 나온 설명이 아마도 타당한 것 같다.

참고-集說 有憂, 謂親疾, 或他禍患. 側, 獨也. 獨坐一席, 不設待賓之席, 爲有憂也. 一說側席, 謂偏設之變於正席也, 亦通. 專, 單也. 貴賤之席, 各有重數, 居喪則否.

번역 "근심이 있다."는 말은 부모에게 병환이 있다는 뜻이며, 혹은 다른 우환이 있다는 뜻이다. '측(側)'자는 '홀로[獨]'라는 뜻이다. 홀로 별도의 자리에 앉으며, 빈객을 접대하는 자리를 설치해두지 않는 이유는 마음에 근심이 있기 때문이다. 일설에는 '측석(側席)'에 대해서, 자리를 놓게 되는 본래의 위치를 변화시켜서, 한쪽으로 치우치도록 설치한다는 뜻이라고 하였는데, 이 주장 또한 그 의미가 통한다. '전(專)'자는 '홑겹[單]'이라는 뜻이다. 신분의 귀천에 따라서 앉게 되는 자리에도 각각 자리를 겹치는 수가 다른데, 상에 처해서는 이러한 차이를 두지 않고, 홑겹으로 된 자리에 앉는다.

「곡례상」 135장

참고-經文

水潦降, ①不獻魚鼈.

번역 물이 마르면, 물고기나 자라를 헌상하지 않는다.

① ○水潦[止]魚鼈.

補註 疏曰: 左傳云, "水潦方降", 今謂水潦降者, 天降時雨, 魚鼈難得也.
번역 소에서 말하길, 『좌전』에서는 "장마가 장차 내릴 것이다."[1]라고 했고, 이곳 문장에서는 '수료강(水潦降)'이라고 하였는데, 이 말은 하늘에서 장마를 내린다는 뜻으로, 장마 때문에 물고기와 자라를 잡기 어렵게 된다.

補註 ○按: 此說, 與陳註相反而恐長.
번역 ○살펴보니, 이 주장은 진호의 주와는 상반되지만 아마도 더 옳은 해석인 것 같다.

참고-集說 水涸魚鼈易得, 不足貴, 故不獻.
번역 물이 마르면, 물고기나 자라 등을 쉽게 잡을 수 있게 되어서, 귀한 음식으로 여기기에는 충분치 못하다. 그렇기 때문에 헌상하지 않는 것이다.

---

1) 『춘추좌씨전』「정공(定公) 4년」: 四年春三月, 劉文公合諸侯于召陵, 謀伐楚也. 晉荀寅求貨於蔡侯, 弗得, 言於范獻子曰, "國家方危, 諸侯方貳, 將以襲敵, 不亦難乎! <u>水潦方降</u>, 疾瘧方起, 中山不服, 棄盟取怨, 無損於楚, 而失中山, 不如辭蔡侯.

「곡례상」 136장

> **참고-經文**
> 獻鳥者, 佛其首, ①<u>畜鳥者, 則勿佛也</u>.

번역 사냥으로 잡은 새를 헌상할 때에는 새의 머리를 비틀어서 바치고, 집에서 기르던 새인 경우에는 머리를 비틀지 않고 바친다.

① ○畜鳥[止]勿佛也.

補註 鄭註: "畜, 養也. 養則馴." 疏曰: "鳥經人養, 不喙害人, 故獻之不用戾首."

번역 정현의 주에서 말하길, "'휵(畜)'자는 기른다는 뜻이다. 짐승은 기르게 되면 순종하게 된다."라고 했다. 소에서 말하길, "새는 사람이 기르게 되면 부리로 사람에게 상해를 입히지 않는다. 그렇기 때문에 이러한 새들을 헌상할 때에는 발을 사용해서 덮어씌우거나 부리를 어긋나게 하지 않는 것이다."라고 했다.

「곡례상」 140장

참고-經文

獻粟者, 執右契, 獻米者, 操①量鼓.

번역 찧지 않은 곡식을 헌상할 때에는 한 벌의 문서 장부를 찢어서, 우측 부분의 문서를 가져다 드리고, 쌀을 헌상할 경우에는 용량을 재는 기구를 가져다가 드린다.

① ○量鼓.

補註 疏曰: 隱義云, "東海樂浪人呼容十二斛者爲鼓, 以量米, 故云量鼓."
번역 소에서 말하길, 『은의』[1]에서는 "동해(東海)의 악랑(樂浪) 땅 사람들은 12곡(斛)[2]의 용량을 수용하는 기구를 고(鼓)라고 부르며, 이 기구로 쌀의 용량을 재기 때문에, '양고(量鼓)'라고 부른 것이다."라고 했다.

참고-集說

疏曰: 契者, 兩書①一札, 同而別之, 右者先書爲尊. 鼓, 量器名也. 米云量, 則粟亦量, 粟云契, 則米亦書. 但米可卽食爲急, 故言量, 粟可久儲爲緩, 故云書. 書比量爲緩也.

---

1) 『예기은의(禮記隱義)』는 『예기』에 대한 주석서로 하윤(何胤, A.D.446~A.D.531)의 저작이다.
2) 곡(斛)은 곡(斠)이라고도 기록한다. '곡'은 곡식의 양을 재는 기구이자, 그 수량을 표시하는 단위였다. 지역 및 각 시대마다 다소 차이를 보이는데, 고대에는 10두(斗)가 1곡이었다. 『의례』「빙례(聘禮)」편에는 "十斗曰斛."이라는 기록이 있다. 한편 1두(斗) 2승(升)을 1곡이라고도 한다.

번역 공영달의 소에서 말하길, '계(契)'라는 것은 두 벌로 쓴 하나의 문서인데, 동일한 크기로 자르게 되면, 우측에 있던 문서 조각이 먼저 기록한 것이므로, 존귀한 대상이 된다. '고(鼓)'자는 용량을 재는 기구의 명칭이다. 쌀에 대해서는 용량을 재는 도구를 대신 준다고 하였다면, '찧지 않은 곡식[粟]'에 대해서도 또한 용량을 재는 도구를 대신 준다고 할 수 있고, 찧지 않은 곡식에 대해서 문서 장부를 대신 준다고 하였다면, 쌀에 대해서도 또한 그 문서 장부를 대신 준다고 할 수 있다. 다만 쌀은 곧바로 먹을 수 있는 것이므로, 상대적으로 급선무인 대상이 된다. 그렇기 때문에 용량을 재는 기구로 말을 한 것이고, 찧지 않은 곡식은 오랜 기간 저장할 수 있으므로, 상대적으로 천천히 취급해도 되는 대상이 된다. 그렇기 때문에 문서로 말을 한 것이다. 문서는 용량을 재는 기구에 비해서 상대적으로 덜 급한 것이 되기 때문이다.

① 一扎.

補註 扎, 當作札.
번역 '찰(扎)'자는 마땅히 찰(札)자로 기록해야 한다.

「곡례상」 143장

참고-經文

凡遺人弓者, ①張弓尚筋, 弛弓尚角. 右手執簫, 左手承弣. ② 尊卑垂帨. 若主人拜, 則客還辟, 辟拜.

번역 무릇 활을 남에게 증여할 때, 팽팽하게 시위를 당겨둔 활은 시위[筋]가 위로 향하도록 하고, 느슨하게 풀어둔 활은 '활의 몸체에 붙은 얇은 쇠뿔[角]'이 위로 향하도록 한다. 우측 손으로는 활의 끝부분을 잡고, 좌측 손으로는 활 중앙 손잡이를 받쳐서 준다. 서로 신분의 차이가 없을 때에는 허리를 조금 숙여서 허리에 찬 헝겊이 늘어지도록 한다. 만약 주인이 절을 한다면, 빈객은 조금씩 뒷걸음질로 자리를 비켜서, 절하는 것을 피한다.

① 張弓[止]尚角.

補註 疏曰: 弓之爲體, 以木爲身, 以角爲面, 筋在外面, 張之時曲來嚮內, 故遺人之時使筋在上, 弓身曲嚮其下, 其弛之時反張嚮外, 筋在曲內, 角在曲外. 遺人之時, 角嚮其上, 弓形亦由嚮下, 故鄭云: "皆欲令其下曲, 隤然順也."

번역 소에서 말하길, 활의 몸체는 나무로 그 몸신을 만들고 뿔로 앞부분을 만드니, 동물의 힘줄로 만든 시위는 뒷면이 된다. 따라서 활의 시위를 팽팽하게 당겨두었을 때에는 굽은 쪽이 안쪽으로 향하기 때문에, 남에게 줄 때에는 시위가 위로 가도록 하는 것이며, 활의 몸체 중 굽은 부분은 아래쪽으로 향하도록 하는 것이다. 그리고 느슨하게 풀어둘 때에는 팽팽하게 당겼을 때와는 반대가 되어 바깥쪽을 향하게 되고, 활시위 쪽은 굽게 되어 안쪽으로 향하고, '각(角)'은 바깥쪽으로 굽게 된다. 이처럼 시위가 풀어진 활을 남에게 줄 때, 각이 위를 향하게 되면, 활의 모양새가 또한 굽은 쪽이 밑으로 향하게 된다. 그렇기 때문에 정현의 주에서, "모두 활을 아래로 굽혀서 유순한 모양을 취하고자 한 것이다."라고 말한 것이다.

② 尊卑垂帨.

補註 通解曰: 按, 此謂賓主雖或一尊一卑, 然皆當磬折垂帨也.
번역 『통해』에서 말하길, 살펴보니 이 문장은 빈과 주인의 신분이 비록 어느 한쪽이 높고 또 어느 한쪽이 낮다고 하더라도, 둘 모두 마땅히 허리를 숙여서 허리에 차고 있는 헝겊을 늘어뜨려야 한다는 뜻이다.

補註 ○按: 鄭註亦曰, "授受之儀, 尊卑一." 陳註尊卑相等, 則如此云, 誤矣.
번역 ○살펴보니, 정현의 주에서도 또한 "주고받을 때의 의례로, 서로의 신분이 동일할 때 하는 것이다."라고 했다. 진호의 주에서는 신분이 서로 대등한 경우에는 이와 같이 한다고 말했는데, 잘못된 주장이다.

「곡례상」 144장

참고-經文

主人自受, 由客之左, ①接下承弣, 鄉與客並, 然後受.

번역 주인은 직접 빈객이 가져온 활을 받게 되는데, 빈객의 왼쪽에서 물건을 받으니, 좌측 손은 빈객의 손 아래쪽으로 대고, 우측 손으로 손잡이를 받쳐서 받는다. 물건을 주고받을 때 바라보는 방향은 빈객과 동일하여, 빈객과 나란히 서며, 이렇게 선 이후에 물건을 받는다.

① ○接下承弣.

補註 鄭註: 接下, 接客手下也. 承弣郤手, 則執簫覆手與.

번역 정현의 주에서 말하길, '접하(接下)'는 빈객의 손 아래쪽으로 잡는다는 뜻이다. 손잡이를 받칠 때 손을 뒤집어서 받친다면, 소(簫)쪽이 손을 덮었을 것이다.

補註 ○按: 陳註出此, 而接客之下云者, 未瑩.

번역 ○살펴보니, 진호의 주는 정현의 주에서 도출된 것이지만, "빈객의 손 아래쪽으로 댄다."라고 말한 것은 명료하지 못하다.

참고-集說

自受者, 以敵客不當使人受也. 由, 從也. 從客左邊而受, 則客在右矣, 於是主人①郤左手以接客之下而承其弣, 又覆右手以捉弓之下頭而受之. 此時則主客並立, 而俱向南也.

번역 "직접 받는다[自受]."고 한 이유는 빈객(賓客)의 신분이 자신과 대등하므로,

남을 시켜서 물건을 받을 수 없기 때문이다. '유(由)'자는 '~부터[從]'라는 뜻이다. 빈객의 좌측으로부터 물건을 받게 된다면, 빈객은 주인의 우측에 있게 되는데, 이때 주인은 왼쪽 손을 빈객의 손 아래쪽으로 대서, 활의 손잡이 부위를 받치며, 또한 오른 손을 뒤집어서 활의 아래쪽 끝단을 잡고서 건네받는다. 이 시기에 주인과 빈객은 나란히 서서, 모두 남쪽을 향하게 된다.

① 卻左手.

補註 疏曰: 知客主俱卻左手者, 若主人用右手承弣, 便是主人倒執弓故也.

번역 소에서 말하길, 빈객과 주인 모두 좌측 손을 뒤집는다는 사실을 알 수 있는 것은 만약 주인이 우측 손을 사용해서 손잡이를 받치게 된다면, 주인은 거꾸로 뒤집어서 활을 잡게 되기 때문이다.

「곡례상」 147장

참고─集說

疏曰: 矛, 如鋋而三廉. 戟, 今之戟也. ①鐓, 爲矛戟柄尾平底. 以平向人, 敬也. 亦應並授. 不云左右而云前後者, 互文也. 若相對, 則前後也, 若並授, 則左右也.

번역 공영달의 소에서 말하길, '모(矛)'는 작은 창인 '연(鋋)'과 비슷하지만, 창날이 삼각형으로 되어 있다. '극(戟)'은 오늘날에도 사용하고 있는 '극(戟)'이다. '대(鐓)'는 모와 극의 자루 부분 중에서도 가장 밑의 평평한 부분이다. 평평한 부분을 상대방에게 향하는 것은 상대방을 공경하기 때문이다. 이러한 경우에도 또한 나란히 서서 주고받아야 한다. 좌우라고 언급하지 않고, 전후라고 언급한 이유는 서로 호환이 되도록 문장을 기록했기 때문이다. 만약 서로 마주보는 경우라면 전후가 되고, 나란히 서서 주고받는 경우라면 좌우가 된다.

① ○鐓爲[止]平底.

補註 按: 此謂矛戟之柄尾, 平底者, 爲鐓也.

번역 살펴보니, 이것은 모(矛)와 극(戟)의 손잡이 꼬리부분에 대한 것이며, 평평한 부분은 대(鐓)가 된다.

「곡례상」 148장

참고-經文

①進几杖者, 拂之.

번역 안석과 지팡이를 남에게 증여할 때에는 먼지를 제거하고 준다.

① 進几杖者拂之.

補註 疏曰: 拂去塵埃, 爲當馮執. 前云獻杖執末, 與此互文.
번역 소에서 말하길, 닦아내서 먼지를 제거한다는 뜻이니, 상대방이 기대는 물건이 되기 때문이다. 앞 문장에서는 지팡이를 헌상할 때 끝부분을 잡고서 건넨다고 하였는데, 이곳 문장과 서로 보완이 되는 내용이다.

「곡례상」 149장

참고-經文
① 效馬效羊者, 右牽之.

번역 말과 양을 바칠 때에는 우측 손으로 끌고 간다.

① ○效馬[止]右牽之.
補註 芝峯曰: 今中朝人皆右牽, 而我國左牽之, 非矣.
번역 지봉이 말하길, 오늘날 중국 사람들은 모두 우측 손으로 끌고 가는데, 우리나라 사람들은 좌측 손으로 끌고 가니 잘못되었다.

「곡례상」 152장

참고-經文

①飾羔鴈者, 以繢.

번역 새끼 양과 기러기를 바칠 때에는 구름무늬가 들어간 천으로 덮어서 바친다.

① ○飾羔鴈者以繢.

補註 疏曰: 飾, 覆也. 士相見云: "下大夫以鴈, 上大夫以羔, 飾之以布." 鄭云: "彼是諸侯之卿大夫, 卑但用布; 此是天子之卿大夫, 尊故畫之也."
번역 소에서 말하길, '식(飾)'자는 천으로 덮는다는 뜻이다. 『의례』「사상견례(士相見禮)」편에서는 "하대부는 기러기를 선물로 가져가고, 상대부는 새끼 양을 선물로 가져가는데, 천으로 그것을 덮는다."[1]라고 하였고, 정현은 "「사상견례」편에서 말한 자들은 제후에게 소속된 경과 대부에 해당하여, 상대적으로 신분이 낮으므로 단지 천만 사용하는 것이고, 이곳 문장에 기록된 대부는 천자에게 소속된 경과 대부에 해당하여, 상대적으로 신분이 높기 때문에 천에 그림을 그리는 것이다."라고 했다.

補註 ○士相見禮曰: "下大夫相見以鴈, 飾之以布, 維之以索. 上大夫相見以羔, 飾之以布, 四維之結于面." 鄭註: "飾以布, 謂裁縫衣其身也. 維, 謂繫聯其足也. 面, 前也."
번역 ○『의례』「사상견례(士相見禮)」편에서는 "하대부가 서로 만나볼 때에는 기러기를 선물로 가져가며 천으로 덮고 노끈으로 다리를 묶는다. 상대부가 서로 만나볼 때에는 새끼 양을 선물로 가져가며 천으로 덮고 네 발을 묶고 교차시켜 가슴 쪽에 결속한다."라고 했고, 정현의 주에서는 "식이포(飾以

---

1) 『의례』「사상견례(士相見禮)」: 下大夫相見以鴈, 飾之以布, 維之以索, 如執雉. 上大夫相見以羔, 飾之以布, 四維之結于面, 左頭, 如麛執之. 如士相見之禮.

布)는 재봉하여 그 천을 몸체에 입힌다는 뜻이다. 유(維)는 다리를 결속하는 것이다. 면(面)은 앞을 뜻한다."라고 했다.

補註 ○按: 彼云布而不言繢, 此云繢而不言布, 正所以互相發明. 鄭以天子諸侯之卿大夫分言者, 恐未然, 且飾字之訓, 士相見註較詳.
번역 ○살펴보니, 『의례』「사상견례(士相見禮)」편에서는 포(布)를 언급했지만 회(繢)를 언급하지 않았고, 이곳에서는 회를 언급했지만 포는 언급하지 않았으니, 상호 그 뜻을 드러내는 것이다. 정현은 천자나 제후에게 소속된 경과 대부로 구분해서 말했는데 아마도 그렇지 않은 것 같으며, 또 식(飾)자에 대한 풀이는 「사상견례」편의 주가 비교적 상세하다.

「곡례상」 153장

참고-經文

①受珠玉者, 以掬.

번역 구슬과 옥을 받을 때에는 두 손으로 감싸서, 조심스럽게 받는다.

① ○受珠玉者以掬.

補註 鄭註: 愼也, 掬, 手中.
번역 정현의 주에서 말하길, 조심스럽게 받기 때문이며, '국(掬)'자는 손안에 넣고 감싼다는 뜻이다.

「곡례상」 156장

참고-大全

藍田呂氏曰: 進者, 以物供尊者之用, 非獻也. 效者, 致之尊者之前, 使之見, 非進也. 劍也, 戈也, 矛戟也, 三者皆兵也. 進兵者, 後其刃, 敬也. 少儀曰, "凡有刺刃者, 以授人, 則避刃", 是也. 拂之者, 去塵以進之, 敬也. 少牢饋食, "主人左手縮之, 以右袂進拂几三, 右手橫執几, 進授尸于筵前", 此進几之儀. 羊馬豢畜之獸, 馴而易制, 故右牽之, 便也. 少儀, "牛則執紖, 馬則執靮, 皆右之". 犬雖豢畜, 然吠非其主, 或有噬人之患, 故左牽, 以右手制之, 如臣虜之比也. 少儀曰, "犬則執緤." ①<u>執禽者, 左手</u>, 謂摯也. 禽摯, 若卿執羔, 大夫執鴈, 士執雉, 庶人執鶩, 工商執雞, 是也. 士相見禮云, "摯冬用雉, 夏用腒, 左手奉之." 飾羔鴈以繢者, 以繢飾其布也. 弓劍, 藉之以袂, 文也. 弓劍, 比於珠玉, 不慮其失墜, 故得盡其文也. 玉器宜謹, 故弗揮. 聘禮曰, "小聘曰問." 問者, 久不相見, 使人問安否以講好也. 義如諸侯之相聘, 禮則殺之也. 詩云, "知子之順之, 雜佩以問之." 如弓劍苞苴簞笥, 皆可以問人者也. 弓劍, 玩好也, 苞苴, 魚肉果實也. 書曰, "厥包橘柚." 易曰, "包有魚." 詩曰, "野有死麕, 白茅包之", 是也. 簞, 論語, "一簞食", 是也. 笥, 以盛衣裳, 書云, "惟衣裳在笥", 是也.

번역 남전여씨가 말하길, '진(進)'이라는 것은 물건을 존귀한 자가 쓰는데 제공한다는 뜻이니, "헌상한다[獻]."는 뜻이 아니다. '효(效)'라는 것은 존귀한 자 앞에 물건을 놓아두어서, 그로 하여금 보게 한다는 뜻이니, '진(進)'자의 뜻이 아니다. 검(劍)·과(戈)·모극(矛戟)이라는 세 가지 물건들은 모두 병장기이다. 병장기를 바칠 때 칼날을 뒤쪽으로 하는 것은 상대방을 공경하는 행동이다. 『예기』「소의(少儀)」편에서 "무릇 뾰족한 칼날이 있는 물건을 남에게 건네는 경우라면, 칼날을 피해서 준다."[1]라고 한 말이 바로 이러한 의례에 해당한다. '불(拂)'한다[2]는 말은 먼지를 제거하고 바친다는 뜻으로, 상대방을 공경하는 행동이다. 『의례』「소뢰궤식례(少牢饋食禮)」편에서는 "주인(主人)은 좌측 손으로 안석[几]을 거둬들여서, 우측 소매로 안석을 세 번 닦아내고, 우측 손으로 안석을 가로로 잡고서, 시동이 앉아있는 대자리 앞으로 나아가서 바친다."[3]라고 하였으니, 이것이 바로 안석을 바칠 때의 의례 절차이다. 양이나 말과 같이 가축에 속하는 짐승들은 성질이 온순하여 쉽게 통제할 수 있다. 그렇기 때문에 우측 손으로 이끌고 가는 것이니, 이렇게 하는 것이 편리하기 때문이다. 「소의」편에서는 "소를 끌고 갈 때에는 고삐를 잡고, 말의 경우에는 말고삐를 잡는데, 모두 우측 손으로 잡는다."[4]라고 하였다. 개의 경우에는 비록 가축이긴 하지만, 자신의 주인이 아닌 자에 대해서는 짖게 되고, 간혹 남을 물 수 있는 위험도 있기 때문에, 좌측 손으로 끌면서, 우측 손으로는 제지를 하는 것이니, 마치 포로를 바칠 때 좌측 손으로 포로[5]의 우측 소매를 잡고, 우측 손으로 딴 생각을 품지 못하도록 방비하는 경우와 같은 것이다.[6] 「소의」편에서는 "개를 끌고 갈 경우에는 개줄을 잡는다."[7]라고 하였다. 새를 잡아다가 바칠 때에는 머리를 왼쪽으로 해서 준다고 하였는데,[8] 이것을 '선물로 가져간 예물[摯]'이라고 부른다. 짐승을 선물로 가져갈 경우, 경의 신분이라면 새끼 양을 가져가고, 대부는 기러기를 가져가며, 사는 꿩을 가져가고, 서인은 집오리를 가져가며, 공인과 상인은 닭을 가져간다고 한 말[9]이 바로 그 경우에 해당한다. 『의례』「사상견례(士相見禮)」편

---

1) 『예기』「소의(少儀)」: 笏・書・脩・苞苴・弓・茵・席・枕・几・潁・杖・琴・瑟・戈有刃者櫝・策・籥, 其執之, 皆尚左手. 刀郤刃授穎, 削授拊. 凡有刺刃者, 以授人則辟刃.
2) 『예기』「곡례상(曲禮上)」: 進几杖者, 拂之.
3) 이 문장은 『의례』「유사(有司)」편에 나온다. 『의례』「유사(有司)」: 主人西面, 左手執几, 縮之, 以右袂推拂几三, 二手橫執几, 進授尸于筵前.
4) 『예기』「소의(少儀)」: 牛則執紖, 馬則執靮, 皆右之.
5) 신로(臣虜)는 민로(民虜)와 같은 말이며, 포로를 뜻한다. 『한비자(韓非子)』「오두(五蠹)」편에는 "禹之王天下也, 身執耒臿, 以爲民先, 股無胈, 脛不生毛, 雖臣虜之勞, 不苦於此矣."라는 용례가 나온다.
6) 『예기』「곡례상(曲禮上)」: 獻民虜者, 操右袂.
7) 『예기』「소의(少儀)」: 犬則執緤, 守犬田犬則授擯者, 旣受乃問犬名.
8) 『예기』「곡례상(曲禮上)」: 執禽者, 左首.
9) 『주례』「춘관(春官)・대종백(大宗伯)」: 孤執皮帛, 卿執羔, 大夫執鴈, 士執雉, 庶

에서는 "들고 가는 선물의 경우, 겨울에는 꿩을 사용하고, 여름에는 말린 새의 고기를 사용하며, 머리를 좌측으로 해서 바친다."라고 했다. 새끼 양과 기러기를 바칠 때에는 구름무늬가 들어간 천으로 덮는다고 하였는데,10) 덮는 천에 구름무늬 장식을 해서 꾸민다는 뜻이다. 활과 검을 받을 때에는 소매로 손을 가리고, 그 위로 내려놓게 한다고 하였는데,11) 이것은 예의를 차리는 행위이다. 활과 검은 주옥(珠玉)에 비해서 땅에 떨어트릴 위험이 없기 때문에, 예의를 한껏 차릴 수가 있는 것이다. 옥으로 만든 기물들은 신중하게 다뤄야 하기 때문에, 잔을 털지 않는 것이다.12) 『의례』「빙례(聘禮)」편에서는 "소빙(小聘)13)을 '문(問)'이라고 부른다."14)라고 했다. 따라서 '문(問)'이라는 것은 오랜 기간 서로 찾아보지 못했을 때, 사람을 시켜서 안부를 묻고, 우호를 다진다는 뜻이다. 그 의미가 마치 제후들끼리 빙문(聘問)을 하는 것과 비슷하지만, 예법에 있어서는 신분 등급에 따라서 낮추게 된다. 『시』에서는 "당신이 좋아하는 자임을 알겠으니, 잡패(雜佩)15)로써 '문'을 하겠다."16)라고 했다. 예를 들어 활이나 검, 포(苞)·저(苴), 단(簞)·사(笥)에 담은 음식들로도 모두 상대방에게 안부 인사를 건넬 수 있다. 활이나 검과 같은 물건들은 소장하여 완상하는 물건들이고, '포'·'저'와 같은 것들은 물고기나 고기, 과실 등이다. 『서』에서는 "도이(島夷) 땅의 오랑캐가 싸가지고 오는 공물은 귤과 유자이다."17)라고

人執鴛, 工商執雞.
10) 『예기』「곡례상(曲禮上)」: 飾羔鴈者, 以繢.
11) 『예기』「곡례상(曲禮上)」: 受弓劍者, 以袂.
12) 『예기』「곡례상(曲禮上)」: 飲玉爵者, 弗揮.
13) 소빙(小聘)은 본래 제후가 대부(大夫)를 시켜서 매해 천자를 찾아뵙는 것을 뜻한다. 제후는 천자에 대해서, 매년 '소빙'을 하고, 3년에 1번 대빙(大聘)을 하며, 5년에 1번 조(朝)를 한다. 대빙을 할 때에는 경(卿)을 시키고, 조를 할 때에는 제후가 직접 찾아간다. 『예기』「왕제(王制)」편에는 "諸侯之於天子也, 比年一小聘, 三年一大聘, 五年一朝."라는 기록이 있고, 이에 대한 정현의 주에서는 "比年, 每歲也. 小聘使大夫, 大聘使卿, 朝則君自行."이라고 했다. 이 문장에서는 일반적인 빙문(聘問)의 예법보다 약소한 빙문을 뜻한다.
14) 『의례』「빙례(聘禮)」: 小聘曰問. 不享, 有獻, 不及夫人.
15) 잡패(雜佩)는 허리에 차고 있는 일련의 패옥(佩玉)들을 총칭하는 말이다. 형(珩)·황(璜)·거(琚)·우(瑀)·충아(衝牙)가 여기에 해당한다.
16) 『시』「정풍(鄭風)·여왈계명(女曰雞鳴)」: 知子之來之, 雜佩以贈之. 知子之順之, 雜佩以問之. 知子之好之, 雜佩以報之.

하였고, 『역』에서는 "싸서 가져오는 것에 물고기가 있다."[18]라고 하였으며, 『시』에서는 "들판에 죽은 노루가 있어서, 흰 띠로 쌌다."[19]라고 하였으니, 이 기록들이 바로 안부 인사를 할 때에는 여러 물건들을 가져가게 된다는 사실을 나타낸다. '단(簞)'의 경우, 『논어』에서 '한 광주리의 밥'[20]이라고 한 말이 바로 '단'을 가리킨다. '사(笥)'에는 옷을 담는데, 『서』에서 "오직 옷은 '사'에 담는다."[21]라고 한 말이 바로 이러한 사실을 가리킨다.

① ○執禽者左手.

補註 手, 當作首.

번역 '수(手)'자는 마땅히 수(首)자가 되어야 한다.

---

17) 『서』「하서(夏書)·우공(禹貢)」: 島夷卉服. 厥篚織貝. <u>厥包橘柚錫貢</u>.
18) 『역』「구괘(姤卦)」: 九二, <u>包有魚</u>, 无咎, 不利賓.
19) 『시』「소남(召南)·야유사균(野有死麕)」: <u>野有死麕, 白茅包之</u>. 有女懷春, 吉士誘之.
20) 『논어』「옹야(雍也)」: 子曰, "賢哉, 回也! <u>一簞食</u>, 一瓢飮, 在陋巷, 人不堪其憂, 回也不改其樂. 賢哉, 回也!"
21) 『서』「상서(商書)·열명중(說命中)」: 惟口起羞, 惟甲冑起戎, <u>惟衣裳在笥</u>, 惟干戈省厥躬.

「곡례상」 159장

참고-經文

若使人於君所, 則必朝服而命之, 使者反, 則必①下堂而受命.

번역 만약 사람을 시켜서, 군주가 계신 곳에 보내게 된다면, 반드시 조복(朝服)을 착용하고서, 심부름하는 자에게 명령을 내리고, 심부름을 보낸 자가 돌아오게 되면, 반드시 당하로 내려와서, 군주가 보낸 명령을 받아야 한다.

① 下堂而受命.

補註 疏曰: 不出門者, 己使卑於君使也. 亦當拜之, 不言, 從上可知也.
번역 소에서 말하길, 문밖으로 나와서 맞이하지 않는 이유는 자신이 심부름을 보낸 자는 군주의 심부름을 수행하는 자보다 신분이 낮기 때문이다. 이 경우에도 또한 마땅히 절을 하게 되는데, 절을 한다는 사실을 언급하지 않은 이유는 앞 문장을 통해서 그 사실을 유추해서 알 수 있기 때문이다.

「곡례상」 161장

참고-大全

廣安游氏曰: 多能者, 常失於傲而自與, 爲善者, 常失於苟有得焉而止. 今也, 博聞强識, 而居之以讓, 敦善行, 而加之以不怠, 謂之君子宜矣. 盡歡竭忠, ①注疏說, 亦通. 古之制禮者, 於衣服飮食辭讓之際, 固有取於此, 然不止於此也. 其人於己所求, 歡以承命, 則其求宜有所止, 求而不止, 則歡有時而窮, 故其人之歡, 不可求之以盡也. 其人於己所望, 盡忠竭誠, 然所望當有所止, 苟望之而不止, 則忠有時而竭, 故其人之忠, 不可使至於竭也. 盡人之歡, 如虞公求玉於虞叔, 虞叔旣獻之, 而又求其寶劒, 故虞叔遂伐虞公, 此盡人之歡也. 楚共王歸知罃, 而問何以報我, 知罃不應, 而楚子責以必報不穀, 是竭人之忠也. 如古注之說, 則不盡人之歡, 若管敬仲之樂飮, 而不繼以燭, 是矣. 不竭人之忠, 若孔子出行, ②不假雨具於子夏, 是矣. 君子之與人交, 所以貴辭・貴讓・貴有節・貴不迫於人不干掩人之私, 皆所以不盡歡不竭忠之意也. 詩曰, "求無曰益, 牖民孔易", 言其求於民者, 當有所止, 而不可益求而無已. 記曰, "不大望於民", 傳曰, "舜不窮其民", 言其望於民者, 可小而不可大, 可使有餘而不可使至於窮. 古人之道, 大槩如此, 不獨於禮爲然也.

번역 광안유씨[1]가 말하길, 다방면에 유능한 자는 항상 오만함에 빠져서 스스로를 대단하게 여기는 실수를 범하기 쉽고, 선행을 실천하는 자는 항상 무언가를 터득하게 되면, 거기에 멈춰버리는 실수를 범하기 쉽다. 그런데 널리 배우고 익히는 일에

---

[1] 광안유씨(廣安游氏, ?~?) : =유계(游桂)・유원발(游元發). 남송(南宋) 때의 학자이다. 이름은 계(桂)이고, 자(字)는 원발(元發)이며, 호(號)는 사재(思齋)이다. 자세한 행적은 남아 있지 않다.

힘쓰면서도, 항상 겸손한 태도로 생활하고, 선행을 돈독히 실천하면서도, 나태함을 보이지 않는다면, 그를 군자라고 부르는 것이 마땅한 것이다. 남에게 호의를 다 베풀도록 하고, 충심을 다하도록 하는 일에 대해서, 정현의 주와 공영달의 소에서 풀이한 설명 또한 그 의미가 통용된다. 고대에 예법을 제정했을 때, 의복과 음식을 사양하며 겸손하게 대처하는 상황에 대해서, 진실로 이러한 뜻에서 그 의미를 취하여 예법을 제정했던 것이다. 그러나 단순히 이러한 일에만 그치는 것이 아니다. 상대방이 자신의 요구에 대해서, 호의를 베풀며 분부에 따르게 된다면, 요구하는 일에 있어서도 마땅히 적정선에서 그치는 점이 있어야 하는데, 요구만 계속 하고 그칠 줄 모른다면, 호의를 베푸는 것에도 때에 따라 궁박해지게 된다. 그렇기 때문에 남이 베푸는 호의에 대해서는 그 호의를 다 베풀도록 요구해서는 안 되는 것이다. 그리고 상대방은 자신이 희망에 따라 충성을 다하게 되는데, 바라는 것에도 마땅히 적정선에서 그치는 점이 있어야 하니, 구차하게 바라기만 하고 그칠 줄 모른다면, 충심도 때에 따라 소진되기도 한다. 그렇기 때문에 남의 충심에 대해서도 그로 하여금 충심을 소진하도록 몰아세워서는 안 되는 것이다. 남이 호의를 다 베풀도록 바라는 경우는 마치 우공(虞公)이 우숙(虞叔)에게 옥을 요구하여, 우숙이 그것을 헌상하였는데, 또다시 보검까지 요구하였기 때문에, 우숙이 결국 우공을 공격한 경우와 같으니,[2] 이것이 바로 남이 베푸는 호의를 다하도록 하는 것이다. 그리고 초나라 공왕(共王)은 지앵(知罃)을 돌려보내면서, 나에게 무엇으로 보답하겠냐고 물었는데, 지앵이 응답하지 않자, 공왕은 반드시 나[3]에게 보답을 하라고 책임을 추궁하였으니,[4] 이것이 바로 남에게 충성을 다하도록 강요하는 것이다. 만약 옛 주석의 설명대로 한다면, 남에게 음식을 모조리 내오도록 해서, 호의를 다 베풀도록 하지 않는 경우는 마치 진경중(陳敬仲)이 음주를 즐기면서도, 횃불을 밝혀서 밤까지 지

---

2) 『춘추좌씨전』「환공(桓公) 10년」: 初, 虞叔有玉, 虞公求旃, 弗獻. 旣而悔之, 曰, "周諺有之, '匹夫無罪, 懷璧其罪.' 吾焉用此, 其以賈害也?" 乃獻之. 又求其寶劍. 叔曰, "是無厭也. 無厭, 將及我." 遂伐虞公. 故虞公出奔共池.

3) 불곡(不穀)은 고대에 제왕들이 자신을 겸손하게 지칭할 때 쓰는 용어로, "착하지 못하다."는 뜻의 '불선(不善)'과 같은 말이다.

4) 『춘추좌씨전』「성공(成公) 3년」: 晉人歸楚公子穀臣與連尹襄老之尸于楚, 以求知罃. 於是荀首佐中軍矣, 故楚人許之. …… 王曰, "子歸, 何以報我?" 對曰, "臣不任受怨, 君亦不任受德, 無怨無德, 不知所報?" 王曰, "雖然, 必告不穀." / 『춘추좌씨전』의 기록에서는 초(楚)나라 공왕(共王)은 지앵(知罃)의 말을 듣고, 그의 현명함을 인정하여 후하게 대접해서 돌려보낸다.

속되는 것을 하지 않았던 것5)이 바로 이러한 경우에 해당한다. 그리고 남에게 의복을 모두 바치도록 해서 충심을 고갈되도록 하지 않은 경우는 예를 들어 공자가 길을 나서면서도, 자하에게 비옷을 빌리지 않았던 일이 바로 이러한 경우에 해당한다. 군자는 남과 교제를 하면서, 사양함을 귀하게 여기고, 겸손함을 귀하게 여기며, 법도가 있는 것을 귀하게 여기고, 남을 핍박하지 않고, 남이 감추고 싶어 하는 사적인 부분에 간섭하지 않는 일들을 귀하게 여기는데, 그 이유는 모두 남이 호의를 다 베풀지 못하게 하고, 충심을 소진시키지 않도록 하는 뜻 때문이다. 『시』에서는 "요구함에 무슨 이로움이 되겠느냐고 말함이 없으니, 백성들을 열어줌이 이처럼 쉽도다."6)라고 하였으니, 이 말은 곧 백성들에게 요구하는 것에는 마땅히 적정선에서 그칠 줄 아는 점이 있어야 하고, 계속 요구하여 그침이 없어서는 안 된다는 뜻이다. 『예기』에서는 "백성들에게 큰 것을 바라지 않는다."7)라고 하였고, 전해오는 얘기로는 "순임금은 백성들에게 힘을 다 발휘하도록 요구하지 않았다."8)고 하였는데, 이 말은 곧 백성들에게 바라는 것은 작아야 하지, 커서는 안 되며, 그들로 하여금 여유를 가지게 해야지, 그들을 곤궁하도록 몰아세워서는 안 된다는 뜻이다. 고대인들이 실천하였던 도리가 대체적으로 이와 같았으니, 유독 예에 대해서만 이렇게 했던 것은 아니다.

① ○註疏說亦通.

補註 鄭註: 歡謂飮食, 忠謂衣服之物.

번역 정현의 주에서 말하길, '환(歡)'자는 음식을 뜻하며, '충(忠)'자는 의복 등의 물건을 뜻한다.

---

5) 『춘추좌씨전』「장공(莊公) 22년」: 齊侯使敬仲爲卿. …… 飮桓公酒, 樂. 公曰, "以火繼之." 辭曰, "臣卜其晝, 未卜其夜, 不敢." 君子曰, "酒以成禮, 不繼以淫, 義也; 以君成禮, 弗納於淫, 仁也."

6) 『시』「대아(大雅)・판(板)」: 天之牖民, 如壎如篪, 如璋如圭, 如取如攜. 攜無曰益, 牖民孔易. 民之多辟, 無自立辟.

7) 『예기』「표기(表記)」: 子曰, "夏道未瀆辭, 不求備<u>不大望於民</u>, 民未厭其親, 殷人未瀆禮而求備於民. 周人强民, 未瀆神, 而賞爵刑罰窮矣."

8) 『공자가어(孔子家語)』「안회(顔回)」: 以政知之. 昔者帝舜巧於使民, 造父巧於使馬, <u>舜不窮其民力</u>, 造父不窮其馬力, 是以舜無佚民, 造父無佚馬.

② 不假雨具於子夏.

補註 家語·致思篇: 孔子將行, 雨而無蓋. 門人曰: "商也有之." 子曰: "商之爲人也, 悋於財, 吾聞與人交, 推其長者, 違其短者, 故能久也."
번역 『공자가어』「치사(致思)」편에서 말하길, 공자가 출타를 하려고 했는데 비가 내렸지만 비옷이 없었다. 문인들은 "상(商)이 가지고 있습니다."라고 했다. 공자는 "상의 사람됨은 재물에 대해 인색한데, 내가 듣기로 남과 교유를 할 때에는 그의 장점을 치켜세우고 그의 단점을 멀리하기 때문에 오래 지속할 수 있다고 했다."라고 했다.

「곡례상」 162장

참고-經文

禮曰: 君子①抱孫不抱子. 此言孫可以爲王父尸, 子不可以爲父尸. 爲君尸者, 大夫士見之則下之. 君知所以爲尸者則自下之, 尸必式. 乘必以几.

번역 고대의 예법에서 말하길, "군자는 손자는 안아주지만, 아들은 안지 않는다."고 하였다. 이 말은 곧 손자는 왕부(王父)[1]의 시동이 될 수 있지만, 아들은 부친의 시동이 될 수 없다는 사실을 뜻한다. 군주의 시동이 된 자를 만약 대부와 사가 보게 된다면, 자신들이 타고 있던 수레에서 내리게 된다. 군주도 시동으로 삼은 자임을 알아보게 된다면, 직접 수레에서 내리며, 시동은 반드시 풍식(馮式)[2]을 하여 예의를 표시한다. 시동이 수레에 오를 때에는 반드시 안석[几]을 지참하고 탄다.

① 抱孫不抱子.

補註 疏曰: 謂祭祀之禮必須尸, 尸必以孫. 今子孫行皆幼弱, 則必抱孫爲尸, 不得抱子爲尸. 曾子問云: "尸必以孫, 孫幼使人抱之, 無孫取於同姓可也." 是有抱孫之法也. 祭統云: "祭之道, 孫爲王父尸. 所使爲尸者, 於祭者爲子行, 父北面而事之."[祭統文止此.] 天子雖取孫列, 用卿大夫爲之, 故旣醉註云: "天子以卿." 鄭箋云: "諸侯入爲天子卿大夫, 故云公尸." 天子旣然, 明諸侯亦爾, 大夫士亦用同姓嫡者. 曾子問云: "無孫取於同姓可也." 又鄭註特牲禮 "大夫士以孫之倫爲尸", 是也. 言倫, 明非己孫, 皇侃用崔靈恩義, 以大夫用己孫爲尸, 恐非也.

번역 소에서 말하길, 제사의 예법에서는 반드시 시동을 필요로 하며, 시동은

---

1) 왕부(王父)는 부친의 아버지, 즉 조부(祖父)를 지칭하는 말이다. 『이아(爾雅)』「석친(釋親)」편에는 "父之考爲王父."라는 기록이 있다.
2) 풍식(馮式)은 풍식(馮軾)이라고도 한다. 수레에 탔을 때 잡게 되는 수레 위쪽 전면에 놓여 있는 가로대를 뜻한다.

반드시 손자 항렬로 세운다는 뜻이다. 현재 자손의 항렬에 속한 자들이 모두 나이가 너무 어리다면, 반드시 다른 사람을 시켜서 손자를 안고 시동의 임무를 수행하게 하지만, 아들을 안고는 시동의 임무를 수행할 수 없다. 『예기』「증자문(曾子問)」편에서는 "시동은 반드시 죽은 자의 손자로 해야 하고, 만약 손자가 너무 어린 경우라면, 다른 사람을 시켜서 시동을 안고 있게 하며, 만약 손자가 없는 경우라면 동성(同姓)인 자들 중에서 손자 항렬의 사람을 데려다가 시동으로 세우는 것이 옳다."[3]라고 했는데, 이것은 손자를 안고 지내는 법도가 있음을 나타내고 있다. 『예기』「제통(祭統)」편에서는 "제사의 법도는 손자를 조부의 시동으로 삼는다. 이처럼 임무를 맡아서 시동이 된 자는 제사를 지내는 자의 입장에서는 자식 항렬이 되고, 제사를 지내는 시동의 부친은 북면을 하고 시동을 섬긴다."[4]라고 했는데, [「제통」편의 문장은 여기까지이다.] 천자가 비록 손자 항렬에서 시동을 뽑는다고 하지만, 경이나 대부들 중 선발하여 시동으로 삼기도 한다. 그렇기 때문에 『시』「기취(旣醉)」편에 대한 주에서, "천자는 경을 시동으로 삼는다."라고 했고, 정현의 전(箋)에서는 "제후들 중에 공덕(功德)이 있는 자는 천자의 조정으로 들어와서, 천자의 경이나 대부가 된다. 그렇기 때문에 이러한 자들이 시동이 되면, '공시(公尸)'라고 부르는 것이다."라고 한 것이다.[5] 천자가 이미 이처럼 시동을 뽑는다고 하였으니, 이 말은 제후 또한 이처럼 한다는 사실을 나타내며, 대부와 사들도 동성의 친족 중 적장자를 뽑아서 시동으로 세우는 것이다.「증자문」편에서는 "만약 손자가 없는 경우라면, 동성인 자들 중에서 손자 항렬의 사람을 데려다가 시동으로 세우는 것이 옳다."라고 하였고, 『의례』「특생궤식례(特牲饋食禮)」편에 대한 정현의 주에서도 "대부와 사는 손

---

3) 『예기』「증자문(曾子問)」: 曾子問曰: 祭必有尸乎, 若厭祭亦可乎. 孔子曰: 祭成喪者, 必有尸, <u>尸必以孫, 孫幼, 則使人抱之, 無孫, 則取於同姓, 可也</u>. 祭殤, 必厭, 蓋弗成也. 祭成喪而無尸, 是殤之也.

4) 『예기』「제통(祭統)」: <u>夫祭之道, 孫爲王父尸, 所使爲尸者, 於祭者子行也. 父北面而事之</u>, 所以明子事父之道也. 此父子之倫也.

5) 이 문장은 『시』「대아(大雅)・기취(旣醉)」편의 "昭明有融, 高朗令終. 令終有俶, 公尸嘉告."라는 문장에 대한 주(注)와 전(箋)이다.

자 항렬의 친족으로 시동을 세운다."[6]라고 했다. '무리[倫]'라고 언급했는데, 이 말은 곧 자신의 손자를 시동으로 세우지 않는다는 뜻을 나타낸다. 황간은 최영은의 주장을 인용하여, 대부는 자신의 손자를 시동으로 세운다고 하였는데, 이 말은 아마도 잘못된 주장 같다.

참고-集說

疏曰: 祭天地·社稷·山川·四方·百物及七祀之屬, 皆有尸. 外神不問同姓異姓, 但卜之吉, 則可爲尸. 祭①勝國之社稷, 則士師爲尸. 惟祭殤無尸.

번역 공영달의 소에서 말하길, 천지(天地)[7]·사직(社稷)[8]·산천(山川)[9]·사방(四方)[10]·백물(百物)[11] 및 칠사(七祀)[12] 등의 제사를 지낼 때에는 모두 시동이

---

6) 이 문장은 『의례』「특생궤식례(特牲饋食禮)」편의 "命筮曰, '孝孫某, 諏此某事, 適其皇祖某子, 筮某之某爲尸, 尙饗.'"에 대한 정현의 주이다.

7) 천지(天地)는 천신(天神)과 지신(地神)을 뜻한다. 지신은 지기(地祇)라고 부르기도 한다. 천지에 대한 제사는 교(郊)에서 지냈기 때문에, 이 제사를 교제(郊祭) 또는 교사(郊祀)라고 부르기도 했다. 음양오행설(陰陽五行說)이 성행했던 시기에는 음양(陰陽)의 구분에 따라서 하늘에 대한 제사는 양(陽)에 해당하는 남쪽 교외에서 지냈고, 땅에 대한 제사는 음(陰)에 해당하는 북쪽 교외에서 지냈다. 『한서(漢書)』「교사지하(郊祀志下)」편에는 "帝王之事莫大乎承天之序, 承天之序莫重於郊祀. …… 祭天於南郊, 就陽之義也. 地於北郊, 卽陰之象也."라는 기록이 있다.

8) 사직(社稷)은 토지신과 곡식신을 뜻한다. 천자와 제후가 지냈던 제사이다. '사직'에서의 '사(社)'자는 토지신을 가리키고, '곡(稷)'자는 곡식신을 뜻한다.

9) 산천(山川)은 오악(五嶽)과 사독(四瀆)의 신들을 가리키기도 하며, 산과 하천의 신들을 두루 지칭하기도 한다. 오악은 대표적인 다섯 가지 산으로, 중앙의 숭산(嵩山), 동쪽의 태산(泰山), 남쪽의 형산(衡山), 서쪽의 화산(華山), 북쪽의 항산(恒山)을 가리킨다. 사독은 장강(長江), 황하(黃河), 회하(淮河), 제수(濟水)를 가리킨다.

10) 사방(四方)은 사방의 신(神)들을 가리킨다. 경우에 따라서 가리키는 신들이 다르

있게 된다. 제사대상이 외신(外神)13)인 경우에는 시동이 군주와 동성(同姓)인지

다. 『예기』「곡례하(曲禮下)」편에는 "天子祭天地, 祭四方, 祭山川, 祭五祀, 歲徧."이라는 기록이 있는데, 이에 대한 정현의 주에서는 "祭四方, 謂祭五官之神於四郊也. 句芒在東, 祝融·后土在南, 蓐收在西, 玄冥在北."이라고 풀이했다. 즉 '사방'에 해당하는 신은 오관(五官)을 주관하는 신들로, 사방의 교외에서 제사를 지냈기 때문에 '사방'이라고 표현한 것이다. 동쪽 교외에서는 구망(句芒)에 대한 제사를 지냈고, 남쪽 교외에서는 축융(祝融)과 후토(后土)에 대한 제사를 지냈으며, 서쪽 교외에서는 욕수(蓐收)에 대한 제사를 지냈고, 북쪽 교외에서는 현명(玄冥)에 대한 제사를 지냈다. 한편 『예기』「제법(祭法)」편에는 "四坎壇, 祭四方也."라는 기록이 있는데, 이에 대한 정현의 주에서는 "四方, 卽謂山林·川谷·丘陵之神也. 祭山林·丘陵於壇, 川谷於坎."이라고 풀이했다. 즉 '사방'에 해당하는 신은 산림이나 하천 등에 있는 신들로, 특정 대상이 없다. 산림이나 구릉의 신들에게 제사를 지낼 때에는 제단을 쌓아서 지냈고, 하천이나 계곡의 신들에게 제사를 지낼 때에는 구덩이를 파서 지냈다.

11) 백물(百物)은 사방의 백신(百神)들을 지칭한다. 백신은 온갖 신들을 총칭하는 말인데, 주요 신들은 제외되고, 주로 하위 신들을 가리킨다. 또한 고대에는 백신들에게 지내는 제사를 사(蜡)라고 부르기도 했다.

12) 칠사(七祀)는 주(周)나라 때 제정된 일곱 종류의 제사이다. 천자가 지내는 제사를 뜻하며, 제사 대상은 사명(司命), 중류(中霤), 국문(國門), 국행(國行), 태려(泰厲), 호(戶), 조(竈)이다. 『예기』「제법(祭法)」편에는 "王爲群姓立七祀. 曰司命, 曰中霤, 曰國門, 曰國行, 曰泰厲, 曰戶, 曰竈."라는 기록이 있다. 참고로 제후가 지내는 제사를 오사(五祀)라고 했으며, 그 대상은 사명(司命), 중류(中霤), 국문(國門), 국행(國行), 공려(公厲)이고, 대부(大夫)가 지내는 제사를 삼사(三祀)라고 했으며, 그 대상은 족려(族厲), 문(門), 행(行)이고, 적사(適士)가 지내는 제사를 이사(二祀)라고 했으며, 그 대상은 문(門), 행(行)이고, 서사(庶士)나 서인(庶人)들이 지내는 제사를 일사(一祀)라고 했으며, 그 대상은 호(戶)이기도 했고, 또는 조(竈)이기도 했다.

13) 외신(外神)은 내신(內神)과 상대되는 말이다. 교(郊)나 사(社) 등에서 지내는 제사 대상을 '외신'이라고 부른다. 『예기』「곡례하(曲禮下)」편에 대한 손희단(孫希旦)의 『집해(集解)』에서는 오징(吳澄)의 주장을 인용하여, "宗廟所祭者, 一家之神, 內神也, 故曰內事. 郊·社·山川之屬, 天下一國之神, 皆外神也, 故曰外事."라고 설명하였다. 즉 종묘(宗廟)에서 제사를 지내는 대상은 한 집안의 신(神)으로 '내신'이라고 부르며, 그 제사들을 내사(內事)라고 부른다. 또 교, 사 및 산천(山川) 등에 지내는 제사는 그 대상이 천하 및 한 국가의 신들이기 때문에, 그들을 '외신'이

이성(異姓)인지를 따지지 않고, 단지 점을 쳐서 길(吉)하다고 나오면, 그 자를 시동으로 삼을 수 있다. 승국(勝國)14)의 사직에서 제사를 지내게 되면, 사사(士師)15)가 시동이 된다. 오직 요절한 자에 대한 제사에서만 시동이 없게 된다.

① 勝國.

補註 沙溪曰: 勝國, 謂所勝之國也.
번역 사계가 말하길, '승국(勝國)'은 승리를 쟁취 당한 나라를 뜻한다.

참고-集說

呂氏曰: 抱孫不抱子, 古禮經語也. 曾子問曰, "孫幼, 則使人抱之." 抱孫之爲言, 生於孫幼, 且明尸必以孫, 以昭穆之同也. 古之祭祀必有尸, 尸, 神象也. 主人之事尸, 以子事父也. 尸必筮, 求諸神而不敢專也. 在散齋之日, 或道遇之, 故有爲尸下之禮. 大夫士言見, 君言知者, 蓋君或不能盡識, 有以告則下之, 致其敬也. 尸不下君而式之者, 廟門之外, 尸尊未全, 不敢亢禮而答之, 故式之而已. 亢禮而答, 則下之矣. 如在廟中, 主人拜, 無不

라고 부르며, 그 제사를 외사(外事)라고 부른다.
14) 승국(勝國)은 이전 왕조를 뜻한다. 망국(亡國)과 같은 용어이다. 현 왕제에게 패망한 나라인데, 현 왕제의 입장에서 보면 전 왕조는 승리의 대상이었으므로, '승국'이라고 부른 것이다. 『주례』「지관(地官)·매씨(媒氏)」편에는 "凡男女之陰訟, 聽之于勝國之社."라는 기록이 있고, 이에 대한 정현의 주에서는 "勝國, 亡國也."라고 풀이했다.
15) 사사(士師)는 사사(士史)라고도 부르며, 고대에 금령(禁令)이나 형벌 및 옥사 등을 담당하던 관리이다. 『주례』「추관(秋官)·사사(士師)」편에는 "士師之職, 掌國之五禁之法, 以左右刑罰. 一曰宮禁, 二曰官禁, 三曰國禁, 四曰野禁, 五曰軍禁."이란 기록이 있다.

答也. 古者車中以式爲敬, 式, 車前橫木也. 馮之以禮人, 首必小俛, 以是爲敬. ①式視馬尾, 俯首之節也. 几, 尊者所馮以養安也, 故尸之乘車用之.

번역 여씨가 말하길, "손자는 안지만, 아들은 안지 않는다."는 말은 고대의 『예경』에 기록된 말이다. 『예기』「증자문(曾子問)」편에서는 "손자가 너무 어린 경우라면, 다른 사람을 시켜서 시동을 안고 있게 한다."16)라고 하였으니, "손자를 안는다."는 말은 "손자가 너무 어리다."는 뜻에서 파생된 말이며, 또한 시동은 반드시 손자로 세운다는 뜻도 나타내고 있으니, 조부와 손자의 소목(昭穆) 항렬이 같기 때문이다. 고대의 제사에서는 반드시 시동을 세웠는데, 시동은 죽은 자의 신령을 형상화하기 때문이다. 그러므로 제주(祭主)가 시동을 섬기는 일은 자식이 부친을 섬기는 도리로써 하게 된다. 시동을 선정할 때에는 반드시 점을 쳤으니, 신들에게 그 의향을 물어보는 것으로, 자기 마음대로 할 수 없기 때문이다. 산재(散齋)17)를 하는 날에 간혹 길에서 시동을 만날 수도 있기 때문에,18) 시동을 위해 수레에서 내리게 되는 예법이 생기게 된 것이다. 길에서 시동을 만나는 일에 대해서, 대부와 사의 경우에는 "본다."라고 기록하고, 군주에 대해서는 "알아본다."라고 하였는데, 아마도 군주가 간혹 모두 기억할 수 없어서, 보좌하는 사람이 그 사실을 알려주게 되면, 그제야 수레에서 내려서, 공경을 표하게 되기 때문일 것이다. 그런데 시동은 군주의 인사를 받으며, 수레에서 내리지 않고, 풍식(馮式)만 하게 된다. 그 이유는 묘문(廟門)의 밖에서는 시동의 존귀함이 아직 온전한 상태가 아니므로, 감히 대등한 예법에 따라서 군주에게 답배를 할 수 없기 때문이다. 그래서 단지 풍식만 할 뿐이다. 대등한 예법에 따라서 답배를 하게 된다면, 수레에서 내리게 된다. 예를 들어 종묘 안에서 주인이 절을 하면, 시동도 답배를 하지 않은 경우가 없다. 고대에는 수레에 타고

---

16) 『예기』「증자문(曾子問)」: 曾子問曰: 祭必有尸乎, 若厭祭亦可乎. 孔子曰: 祭成喪者, 必有尸, 尸必以孫, <u>孫幼, 則使人抱之</u>, 無孫, 則取於同姓, 可也.

17) 산재(散齋)는 제사를 지내기 이전 7일 동안, 수레도 몰지 않고, 음악도 듣지 않으며, 조문도 하지 않는 것을 말한다. 『예기』「제의(祭義)」편에는 "致齊於內, <u>散齊於外</u>."라는 기록이 있고, 이에 대한 정현의 주에서는 "散齊, 七日不御不樂不弔耳."라고 풀이했다.

18) 시동은 직접 수레를 몰지 않고, 수레를 모는 사람이 따로 있으며, 시동의 수레 앞에는 행인들을 피하게 하는 자도 따라붙게 된다.

있을 때, 풍식을 함으로써 공경스러운 뜻을 나타냈으니, '식(式)'은 곧 수레 앞에 가로로 댄 나무이며, 그곳에 기대어서 상대방에게 예의를 표시할 때에는 반드시 머리를 조금 숙이니, 이것을 공경스러운 태도로 여겼다. 풍식을 할 때에는 머리를 숙여서 말의 꼬리 쪽을 보게 되니, 이것이 바로 머리를 숙이는 예절이다. 안석은 존귀한 자가 의지하여 몸을 편안하게 하는 것이다. 그렇기 때문에 시동이 된 자가 수레에 탔을 때, 안석을 사용하게 되는 것이다.

① 式視馬尾.

補註 本篇文見下.
번역 「곡례상」편의 아래 문장에 나온다.[19]

---

19) 『예기』「곡례상(曲禮上)」: 立視五雋, <u>式視馬尾</u>, 顧不過轂.

「곡례상」 163장

참고-經文
① 齊者, 不樂不弔.

번역 재계를 하는 자는 즐거워하지도 않고, 슬퍼하지도 않는다.

① 齊者不樂不弔.

補註 楊梧曰: 謂不作音樂也. 舊音洛, 非.
번역 양오가 말하길, 음악을 연주하지 않는다는 뜻이다. 구음에서는 '洛(락)'자로 읽었는데 잘못되었다.

「곡례상」 164장

> **참고-經文**
> 居喪之禮, 毀瘠不形, 視聽不衰. ①升降, 不由阼階, 出入, 不當門隧.

번역 상을 치르는 예법에서는 슬픔 때문에 몸이 수척하게 되더라도, 그 상태가 피골이 상접한 지경까지 이르게 하지 않으며, 보고 듣는 것조차 못할 정도까지 이르게 하지 않는다. 당에 오르거나 내려갈 때에는 부친이 사용하던 동쪽 계단을 이용하지 않고, 문을 출입할 때에도 부친이 사용하던 문의 중앙 길을 이용하지 않는다.

① ○升降不由阼階.

補註 疏曰: 若祔祭以後, 卽得升阼階. 知者, 按士虞禮云: "祔祭稱孝子." 祔祭如饋食之禮, 旣同於吉, 則孝子得升阼階也. 然雜記云: "主人升堂西面." 旣言西面, 則是升自阼階. 此未葬而得升阼階者, 敬異國之賓也.

번역 소에서 말하길, 만약 부제(祔祭)¹⁾를 지낸 이후라면, 동쪽 계단을 통해서 오르내릴 수가 있다. 이러한 사실을 알 수 있는 이유는 『의례』「사우례(士虞禮)」편을 살펴보면, "부제를 지내면서는 '효자(孝子)'라고 부른다."²⁾라고 했기 때문이다. 부제를 지내는 예법은 궤식(饋食)³⁾을 할 때의 예법과 같

---

1) 부제(祔祭)는 '부(祔)'라고도 한다. 새로이 죽은 자가 있으면, 선조(先祖)에게 '부제'를 올리면서, 신주(神主)를 합사(合祀)하는 것을 말한다. 『주례』「춘관(春官)·대축(大祝)」편에는 "付練祥, 掌國事."라는 기록이 있고, 이에 대한 정현의 주에서는 "付當爲祔. 祭於先王以祔後死者."라고 풀이하였다.
2) 『의례』「사우례(士虞禮)」: 明日以其班祔. 沐浴, 櫛, 搔翦. 用專膚爲折俎, 取諸脤脅. 其他如饋食. 用嗣尸. 曰, "孝子某, 孝顯相, 夙興夜處, 小心畏忌不惰, 其身不寧. 用尹祭, 嘉薦普淖, 普薦溲酒. 適爾皇祖某甫, 以隮祔爾孫某甫, 尙饗."
3) 궤식(饋食)은 음식을 바친다는 뜻이다. 고대에는 천자 및 제후들이 매월 초하루마다 종묘(宗廟)에서 음식을 바치는 의식을 치렀는데, 이것을 '궤식'이라고도 부른다.

으니, 이미 길례(吉禮)와 동일하게 한다면, 자식은 주인이 오르는 동쪽 계단을 통해서 오를 수 있는 것이다. 그런데 『예기』「잡기(雜記)」편에서는 "주인(主人)은 당에 올라서 서쪽을 바라본다."4)라고 하였다. 이미 서쪽을 바라본다고 했다면 이것은 당에 오르면서 동쪽 계단을 이용했다는 뜻이 된다. 따라서 아직 장례를 치르기도 전에 동쪽 계단을 이용할 수 있는 이유는 다른 나라에서 찾아온 조문객들을 공경하기 위해서이다.

補註 ○按: 此與雜記註不同, 當以雜記註爲正, 雜記註見下. 沙溪說雜記本章補註, 亦當參考.
번역 ○살펴보니, 이곳과 『예기』「잡기(雜記)」편에 대한 주가 다른데, 마땅히 「잡기」편의 주를 바른 해석으로 삼아야 하며, 「잡기」편에 대한 주는 뒤에 나온다. 사계가 「잡기」편의 본장에 대해 보주를 설명한 것 또한 마땅히 참고해야 한다.

補註 ○辨疑曰: 問"曲禮居喪之禮, 升降不由阼階, 則拜賓之時, 其亦由西階升降乎? 今家禮主人哭出西向再拜, 西向之位, 不在阼階乎?" 申生義慶曰: "按, 士喪禮'有大夫則特拜之, 卽位於西階下, 東面不踊.' 註云: '卽位西階下, 未忍在主人位也.' 疏曰: '小斂後始就東階下, 西南面主人位也.' 又'男女奉尸, 侇于堂, 主人出于足, 降自西階. 衆主人東卽位. 主人拜賓卽位踊', 註云: '卽位踊, 東方位.' 疏曰: '卽位踊, 東方位者, 謂主人拜賓訖, 卽向東方阼階下, 卽西向位.' 又按, 雜記弔者卽位于門西, 東面. 主孤西面. 相者入告, 出曰: '孤某須矣.' 弔者入, 主人升堂, 西面. 弔者升自西階. 註云: '門西, 大門之西也. 主孤西面, 立於阼階下也. 須, 待也. 凶禮不出迎, 故云須. 主人升堂, 由阼階升也. 曲禮升降不由阼階,

---

『주례』「춘관(春官)·대종백(大宗伯)」편에는 "以饋食享先王."이라는 기록이 있다. 한편 조사(朝事)를 시행할 때, 조천(朝踐)을 끝낸 뒤, 생고기를 삶아서 재차 바치는 의식을 가리키기도 한다.
4) 『예기』「잡기상(雜記上)」: 弔者入, <u>主人升堂, 西面</u>. 弔者升自西階, 東面.

謂平常無弔賓時矣.' 以此觀之, 始死拜賓, 在西階下東面, 而小斂後, 始就阼階下西面也."

번역 ○『변의』에서 말하길, 묻기를 "『예기』「곡례(曲禮)」편에서는 상을 치르는 예법에서 당을 오르고 내리며 동쪽 계단을 이용하지 않는다고 했으니, 빈객에게 절을 할 때에도 서쪽 계단을 이용해 오르고 내리는 것입니까? 지금『가례』에서는 주인이 곡을 하고 밖으로 나가서 서쪽을 바라보며 재배를 한다고 했는데, 서쪽을 바라보는 자리는 동쪽 계단에 있지 않은 것입니까?"라고 했다. 신의경5)이 말하길, "살펴보니『의례』「사상례(士喪禮)」편에는 '대부가 있다면 단독으로 절을 하니, 서쪽 계단 밑의 자리로 가서 동쪽을 바라보며 용(踊)은 하지 않는다.'6)라고 했고, 주에서는 '서쪽 계단 밑의 자리로 나아가는 것은 차마 주인의 자리에 아직 있을 수 없기 때문이다.'라고 했으며, 소에서는 '소렴(小斂)을 치른 이후에야 비로소 동쪽 계단 밑으로 갈 수 있는데, 서남쪽을 바라보는 자리는 주인의 자리이다.'라고 했다. 또 '남자 주인과 여자 주인이 시신을 들어서 당으로 옮기고, 주인이 시신의 발쪽을 거쳐 밖으로 나가며 내려갈 때 서쪽 계단을 이용한다. 중주인은 동쪽으로 가서 자리로 나아간다. 주인은 빈객에게 절을 하며 자신의 자리로 나아가서 용(踊)을 한다.'7)라고 했고, 주에서는 '자리로 나아가 용을 한다는 것은 동쪽의 자리를 뜻한다.'라고 했으며, 소에서는 '자리로 나아가 용을 한다는 것은 동쪽의 자리를 뜻한다고 했는데, 주인이 빈객에게 절하는 절차를 끝내면 동쪽으로 가서 동쪽 계단 밑으로 나아가니 곧 서쪽을 바라보는 자리에 해당한다.'라고 했다. 또 살펴보니,『예기』「잡기(雜記)」편에서는 조문으로 찾아온 사신은 찾아간 제후국의 대문 서쪽으로 나아가 위치하며 동쪽을 바라본다. 조

---

5) 신의경(申義慶, A.D.1557~A.D.1648) : 조선 중기 때의 학자이다. 본관은 평산(平山)이고 자는 효직(孝直)이며 호는 서파(西坡)이고 이름은 의경(義慶)이다. 저서로는 『상례비요(喪禮備要)』 등이 있다.

6) 『의례』「사상례(士喪禮)」: 有大夫則特拜之, 卽位于西階下, 東面, 不踊.

7) 『의례』「사상례(士喪禮)」: 男女奉尸, 侇于堂, 幠用夷衾. 男女如室位, 踊無筭. 主人出于足, 降自西階. 衆主人東卽位. 婦人阼階上, 西面. 主人拜賓, 大夫特拜, 士旅之. 卽位踊, 襲絰于序東, 復位.

문을 받는 제후국의 세자는 서쪽을 바라본다. 의례를 돕는 자가 밖으로 나와서 '저희 상주이신 아무개께서 기다리고 계십니다.'라고 말한다. 조문객으로 온 사신은 안으로 들어가고, 상주인 세자는 당에 올라가서 서쪽을 바라본다. 이때 조문객으로 온 사신은 당에 오르며 서쪽 계단을 이용한다고 했다.[8] 주에서는 '문서(門西)는 찾아간 제후국의 대문 서쪽을 뜻한다. 조문을 받는 나라의 고(孤)가 서쪽을 바라본다는 말은 동쪽 계단 아래에 서 있다는 뜻이다. 수(須)자는 기다린다는 뜻이다. 흉례를 치를 때에는 대문 밖으로 나와서 맞이하지 않는다. 그렇기 때문에 기다린다고 했다. 주인승당(主人升堂)은 동쪽 계단을 통해 올라간다는 뜻이다. 『예기』「곡례(曲禮)」편에서는 오르거나 내려갈 때에는 부친이 사용하던 동쪽 계단을 이용하지 않는다고 했는데, 평상시 조문하는 빈객이 없는 경우를 뜻할 따름이다.'라고 했다. 이를 통해 살펴보면 이제 막 돌아가셨을 때 빈객에게 절을 한다면 서쪽 계단 밑에서 동쪽을 바라보는 것이고, 소렴을 치른 이후에는 비로소 동쪽 계단 밑으로 나아가 서쪽을 바라보게 된다."라고 했다.

---

8) 『예기』「잡기상(雜記上)」: 弔者卽位於門西東面, 其介在其東南北面西上, 西於門. 主孤西面. 相者受命曰, "孤某使某請事." 客曰, "寡君使某, 如何不淑." 相者入告. 出曰, "孤某須矣." 弔者入, 主人升堂西面. 弔者升自西階, 東面致命曰, "寡君聞君之喪, 寡君使某, 如何不淑." 子拜稽顙, 弔者降反位.

「곡례상」 168장

> 참고-經文
> ① 生與來日, 死與往日.

번역 상례를 치를 때, 살아 있는 자들에 관한 사항은 돌아가신 다음 날부터 날짜를 셈하고, 죽은 자에 관한 사항은 돌아가신 날부터 날짜를 셈한다.

① ○生與[止]往日.

補註 鄭註: 士喪禮死日而襲, 厥明而小斂, 又厥明大斂而殯, 則死三日, 而更言三日成服杖, 似異日矣. 喪大記曰: "士之喪, 二日而殯, 三日之朝, 主人杖", 二者相推, 其然明矣.

번역 정현의 주에서 말하길, 『의례』「사상례(士喪禮)」편에서는 "돌아가신 날 습(襲)[1]을 했고, 그 다음날 소렴(小斂)을 했으며, 또 그 다음날 대렴(大斂)을 하고서 빈소를 차렸다."고 했으니, 돌아가신지 3일째 되는 날에 해당한다. 그런데 다시 "3일째에 성복을 하고 지팡이를 잡는다."[2]라고 언급하였으니, 돌아가신지 3일째 되는 날과는 다른 날에 했다고 표현한 것과 유사하다. 『예기』「상대기(喪大記)」편에서는 "사의 상례에서는 2일째에 빈소를 차리고, 3일째 되는 날 아침에 상주는 지팡이를 잡는다."[3]라고 하였다. 따라서 이 두 기록을 통해서 유추해보면, 죽은 자에 대해 날짜를 계산하는 방법과 산 자에 대해 날짜를 계산하는 방법이 달랐다는 사실이 명백해진다.

---

1) 습(襲)은 시신에 옷을 입히는 의식 절차이다. 한편 시신에 입히는 옷 자체도 '습'이라고 불렀다.
2) 『의례』「사상례(士喪禮)」: <u>三日成服杖</u>. 拜君命及衆賓, 不拜棺中之賜.
3) 『예기』「상대기(喪大記)」: <u>士之喪, 二日而殯, 三日之朝主人杖</u>, 婦人皆杖. 於君命夫人之命, 如大夫, 於大夫世婦之命, 如大夫.

補註 ○按: 喪大記二日而殯, 有若不數往日, 而士虞記死三日而殯, 是數往日, 與此經合. 蓋或稱二日而殯, 或稱三日而殯, 其實一也.

번역 ○살펴보니, 『예기』「상대기(喪大記)」편에서는 2일째에 빈소를 차린다고 했는데, 돌아가신 날을 셈하지 않은 것이고, 『의례』「사우례(士虞禮)」편의 기문에서 돌아가시고 3일째에 빈소를 마련한다고 했는데, 이것은 돌아가신 날을 셈한 것이니, 이곳의 경문과 부합된다. 따라서 2일째에 빈소를 차린다고 하거나 3일째에 빈소를 차린다고 하는 말들은 실제로는 같은 뜻이다.

「곡례상」 169장

참고-經文

①知生者弔, 知死者傷. 知生而不知死, 弔而不傷. 知死而不知生, 傷而不弔.

번역 상갓집에 갔을 때, 죽은 자의 자식들을 알고 지내던 자는 조문을 하고, 죽은 자를 알고 지내던 자는 슬퍼한다. 그런데 죽은 자의 자식들만 알고, 죽은 자에 대해서 안면이 없는 경우라면, 조문만 하고 슬퍼하지는 않는다. 그리고 죽은 자를 알지만 죽은 자의 자식들에 대해서는 안면이 없는 경우라면, 슬퍼만 하고 조문은 하지 않는다.

① ○知生[止]者傷.

補註 鄭註: "弔·傷皆, 謂致命辭也. 雜記曰: '諸侯使人弔, 辭曰: 寡君聞君之喪, 寡君使某, 如何不淑?' 此施於生者, 傷辭未聞也. 說者有弔辭云: '皇天降災, 子遭罹之. 如何不淑.' 此施於死者, 蓋本傷辭. 辭畢, 退皆哭." 疏曰: "若存亾並識, 則遣設弔辭傷辭兼行."

번역 정현의 주에서 말하길, "조문을 하고 슬퍼하는 것은 모두 사람을 시켜서 위로의 말을 전달한다는 뜻이다. 『예기』「잡기(雜記)」편에서는 제후가 신하를 시켜 조문을 하였는데, 그 조문하는 말에서, '저희 군주께서 군주의 상에 대한 소식을 듣고서 저희 군주께서 아무개인 저를 보내셨으니, 어찌하여 이러한 불상사가 생겼습니까.'¹⁾라고 했다. 이것은 죽은 자의 자식에게 베풀게 되는 은정으로 조문하는 말에 해당하는데, 애도하며 건네게 되는 말에 대해서는 자료가 남아있지 않아서 어떠한 것들인지 들어보지 못했다. 옛 학설에서는 조문하는 말 중에 '황천(皇天)²⁾께서 재앙을 내리셔서, 그대께서 이러

---

1) 『예기』「잡기상(雜記上)」: 弔者入, 主人升堂, 西面. 弔者升自西階, 東面, 致命, 曰, "寡君聞君之喪, 寡君使某, 如何不淑."

한 재앙을 만나게 되었습니다. 어찌하여 이러한 불상사가 생겼습니까.'라는 것이 있다고 했는데, 이 말은 죽은 자에게 베풀게 되는 은정으로 아마도 이 말이 바로 본래의 상사(傷辭)였을 것이다. 이러한 말을 건네는 절차가 끝나게 되면, 물러 나와서 모두 곡을 하게 된다."라고 했다. 소에서 말하길, "만약 죽은 자의 자식과 죽은 자를 모두 알고 있는 경우라면, 사람을 보내며 조사와 상사를 모두 건네게 된다."라고 했다.

補註 ○類編曰: 哭死曰傷, 問生曰弔. 弔而不傷, 只弔於喪人, 而不入哭於靈筵. 傷而不弔, 只入哭而不請弔於主人也.
번역 ○『유편』에서 말하길, 죽은 자에게 곡을 하는 것을 '상(傷)'이라 부르고, 살아있는 자를 위로하는 것은 '조(弔)'라고 부른다. 조만 하고 상을 하지 않는 것은 단지 상을 치르는 자에게 조문만 하고 들어가서 죽은 자의 안석과 자리에서 곡을 하지 않는다. 상만 하고 조를 하지 않는 것은 단지 들어가서 곡을 하고 주인에게 조문을 하고자 청하지 않는 것이다.

---

2) 황천(皇天)은 천신(天神)을 높여 부르는 말로, 황천상제(皇天上帝)를 뜻한다. '황천상제'는 또한 상제(上帝), 천제(天帝) 등으로 지칭되기도 한다. 한편 '황천'과 '상제'를 별개의 대상으로 풀이하기도 한다.

「곡례상」 171장

참고-經文

① 賜人者, 不曰來取, 與人者, 不問其所欲.

번역 군자에게 하사를 할 때에는 "와서 가져가라."라고 말하지 않으며, 소인에게 물건을 줄 때에는 그가 바라는 것들에 대해서 묻지 않는다.

① ○賜人[止]所欲.

補註 按: 賜與雖略有尊卑之別, 而大意無異. 使之來取, 則彼或爲恥, 問其所欲, 則彼謙讓不安.

번역 살펴보니, '사(賜)'와 '여(與)'에는 비록 간략히 높이고 낮추는 구별이 있지만, 큰 의미에서 본다면 차이가 없다. 상대로 하여금 와서 가져가라고 한다면 상대가 간혹 수치스럽게 여길 수 있고, 바라는 것을 묻게 된다면 상대는 겸손하게 사양하며 마음이 편안치 못하게 된다.

「곡례상」 175장

> 참고-集說
> 不歌, 與不笑義同. 臨, 哭也. 不翔, 不爲容也. ①唯食忘憂, ② 非歎所也.

번역 노래를 부르지 않는 이유는 "웃지 않는다."는 이유와 동일하다. '임(臨)'자는 곡을 한다는 뜻이다. "나는 듯이 걷지 않는다[不翔]."는 말은 용모를 꾸미지 않는다는 뜻이다. 상에 임해서는 오직 식사를 할 때에만 근심을 잠시 잊게 될 뿐이니, 식사를 하는 곳은 탄식하는 장소가 아니기 때문이다.

① ○唯食忘憂.

補註 左傳文, 見昭二十八年.
번역 『좌전』의 기록이니, 소공 28년에 나온다.[1]

② 非歎所也.

補註 左傳文, 見桓九年.
번역 『좌전』의 기록이니, 환공 9년에 나온다.[2]

---

1) 『춘추좌씨전』「소공(昭公) 28년」: 魏子曰, "吾聞諸伯叔, 諺曰, '唯食忘憂.' 吾子置食之間三歎, 何也?"
2) 『춘추좌씨전』「환공(桓公) 9년」: 冬, 曹大子來朝. 賓之以上卿, 禮也. 享曹大子. 初獻, 樂奏而歎. 施父曰, "曹大子其有憂乎! 非歎所也."

「곡례상」 178장

참고-經文

① 送喪不由徑, 送葬不辟塗潦. 臨喪則必有哀色, 執紼不笑.

번역 시신을 전송할 때에는 지름길을 경유하지 않으며, 장례 행렬을 전송할 때에는 진흙탕도 피하지 않는다. 상에 참석하게 되면, 반드시 슬퍼하는 기색을 보여야 하며, 상여줄을 잡을 때에는 웃어서는 안 된다.

① 送喪[止]塗潦.

補註 疏曰: 皆據他人.

번역 소에서 말하길, 모두 다른 사람의 상에 기준을 둔 문장이다.

補註 ○按: 此非但嫌取速, 嫌憚勞而已. 蓋旣爲送喪葬而來, 則有執紼之義, 不可暫離柩所而取他路也. 鄭註云: "所哀在此", 得之.

번역 ○살펴보니, 이것은 단지 빨리 끝내고자 한다는 혐의 때문만이 아니라 수고로운 일을 꺼려한다는 혐의 때문이기도 하다. 이미 시신과 장례 행렬을 전송하기 위해 찾아갔다면 상여줄을 잡아야 하는 도의가 포함되니, 잠시라도 영구가 있는 장소에서 떨어져 다른 길로 갈 수 없다. 정현의 주에서 "슬픔의 대상이 그 장소에 있기 때문이다."라고 설명한 것은 타당하다.

「곡례상」 180장

참고─經文

介冑, 則有不可犯之色. 故君子戒愼, ①不失色於人.

번역 갑옷을 착용하게 되면, 남이 감히 범접할 수 없는 표정을 지어야 한다. 그러므로 군자는 항상 경계하며 조심해서, 남에게 얼굴을 붉히는 실수를 해서는 안 된다.

① ○不失色於人.

補註 通解曰: 失色, 謂失其所當, 如臨喪不哀·軍旅不肅之類.
번역 『통해』에서 말하길, '실색(失色)'은 마땅히 지어야 하는 표정을 짓지 못한다는 뜻이니, 상에 임해서 슬퍼하지 않거나 군대를 임하며 엄숙하지 못한 부류 등이다.

「곡례상」 181장

참고-經文

①國君撫式, 大夫下之. 大夫撫式, 士下之. ②禮不下庶人.

번역 군주가 수레를 타고 가다가 종묘를 지나치게 되어, 수레의 식(式)을 잡으며 예의를 표하면, 대부는 수레에서 내려서 예의를 표한다. 대부가 식을 잡으며 예의를 표하면, 사는 수레에서 내려서 예의를 표한다. 이러한 예법은 사 계급까지만 적용되며, 서인에게까지는 적용시키지 않는다.

① ○國君撫式[止]士下之.

補註 鄭註: 撫猶據也. 據式小俛.
번역 정현의 주에서 말하길, '무(撫)'자는 "~를 잡는다[據]."라는 뜻이다. 식(式)을 잡고서 머리를 조금 숙이는 것이다.

補註 ○按: 此恐是君所式者則大夫當下, 大夫所式者則士當下, 不必言過宗廟也. 且本篇 "國君下齊牛, 式宗廟", 疏引周禮及鄭註·熊說, 明言此文誤, 當作 "下宗廟, 式齊牛", 則此註中"過宗廟而式"一句, 尤非是.
번역 ○살펴보니, 이것은 군주가 식(式)을 잡게 되면 대부는 수레에서 내려야 하고, 대부가 식(式)을 잡게 되면 사는 수레에서 내려야 한다는 뜻이니, 종묘를 지나친다는 말을 할 필요는 없다. 또 「곡례상」편에서 "군주는 제우(齊牛)[1] 앞을 지나갈 때에는 수레에서 내리고, 종묘 앞을 지나갈 때에는 식(式)을 잡고서 예의를 표한다."[2]라고 했고, 소에서는 『주례』 및 정현의 주

---

1) 제우(齊牛)는 제사의 희생물로 사용되는 소를 뜻한다. 재계(齊戒)를 뜻하는 '재(齋)'자는 '제(齊)'자와 통용이 되는데, 제사에 사용되므로, 재계를 시켰다는 뜻에서 '제(齊)'자를 붙인 것이다.
2) 『예기』「곡례상(曲禮上)」: 國君下齊牛, 式宗廟. 大夫士下公門, 式路馬.

와 웅안생의 주장을 인용하며, 이 문장이 잘못 기록되어 있음을 밝히고, 마땅히 "군주는 종묘 앞을 지나갈 때 수레에서 내리며, 제우 앞에서 식(式)을 잡고 예의를 표한다."라고 기록해야 한다고 했으니, 이곳 주에서 "종묘를 지나치게 되어 식(式)을 잡고서 예의를 표한다."라고 말한 구문은 매우 잘못되었다.

참고-集說 君與大夫或同途而出, 君過宗廟而式, 則大夫下車, 士於大夫, 猶大夫於君也. 庶人卑賤, 且貧富不同, 故經不言庶人之禮. 古之制禮者, 皆自士而始也, 先儒云, "其有事, 則假士禮而行之." 一說, 此爲相遇於途, 君撫式以禮大夫, 則大夫下車, 大夫撫式以禮士, 則士下車. 庶人則否, 故云 "禮不下庶人也."

번역 군주와 대부가 간혹 같은 길로 수레를 몰고 나왔을 때, 군주가 종묘를 지나치게 되어, 식(式)을 잡고서 예의를 표하게 되면, 대부는 수레에서 내리고, 사는 대부에 대해서, 대부가 군주에게 했던 것처럼 한다. 서인들은 신분이 매우 낮고, 또한 그 위의 계층들과 빈부의 차이도 나기 때문에, 경문에서는 서인에 대한 예법을 언급하지 않는 것이다. 고대에 예법을 제정할 때에는 그 규정들이 모두 사 계급부터 시작하고 있는데, 선대 유학자들은 "서인들에게 중대한 사안이 발생하게 되면, 사에게 적용되는 예법을 따라서 시행한다."라고 했다. 일설에는 이곳 문장은 길에서 서로 만나게 되었을 경우라고 설명하며, 군주가 식을 잡고서 대부에게 예의를 표하게 되면, 대부는 수레에서 내리고, 대부가 식을 잡고서 예의를 표하게 되면, 사는 수레에서 내린다고 설명한다. 그리고 서인의 경우에는 이러한 예법을 따르지 않기 때문에, "예법이 서인에게까지는 내려가지 않는다."라고 말했다고 설명한다.

② 禮不下庶人.

補註 玄石曰: 此句當與下文爲一段.

번역 현석이 말하길, 이 구문은 마땅히 아래문장과 한 단락이 되어야 한다.

「곡례상」 182장

참고-經文

①刑不上大夫.

번역 형벌은 사 계급까지만 적용되며, 대부에게까지는 적용시키지 않는다.

① ○刑不上大夫.

補註 疏曰: 五刑三千之科條, 不設大夫犯罪之目者, 大夫必用有德, 若逆設其刑, 則是君不知賢也.

번역 소에서 말하길, 오형(五刑)[1]에 대한 삼천여 가지의 세부 조목을 제정하면서,[2] 대부가 죄를 범했을 때의 처벌 조목은 정하지 않았다는 뜻이다. 그 이유는 대부는 반드시 덕을 가지고 있다는 점에 기인하여 등용한 자들이기 때문이다. 만약 이러한 조항을 어기고 그들에 대한 형벌 조목을 제정하게 된다면, 이것은 곧 군주가 그들의 현명함을 알아보지 못하는 꼴이 된다.

補註 ○家語·五刑篇, 冉有問曰: "先王制法, 使刑不上大夫, 禮不下庶人, 然則大夫犯罪, 不可以加刑, 庶人行事, 不可以治於禮乎?" 子曰: "不然. 大夫坐不廉則曰簠簋不飭, 淫亂則曰帷幕不修, 不忍斥然正以呼之. 其在五刑之域, 則白冠氂纓, 盤水加劍, 造乎闕而自請罪. 其大罪者, 聞命則北面再拜, 跪而自裁, 君不使有司執縛捽引而刑殺之也. 凡所謂禮

---

1) 오형(五刑)은 다섯 가지 형벌을 뜻한다. '오형'의 구체적 항목에 대해서는 각 시대별 차이가 있지만, 『주례』의 기록에 근거하면, 묵형(墨刑), 의형(劓刑), 궁형(宮刑), 비형(剕刑: =刖刑), 대벽(大辟: =殺刑)이 된다. 『주례』「추관(秋官)·사형(司刑)」편에는 "掌五刑之灋, 以麗萬民之罪, 墨罪五百, 劓罪五百, 宮罪五百, 刖罪五百, 殺罪五百."이라는 기록이 있다.
2) 『서』「주서(周書)·여형(呂刑)」: 墨罰之屬千, 劓罰之屬千, 剕罰之屬五百, 宮罰之屬三百, 大辟之罰, 其屬二百, 五刑之屬三千.

不下庶人者, 以庶人遽其事而不能充禮, 故不責之以備禮也."

번역 ○『공자가어』「오형(五刑)」편에서 염유는 "선왕이 법도를 제정하며 형벌은 대부까지 올라가지 못하게 했고 예법은 서인까지 내려가지 못하게 했으니, 대부가 죄를 범하게 되면 형벌을 내릴 수 없고, 서인이 어떤 일을 치를 때 예법에 따를 수 없습니까?"라고 묻자 공자는 "그렇지 않다. 대부는 그 지위에 있어 청렴하지 못하면 '제기(祭器)가 잘 정돈되지 못했다.'라고 말하고, 음란하다면 '휘장과 장막이 잘 정돈되지 못했다.'라고 말하니, 차마 직접적으로 가리켜서 그 죄상을 말하지 못했던 것이다. 그가 오형에 해당하는 죄를 범하게 된다면 짐승의 꼬리로 갓끈을 만든 백색의 관을 쓰고 대야에 물을 받고 그 위에 칼을 올려놓고서 조정으로 달려가 스스로 죄를 청해 물었다. 큰 죄를 범함 경우에는 명령이 떨어지면 북쪽을 바라보며 재배를 하고 무릎을 꿇고서 자결하였으니, 군주는 유사(有司)를 시켜 포승줄로 그를 묶고 끌고 와서 형벌로 주살하지 않았다. 이른바 예법이 서인에게까지 내려가지 않는다는 것은 서인은 해당 사안을 치르는데 급급하여 예법을 모두 갖출 수가 없다. 그렇기 때문에 예법대로 갖추지 못했다고 문책하지 않는다는 뜻이다."라고 대답했다.

참고-集說

大夫或有罪, 以①八議定之, 議所不赦則受刑. 周官②掌囚, "凡有爵者, 與王之同族, 奉而適③甸師氏以待刑殺", 而此云不上大夫者, 言不制大夫之刑, 猶不制庶人之禮也.

번역 대부에게 혹여 죄가 있다면, 팔의(八議)[3]로써 그의 죄를 판정하니, 심의를 해

---

3) 팔의(八議)는 여덟 가지 심의를 뜻한다. 팔벽(八辟)이라고도 부른다. 이러한 심의를 거쳐 죄를 경감하거나 사면하게 된다. 심의 내용은 첫 번째 군주와 친족인지의 여부, 두 번째 군주와 오래전부터 친분이 있었는지의 여부, 세 번째 그 자가 현명한 자인가

도 용서받을 수 없는 경우여야만 형벌을 받게 된다. 『주례』「장수(掌囚)」편에서는 "작위를 가지고 있는 자나 천자와 동족인 자에 대해서는 그들을 데려다가 전사씨(甸師氏)4)에게 맡겨서, 형벌 및 사형을 내리도록 하였다."5)라고 하였는데, 이곳 문장에서는 "대부에게까지는 적용시키지 않는다."라고 하였다. 따라서 이 말은 대부에 대한 형벌을 제정하지 않았다는 뜻이니, 이것은 마치 서인들의 예법을 제정하지 않았다는 말과 같다.

① 八議.

補註 周禮・小司寇:一曰議親之辟. 二曰議故. 三曰議賢. 四曰議能. 五曰議功. 六曰議貴. 七曰議勤. 八曰議賓.

번역 『주례』「소사구(小司寇)」편에서 말하길, 첫 번째는 '의친지벽(議親之辟)'이라고 부른다. 두 번째는 '의고지벽(議故之辟)'이라고 부른다. 세 번째는 '의현지벽(議賢之辟)'이라고 부른다. 네 번째는 '의능지벽(議能之辟)'이라고 부른다. 다섯 번째는 '의공지벽(議功之辟)'이라고 부른다. 여섯 번째는 '의귀지벽(議貴之辟)'이라고 부른다. 일곱 번째는 '의근지벽(議勤之辟)'이라

의 여부, 네 번째 그 자에게 뛰어난 재능이 있는지의 여부, 다섯 번째 그 자가 공적을 세운 적이 있었는지의 여부, 여섯 번째 그 자가 존귀한 신분인지의 여부, 일곱 번째 그 자가 국가의 정무에 대해서 근면하게 일해 왔는지의 여부, 여덟 번째 그 자가 선대 왕조의 후예들이라면, 신하로 대할 수 없으므로, 빈객(賓客)으로 대해야 하는지의 여부이다. 『주례』「추관(秋官)・소사구(小司寇)」편에는 "以八辟麗邦法附刑罰. 一曰議親之辟. 二曰議故之辟. 三曰議賢之辟. 四曰議能之辟. 五曰議功之辟. 六曰議貴之辟. 七曰議勤之辟. 八曰議賓之辟."이라는 기록이 있다.

4) 전사씨(甸師氏)는 『주례』에 기록된 전사(甸師)이며, 전인(甸人)이라고도 부른다. 교외(郊外)에 있는 천자의 경작지를 담당하여, 예하의 인원들을 동원하여 그곳을 경작하였고, 교외에서 생산되는 곡식, 과실, 초목 등을 공급하였다. 또한 천자와 동성(同姓)인 친족들에 대해서 형벌을 집행하기도 했다. 『주례』「천관(天官)・전사(甸師)」편에는 "甸師, 掌帥其屬而耕耨王藉, 以時入之, 以共齍盛. 祭祀共蕭茅, 共野果蓏之薦. 喪事代王受眚災. 王之同姓有罪, 則死刑焉."라는 기록이 있다.

5) 『주례』「추관(秋官)・장수(掌囚)」:凡有爵者與王之同族, 奉而適甸師氏, 以待刑殺.

고 부른다. 여덟 번째는 '의빈지벽(議賓之辟)'이라고 부른다.

② 掌囚.

補註 司寇屬官.
번역 사구(司寇)의 휘하에 소속된 관리이다.

③ 甸師氏.

補註 周禮·天官之屬.
번역 『주례』「천관(天官)」에 소속된 관리이다.

補註 ○沙溪曰: 甸師掌封郊之官, 爲之隱, 故不於市朝.
번역 ○사계가 말하길, 전사(甸師)는 봉지와 교외를 담당했던 관리인데, 형벌 받는 것을 숨겨주고자 하기 때문이 시장이나 조정에서 집행하지 않는 것이다.

「곡례상」 183장

> **참고-集說**
> 人君當近有德者, 又以慮其怨恨而爲變也. ①閽弑餘祭, 刑人在側之禍也.

번역 군주는 마땅히 덕이 있는 자를 가까이 해야 하기 때문이며, 또한 형벌을 받은 적이 있는 자는 원한을 품고서 변심을 하게 될까 염려되기 때문이다. 문지기[閽]가 오(吳)나라 자작인 여제(餘祭)를 시해한 것은 형벌을 받은 적이 있던 자를 곁에 두었기 때문에 초래된 화이다.

① ○閽弑餘祭.

補註 按: 餘祭, 吳子名. 見春秋襄二十九年.

번역 살펴보니, '여제(餘祭)'는 오나라 자작의 이름이다. 이 일화는 『춘추』 양공 29년 기록에 나온다.[1]

---

1) 『춘추』「양공(襄公) 29년」: 閽弑吳子餘祭.

「곡례상」 184장

참고-大全

長樂陳氏曰: 武欲有爲以顯仁, 故綏旌. 德欲無爲以藏用, 故結旌. 考之於詩, 車攻曰"悠悠旆旌", 出車曰"彼旟旐斯, 胡不旆旆", 六月曰"白旆央央", 長發曰"武王載旆", 凡此言兵車之所建, 故皆曰旆, 以其綏旌故也. 庭燎曰"言觀其旂", 采菽曰"其旂淠淠", 泮水曰"其旂①茷茷", 載見曰"龍旂陽陽", 閟宮曰"龍旂承祀", 凡此言德車之所建, 故不曰旆, 以其結旌故也. 春秋傳曰"辛未, 治兵, 建而不旆, 壬申, 旆之", 是武車之旌, 以綏爲主也. 周官"王乘以朝, 謂之道車", 而此謂之德車, 是朝祀賓封之車, 以德爲主故也.

번역 장락진씨[1]가 말하길, 무용[武]은 행위함을 통해서 인자함을 드러내고자 하는 것이다. 그렇기 때문에 깃술이 펄럭이도록 드리운다. 덕은 무위(無爲)를 통해서 그 쓰임을 감추고자 하는 것이다. 그렇기 때문에 깃술을 묶어두는 것이다.[2] 『시』를 통해 고찰해보면, 「거공(車攻)」편에서는 "유유하게 휘날리는 깃술이구나."[3]라고 하였고, 「출거(出車)」편에서는 "저 여(旟)[4]와 조(旐)[5]여, 어찌하여 깃술이 휘날리

---

1) 진상도(陳祥道, A.D.1159~A.D.1223) : =장락진씨(長樂陳氏)·진씨(陳氏)·진용지(陳用之). 북송대(北宋代)의 유학자이다. 자(字)는 용지(用之)이다. 장락(長樂) 지역 출신으로, 1067년에 과거에 급제하여 태상박사(太常博士) 등을 지냈다. 왕안석(王安石)의 제자로, 그의 학문을 전파하는데 공헌하였다. 저서에는 『예서(禮書)』, 『논어전해(論語全解)』 등이 있다.
2) 『역』「계사상(繫辭上)」: <u>顯諸仁, 藏諸用</u>, 鼓萬物而不與聖人同憂.
3) 『시』「소아(小雅)·거공(車攻)」: 蕭蕭馬鳴, <u>悠悠旆旌</u>. 徒御不驚, 大庖不盈.
4) 여(旟)는 새매의 무늬를 그린 깃발이다. 『주례』「춘관(春官)·사상(司常)」편에는 "鳥隼爲<u>旟</u>, 龜蛇爲旐."라는 기록이 있다.
5) 조(旐)는 거북이와 뱀의 무늬를 그린 깃발이다. 『주례』「춘관(春官)·사상(司常)」편에는 "鳥隼爲旟, 龜蛇爲<u>旐</u>."라는 기록이 있다.

지 않는가."[6]라고 하였으며, 「육월(六月)」편에서는 "흰 깃발 장식이 휘날려서 선명하도다."[7]라고 하였고, 「장발(長發)」편에서는 "무왕이 깃술이 휘날리도록 실으셨다."[8]라고 하였는데, 무릇 이 기록들에서 말하는 깃발들은 바로 전쟁용 수레에 세우는 것들이다. 그렇기 때문에 모두 '패(旆)'[9]라고 말한 것이니, 전쟁용 수레에 세우는 깃발은 펄럭이도록 깃술까지 늘어트리기 때문이다. 한편 「정료(庭燎)」편에서는 "그 기(旂)[10]를 보도다."라고 하였고, 「채숙(采菽)」편에서는 "그 깃발이 펄럭이는구나."라고 하였으며, 「반수(泮水)」편에서는 "그 깃발이 펄럭거린다."[11]라고 하였고, 「재현(載見)」편에서는 "용을 그린 깃발이 선명하구나."[12]라고 하였으며, 「비궁(閟宮)」편에서는 "용을 그린 깃발을 세우시고 제사를 계승하셨다."[13]라고 하였

---

6) 『시』「소아(小雅)·출거(出車)」: 我出我車, 于彼郊矣, 設此旐矣, 建彼旄矣. <u>彼旟旐斯, 胡不旆旆</u>. 憂心悄悄, 僕夫況瘁.

7) 『시』「소아(小雅)·육월(六月)」: 玁狁匪茹, 整居焦穫. 侵鎬及方, 至于涇陽. 織文鳥章, <u>白旆央央</u>. 元戎十乘, 以先啓行.

8) 『시』「상송(商頌)·장발(長發)」: <u>武王載旆</u>, 有虔秉鉞. 如火烈烈, 則莫我敢曷. 苞有三蘗, 莫遂莫達, 九有有截. 韋顧旣伐, 昆吾夏桀.

9) 패(旆)는 깃발에 다는 장식으로, 마치 제비의 꼬리처럼 깃발 끝에 늘어트리는 것이다. 한편 깃발을 두루 범칭하는 용어로도 사용되었다. 그런데 이곳 문장에서는 "깃술이 휘날린다."는 뜻으로 사용되었다.

10) 기(旂)는 본래 제후가 세우는 깃발을 뜻한다. 제후는 그 깃발에 두 마리의 용(龍)이 한 쌍을 이루고 있는 교룡(交龍)을 수놓는다. 이때 '머리를 하늘로 하고 있는 1마리 용[升龍]'은 승천하여 천자에게 조회를 하는 모습을 형상화한 것이고, '머리를 땅으로 하고 있는 다른 1마리 용[降龍]'은 천자의 명령을 받아서 복종하는 것을 형상화한 것이다. 천자의 깃발에는 해[日]·달[月]·별[星辰] 등을 수놓았는데, 제후는 천자와 동일하게 할 수 없기 때문에, 대신 승용(升龍)과 강용(降龍)을 수놓았던 것이다. 『주례』「춘관(春官)·사상(司常)」편에 기록된 '기'에 대해서, 정현의 주에서는 "諸侯畫交龍, 一象其升朝, 一象其下復也."라고 풀이했고, 가공언(賈公彦)의 소(疏)에서는 "至於天子旌旗有日月星辰, 故諸侯旌旗無日月星, 故龍有升降也. 象升朝天子, 象下復還國也."라고 풀이했다. 한편 깃발 자체를 뜻하는 용어로 사용되기도 했다.

11) 『시』「노송(魯頌)·반수(泮水)」: 思樂泮水, 薄采其芹. 魯侯戾止, 言觀其旂. 其旂茷茷, 鸞聲噦噦. 無小無大, 從公于邁.

12) 『시』「주송(周頌)·재현(載見)」: 載見辟王, 曰求厥章. 龍旂陽陽, 和鈴央央, 鞗革有鶬. 休有烈光. 率見昭考, 以孝以享. 以介眉壽. 永言保之, 思皇多祜. 烈文辟公, 綏以多福, 俾緝熙于純嘏.

는데, 무릇 이 기록들에서 말하는 깃발들은 덕거(德車)에 세우는 깃발들이다. 그렇기 때문에 '패'를 언급하지 않은 것이니, 그 깃술들을 결박해두기 때문이다. 그리고 『춘추전』에서는 "신미(辛未)일에 군대를 통솔하며, 깃발을 세우되, 깃술이 펄럭이지 않게 하였고, 임신(壬申)일에는 깃술이 펄럭이도록 하였다."[14]라고 했는데, 여기에서 말하는 깃발은 무거(武車)에 세우는 깃발이므로, 깃술까지 늘어트리게 세우는 것을 위주로 한다. 또 『주례』에서는 "천자가 조회를 할 때 타는 것을 '도거(道車)[15]'라고 부른다."라고 하였는데, 이곳 문장에서는 '도거'를 '덕거'라고 부른 것이니, 이 수레는 조회, 제사, 빈객 접대, 제후에 대한 분봉 등의 일을 할 때 사용하는 수레인데, 덕과 관련된 일을 위주로 하기 때문에, 이러한 명칭이 생긴 것이다.

① ○茷茷.

補註 當作茷茷.
번역 '패패(茷茷)'라고 기록해야 한다.

---

13) 『시』「노송(魯頌)·비궁(閟宮)」: 乃命魯公, 俾侯于東. 錫之山川, 土田附庸. 周公之孫, 莊公之子. <u>龍旂承祀</u>, 六轡耳耳. 春秋匪解, 享祀不忒. 皇皇后帝, 皇祖后稷. 享以騂犧, 是饗是宜. 降福旣多, 周公皇祖, 亦其福女.

14) 『춘추좌씨전』「소공(昭公) 13년」: 八月<u>辛未, 治兵, 建而不旆</u>, <u>壬申, 復旆之</u>. 諸侯畏之.

15) 도거(道車)는 천자가 타던 수레의 일종이다. 상로(象路)를 뜻하는데, 도덕(道德)과 관련된 일을 시행할 때 탔기 때문에, '도거'라고 부르는 것이다. 『주례』「하관(夏官)·도우(道右)」편에는 "道右掌前道車, 王出入, 則持馬陪乘, 如齊車之儀."라는 기록이 있고, 이에 대한 정현의 주에서는 "道車, 象路也, 王行道德之車."라고 풀이했다.

「곡례상」 185장

> 참고-經文
> ① 史載筆, 士載言.

번역 관리 중 사(史)는 필기구를 수레에 싣고서 가고, 사(士)는 옛 관련 문서들을 수레에 싣고서 간다.

① 史載筆, 士載言.

補註 鄭註: "謂從於會同." 疏曰: "士, 謂司盟之士."
번역 정현의 주에서 말하길, "제후들의 회동에 따라가게 된 상황을 뜻한다."라고 했다. 소에서 말하길, "'사(士)'는 사맹(司盟)[1]의 관직을 담당했던 사(士)를 뜻한다."라고 했다.

補註 ○沙溪曰: 士, 疑史之屬官.
번역 ○사계가 말하길, '사(士)'는 아마도 사(史)의 휘하에 속해 있었던 관리인 것 같다.

補註 ○按: 下文小註呂氏曰: "士, 史之有司也." 與沙溪說合.
번역 ○살펴보니, 아래문장에 나온 소주에서 여씨는 "'사(士)'는 사(史) 밑에서 '실무를 담당하던 자[有司]'이다."라고 했으니, 사계의 주장과 부합한다.

---

1) 사맹(司盟)은 맹약을 맺을 때 필요한 문서와 관련 의례를 담당했던 관리이다. 『주례』「추관사구(秋官司寇)」편에는 "司盟, 下士二人, 府一人, 史二人, 徒四人."이라는 기록이 있다. 즉 '사맹'이라는 관직은 하사(下士) 2명이 담당을 하였으며, 그 휘하에는 잡무를 맡아보던 부(府) 1명, 사(史) 2명, 도(徒) 4명이 배송되어 있었다.

「곡례상」 186~190장

> **참고-經文**
> ①前有水, 則載靑旌. 前有塵埃, 則載鳴鳶. 前有車騎, 則載飛鴻. 前有士師, 則載虎皮. 前有摯獸, 則載貔貅.

번역 행차하는 길 앞에 물이 있다면, '청색 참새를 그린 깃발[靑旌]'을 세운다. 행차하는 길 앞에 먼지가 일어나게 되면, '울고 있는 솔개를 그린 깃발[鳴鳶]'을 세운다. 행차하는 길 앞에 수레와 말들이 있다면, '날고 있는 기러기를 그린 깃발[飛鴻]'을 세운다. 행차하는 길 앞에 병사들이 있다면, '호랑이 가죽으로 만든 깃발[虎皮]'을 세운다. 행차하는 길 앞에 사나운 맹수들이 나타난다면, 비휴(貔貅)를 그린 깃발을 세운다.

① ○前有水[止]載貔貅.

補註 按: 前有水・塵埃・車騎・摯獸四段, 陳註並用舊疏而省略欠明, 士師一段不用舊疏, 而舊疏爲勝, 故今幷錄在下.

번역 살펴보니, 앞에 물이 있다는 것, 먼지가 일어난다는 것, 수레와 말들이 있다는 것, 사나운 맹수가 나타났다는 네 단락에 대해서, 진호의 주에서는 모두 옛 소의 기록에 따랐지만, 간략하게 줄여서 다소 불명확하다. 한편 앞에 병사들이 있다는 한 단락에 대해서는 옛 소의 기록에 따르지 않았는데, 옛 소의 기록에 나온 설명이 더 명확하다. 그렇기 때문에 이곳에서는 둘 모두 밑에 기록해둔다.

補註 ○鄭註: 載謂擧於旌首, 以警衆也.

번역 ○정현의 주에서 말하길, '재(載)'자는 깃대 위에 꼽아서 사람들을 경계시킨다는 뜻이다.

補註 ○陸音: 載音戴.

번역 ○육음에서는 '載'자의 음은 '戴(대)'라고 했다.

補註 ○沙溪曰: 載恐當如字, 讀如載筆・載言之載.
번역 ○사계가 말하길, '載'자는 아마도 글자대로 읽어야만 할 것 같으니, 재필(載筆)・재언(載言)이라고 할 때의 '재(載)'자처럼 풀이한다.

補註 ○疏曰: 軍陳卒伍行, 則銜枚, 無喧聲. 若有非常, 不能傳道, 且人衆廣遠, 難可周徧, 故擧類示之. 若前値水, 則畫靑雀旌旛上, 擧示之. 靑雀水鳥, 軍士望見, 咸知値水而各防也. 前有塵埃, 則畫鳶於旌首而載之, 不直言鳶而云鳴者, 鳶不鳴則風不生, 故畫作開口, 如鳴時也. 軍前忽遙見彼人有多車騎, 則畫鴻於旌首而載之. 前有兵衆, 則擧虎皮於竿首. 前有猛獸, 則擧貔貅. 但不知爲載其皮, 爲畫其形耳. 一云: "與虎皮並畫作皮於旌", 一云: "並載其皮."
번역 ○소에서 말하길, 군대가 대오[1]를 짜서 이동하게 되면, 모두 함매(銜枚)[2]를 하여, 큰 소리를 낼 수 없었다. 따라서 비상사태가 발생하게 된다면, 말로 전달을 할 수 없었고, 또 사람들이 널리 포진되어 있고 멀리 떨어져 있어서, 말로 전달하면 두루 전달하기가 어렵다. 그렇기 때문에 선발대가 전방에 변고가 발생한 것을 보면 그에 해당하는 종류의 깃발을 내걸어서 변고를 표시하게 된다. 만약 전방에 물이 있다면, 청색 참새를 그린 깃발을 높이 세워서 표시하게 된다. 청색 참새는 물가에서 사는 새에 해당하기 때문이니, 병사들이 그 모습을 보게 된다면, 앞에 물이 있으므로 각자 방비를 해야 한

---

1) 졸오(卒伍)는 본래 군대의 편제를 뜻하는 용어이다. 5명이 '오(伍)'가 되며, 100명이 '졸(卒)'이 된다. 『주례』「지관(地官)・소사도(小司徒)」편에는 "乃會萬民之卒伍而用之. 五人爲伍, 五伍爲兩, 四兩爲卒, 五卒爲旅, 五旅爲師, 五師爲軍."이라는 기록이 있다. 한편 '졸오'는 군대, 또는 군대의 대오, 병사들을 지칭하는 용어로도 사용되었다.
2) 함매(銜枚)는 병사들에 입에 물리던 나무판이다. 이것을 입에 물림으로써 큰 소리를 내거나 잡답을 하지 못하도록 하였다. 『주례』「하관(夏官)・대사마(大司馬)」편에는 "群司馬振鐸, 車徒皆作, 遂鼓行, 徒銜枚而進."이라는 기록이 있다.

다고 모두 인지하게 된다. 전방에 먼지가 일어나고 있다면 깃대 위에 솔개를 그린 깃발을 세우게 되는데, 솔개라고만 말하지 않고 "운[鳴]."라는 글자까지 기록한 이유는 솔개가 울지 않으면 바람이 불지 않기 때문이니, 그 그림을 그릴 때에는 입을 벌린 모습으로 그려서, 마치 솔개가 울고 있을 때처럼 표현한다. 군대 전방에 상대편의 많은 수레와 말들이 갑작스럽게 나타나게 된다면, 기러기를 그린 깃발을 세운다. 전방에 병사들이 나타난 것을 보게 된다면, 호랑이 가죽으로 만든 깃발을 내건다. 전방에 맹수들이 나타난다면 비휴(貔貅)라는 깃발을 세운다. 다만 비휴의 가죽으로 만든 깃발을 세웠던 것인지 아니면 그 동물의 그림을 그린 깃발을 들었던 것인지는 알 수 없을 따름이다. 일설에는 "호랑이 가죽에 대한 경우와 마찬가지로, 모두 해당하는 동물의 가죽에 해당 동물의 그림을 그려서 깃대에 내걸었다."고 설명하고, 또 "모두 해당하는 동물의 가죽만을 내걸었다."고도 설명한다.

補註 ○按: 陳註獨於貔貅云: "但不知載其皮, 畫其形", 殊涉疎繆.
번역 ○살펴보니, 진호의 주에서는 유독 '비휴(貔貅)'에 대해서만 "다만 비휴의 가죽으로 만들었던 깃발을 세웠던 것인지, 아니면 그 그림을 그린 깃발을 세웠던 것인지는 알 수 없을 따름이다."라고 했는데, 자못 그 설명이 요원한 것 같다.

「곡례상」 191장

참고-集說

行, 軍旅之出也. 朱鳥·玄武·青龍·白虎, 四方宿名也, 以爲旗章, 其①旒數皆放之. 龍旗則九旒, 雀則七旒, 虎則六旒, 龜蛇則四旒也. ②招搖, 北斗七星也, 居四方宿之中, 軍行法之, 作此擧之於上, 以指正四方, 使戎陣整肅也. 舊讀繕爲勁, 今從呂氏說, 讀如字. 其怒, 士卒之怒也.

번역 '행(行)'자는 군대의 출정을 뜻한다. 주조(朱鳥)[1]·현무(玄武)[2]·청룡(靑龍)[3]·백호(白虎)[4]는 사방의 별자리들을 총칭하는 용어이다. 이 별자리들을 깃발

---

[1] 주조(朱鳥)는 남쪽 하늘의 별자리들을 총칭하는 용어이다. 하늘의 주요 별자리인 28수(宿) 중 남쪽 방위에 해당하는 정수(井宿)·귀수(鬼宿)·류수(柳宿)·성수(星宿)·장수(張宿)·익수(翼宿)·진수(軫宿) 등 7개의 별자리를 총칭한다. 이 일곱 별자리를 서로 연결하면, 새의 형상이 되며, 붉은색[朱]은 불[火]의 색깔에 해당하는데, 방위와 오행(五行)을 연관시키면, 불은 남쪽에 해당하기 때문에, '주조'라고 부르는 것이다.

[2] 현무(玄武)는 북쪽 하늘의 별자리들을 총칭하는 용어이다. 하늘의 주요 별자리인 28수(宿) 중 북쪽 방위에 해당하는 두수(斗宿)·우수(牛宿)·여수(女宿)·허수(虛宿)·위수(危宿)·실수(室宿)·벽수(壁宿) 등 7개의 별자리를 총칭한다. 이 일곱 별자리를 서로 연결하면, 거북이[武]의 형상이 되며, 검은색[玄]은 물[水]의 색깔에 해당하는데, 방위와 오행(五行)을 연관시키면, 물은 북쪽에 해당하기 때문에, '현무'라고 부르는 것이다.

[3] 청룡(靑龍)은 동쪽 하늘의 별자리들을 총칭하는 용어이다. 하늘의 주요 별자리인 28수(宿) 중 동쪽 방위에 해당하는 각수(角宿)·항수(亢宿)·저수(氐宿)·방수(房宿)·심수(心宿)·미수(尾宿)·기수(箕宿) 등 7개의 별자리를 총칭한다. 이 일곱 별자리를 서로 연결하면, 용의 형상이 되며, 파란색[靑]은 나무[木]의 색깔에 해당하는데, 방위와 오행(五行)을 연관시키면, 나무는 동쪽에 해당하기 때문에, '청룡'이라고 부르는 것이다.

[4] 백호(白虎)는 서쪽 하늘의 별자리들을 총칭하는 용어이다. 하늘의 주요 별자리인 28수(宿) 중 서쪽 방위에 해당하는 규수(奎宿)·루수(婁宿)·위수(胃宿)·묘수(昴

의 무늬로 만들고, 깃발에 다는 깃술의 숫자는 모두 각각의 별자리에 따른다. 즉 청룡의 깃발에는 9개의 깃술을 달고, 주조의 깃발에는 7개의 깃술을 달며, 백호의 깃발에는 6개의 깃술을 달고, 현무5)의 깃발에는 4개의 깃술을 단다. '초요(招搖)'는 북두칠성이니, 네 방위의 별자리들 중에서도 정중앙에 위치하는데, 군대가 출동할 때에는 이처럼 각 방위의 수호를 받으며 간다는 모습을 본뜨게 된다. 그렇기 때문에 북두칠성을 그린 깃발을 만들어서, 본대의 앞에 내세우고, 이 깃발을 이용하여 군대의 각 방위별 위치를 바로잡아서, 진형을 정돈하게 만든다. 옛 주석에서는 '선(繕)'자를 "날카롭다[勁]."라는 뜻으로 풀이하였는데, 나는 여씨의 설명에 따라서, 글자 그대로 풀이한다. '기노(其怒)'라는 말은 병졸들의 분노를 뜻한다.

① ○旒數皆放之.

補註 疏曰: 旒數, 皆倣星數.
번역 소에서 말하길, 깃발에 다는 깃술의 숫자는 모두 별자리를 구성하는 별의 수치에 따른다.

② 招搖北斗七星.

補註 鄭註: 招搖星, 在北斗杓端, 主指者.
번역 정현의 주에서 말하길, '초요성(招搖星)'은 북두칠성의 자루 끝에 있는 별로, 북두칠성이 회전할 때 각 방위를 가리키는 별이다.

宿)·필수(畢宿)·자수(觜宿)·삼수(參宿) 등 7개의 별자리를 총칭한다. 이 일곱 별자리를 서로 연결하면, 호랑이의 형상이 되며, 흰색[白]은 쇠[金]의 색깔에 해당하는데, 방위와 오행(五行)을 연관시키면, 쇠는 서쪽에 해당하기 때문에, '백호'라고 부르는 것이다.
5) 귀사(龜蛇)는 거북이와 뱀을 뜻하는데, 고대인들은 현무(玄武)에 대해서 거북이라고 여기기도 하고, 거북이와 뱀이 합쳐진 모습으로도 여겼기 때문에, '현무'를 '귀사'라고도 부르는 것이다.

「곡례상」 193장

참고-經文

父之讎, 弗與共戴天, 兄弟之讎, ①不反兵, ②交遊之讎, 不同國.

번역 부친의 원수와는 같은 하늘 아래에서 함께 살지 않고, 형제의 원수에 대해서는 복수를 하기 위해 항상 무기를 휴대하므로, 무기를 가지러 돌아가지 않으며, 친구의 원수와는 같은 나라에서 살지 않는다.

① 不反兵.

補註 疏曰: 若行逢讎, 身不帶兵, 方反家取之, 比來讎已逃辟, 故恒帶兵, 見卽殺之.

번역 소에서 말하길, 만약 길을 가다가 원수와 만났는데 몸에 병장기를 지니고 있지 않다면, 자신의 집으로 돌아가서 병장기를 가져와야 하는데, 병장기를 가지고 돌아왔을 때라면 원수는 이미 그 자리를 피해서 달아나게 된다. 그렇기 때문에 항상 병장기를 지니고 다니면서 원수를 보게 되면 즉시 죽이는 것이다.

② 交遊[止]同國.

補註 陽村曰: 交遊之讎而不同國, 似太重, 恐是戰國傾危之習. 然上言父母存, 不許友以死, 則是亦父母旣沒後事也.

번역 양촌이 말하길, 친구의 원수와 같은 나라에 살지 않는다는 말은 너무 심한 처사인 것 같다. 이것은 아마도 전국시대처럼 위태로운 시대의 풍속인 것 같다. 그러나 앞에서는 "부모가 생존해 계신다면 친구를 위해서 죽는 일을 하지 않는다."[1]라고 했으니, 여기에 나온 말 또한 부모가 이미 돌아가신 이후의 일들에 해당한다.

---

1) 『예기』「곡례상」: 父母存, 不許友以死, 不有私財.

補註 ○按: 復讎之義, 當以檀弓上夫子之訓爲正, 須叅考.
번역 ○살펴보니, 원수를 갚는 도의에 있어서는 마땅히 『예기』「단궁상(檀弓上)」편에서 말한 공자의 가르침을 정론으로 삼아야 하니, 참고해보아야 한다.

참고-檀弓上-經文 子夏問於孔子曰: "居父母之仇, 如之何?" 夫子曰: "寢苫枕干, 不仕, 弗與共天下也. 遇諸市朝, 不反兵而鬪."
번역 자하가 공자에게 묻기를 "부모의 원수에 대해서는 어떻게 해야 합니까?"라고 하자, 공자가 대답하길, "거적에 누움에 방패를 베개로 삼아 잠을 자고, 벼슬살이를 하지 않으며, 원수와는 같은 하늘아래에서 함께 살지 않는다. 시장이나 조정에서 만나게 되면, 되돌아가서 병장기를 가져오지 않고, 항상 지니고 다녔던 병장기를 꺼내 즉시 싸운다."라고 했다.

참고-檀弓上-經文 曰: "請問. 居昆弟之仇, 如之何?" 曰: "仕弗與共國, 銜君命而使, 雖遇之不鬪." 曰: "請問. 居從父·昆弟之仇, 如之何?" 曰: "不爲魁, 主人能, 則執兵而陪其後."
번역 자하가 재차 질문하길, "청컨대 더 묻고자 합니다. 곤제(昆弟)의 원수에 대해서는 어떻게 해야 합니까?"라고 하자, 공자가 대답해주길, "벼슬살이를 할 때, 그와 더불어 같은 나라에서 벼슬살이를 하지 않고, 군주의 명령을 받들어 사신으로 갈 때에는 비록 원수와 만나더라도 싸우지 않는다."라고 했다. 그러자 자하가 재차 질문하길, "청컨대 더 묻고자 합니다. 종부(從父)와 종곤제(從昆弟)의 원수에 대해서는 어떻게 해야 합니까?"라고 하자, 공자가 대답해주길, "원수를 갚을 때 앞장서지 않으니, 그의 자식이 원수를 갚을 능력이 된다면, 병장기를 휴대하고, 그의 뒤에서 돕는다."라고 했다.

참고-集說

呂氏曰: 殺人者死, 古今之達刑也. 殺之而義, 則無罪, 故令勿讐, ①調人之職是也. 殺而不義, 則殺者當死, 宜告于有司而殺之, 士師之職是也. 二者皆無事乎復讐也. 然復讐之文, 雜見于經傳, 考其所以, 必其人勢盛, 緩則不能執, 故遇則殺之, 不暇告有司也. 父者子之天, 不能復父讐, 仰無以視乎皇天矣. 報之之意, 誓不與讐俱生, 此所以弗共戴天也.

번역 여씨가 말하길, 사람을 죽인 자는 사형에 처하니, 이것은 예나 지금이나 통행되는 형벌이다. 그러나 살인을 하고도 그 일이 의로운 일에 해당한다면, 죄가 되지 않는다. 그렇기 때문에 이러한 경우를 대비하여, 개개인들로 하여금 복수를 하지 못하게 하였으니, 조인(調人)[2]이 담당했던 일이 바로 이러한 것들이다. 그리고 사람을 죽였는데, 그 일이 의롭지 못하다면, 살인을 한 자는 마땅히 사형을 받게 되니, 유사(有司)에게 알려서, 그에게 사형을 집행하는데, 사사(士師)가 담당했던 일이 바로 이러한 것들이다. 이처럼 두 관직을 둠으로써, 모든 경우에 있어서 복수를 하는 일이 일어나지 않게끔 한 것이다. 그런데도 복수를 한다는 문장이 경전의 기록 속에 여기저기 나타나고 있는데, 그 이유를 살펴보면, 아마도 원수의 세력이 강성하여, 늦추다보면 잡을 수 없게 되는 경우에 해당할 것이다. 그렇기 때문에 원수를 만나면 곧바로 복수를 하게 되어, 유사에게 알릴 틈이 없었던 것이다. 부친은 자식에게는 하늘과도 같은 존재이니, 부친의 원수에게 복수를 할 수 없다면, 우러러 하늘을 쳐다볼 수 없게 된다. 원수를 갚겠다는 뜻에서, 원수와 함께 세상을 살아가지 않겠다고 맹세를 하는 것이니, 이것이 바로 같은 하늘 아래에서 함께 살지 않겠다고 하는 이유이다.

---

2) 조인(調人)은 백성들 사이에서 일어난 분쟁을 해결해주는 일을 담당한 관리이다. 『주례』「지관사도(地官司徒)」편에는 "調人下士二人, 史二人, 徒十人."이라는 기록이 있다. 즉 '조인'은 『주례』의 체제에 따르면 지관(地官)에 소속되어 있었으며, 하사(下士) 2명이 담당을 하였고, 그 휘하에는 잡무를 담당하는 사(史) 2명, 도(徒) 10명이 배속되어 있었다. 또 『주례』「지관(地官)·조인(調人)」편에는 "調人, 掌司萬民之難而諧和之."라는 기록이 있고, 이에 대한 정현의 주에서는 "難, 相與爲仇讎. 諧猶調也."라고 풀이했다.

① 調人.
補註　周禮・地官之屬.
번역　『주례』「지관(地官)」에 속한 관리이다.

「곡례상」 195장

> **참고-經文**
> ①臨喪不惰. ②祭服敝則焚之, 祭器敝則埋之, ③龜筴敝則埋之, 牲死則埋之.

번역 제사에 임하게 되면, 게으름을 피우지 않는다. 제사 때 착용하는 복장이 헐게 되면, 불로 태워서 없애고, 제사 때 사용하는 기물들이 망가지게 되면, 땅에 묻으며, 제사와 관련하여 점을 칠 때 사용하는 거북껍질[龜]과 산대[筴]가 망가지면, 땅에 묻고, 제사 때 사용하는 희생물이 죽으면, 땅에 묻는다.

① 臨喪不惰.

補註 喪, 古經及通解皆作祭.
번역 '상(喪)'자를 『고경』 및 『통해』에서는 모두 '제(祭)'자로 기록했다.

補註 ○鄭註: "爲無神也." 疏曰: "祭如在, 故不得怠惰."
번역 ○정현의 주에서 말하길, "신(神)이 찾아오지 않게끔 하는 행위이기 때문이다."라고 했다. 소에서 말하길, "제사를 지낼 때에는 죽은 자가 실제로 있는 것처럼 지내게 된다. 그렇기 때문에 게으름을 피울 수가 없다."라고 했다.

② 祭服[止]埋之.

補註 鄭註: "焚之, 必已不用; 埋之, 不知鬼神之所爲." 疏曰: "不知鬼神用與不用."
번역 정현의 주에서 말하길, "불로 태우는 이유는 다시 사용하지 않고자 하기 때문이며, 매장을 하는 이유는 귀신이 어떻게 행동할지 알 수 없기 때문이다."라고 했다. 소에서 말하길, "귀신이 다시 사용할지 아니면 사용하지 않을지를 알 수 없다."라고 했다.

③ 龜筴.

補註 筴, 與策同.
번역 '책(筴)'자는 책(策)자와 동일하다.

補註 ○士冠禮筮人執筴. 疏曰: "筴, 卽蓍也."
번역 ○『의례』「사관례(士冠禮)」편에서는 시초점을 치는 자는 시초 담은 통을 잡는다고 했다.1) 소에서는 "책(筴)은 곧 시초[蓍]이다."라고 했다.

---

1) 『의례』「사관례(士冠禮)」: 筮人執筴, 抽上韇, 兼執之, 進受命於主人.

「곡례상(曲禮上)」제1편 **231**

「곡례상」 196장

참고-經文

凡祭於公者, 必①自徹其俎.

번역 무릇 군주의 제사를 돕는 자들은 반드시 제 스스로 '자기 몫으로 올라온 도마의 고기[俎]'를 치워서 가져가야 한다.

① ○自撤其俎.

補註 按: 俎, 說見祭統.
번역 살펴보니, 조(俎)에 대한 설명은 『예기』「제통(祭統)」편에 나온다.

「곡례상」 197장

참고-經文

①卒哭乃諱. 禮②不諱嫌名, 二名不偏諱.

번역 졸곡(卒哭)[1]을 하게 되면, 곧 죽은 자의 이름을 피휘(避諱)하게 된다. 예법에 따르면, 피휘를 할 때에는 음이 같아도 글자가 다르면, 그 글자는 피휘를 하지 않고, 두 글자로 된 이름을 피휘할 때에는 한 글자씩은 피휘를 하지 않는다.

① ○卒哭乃諱.

補註 鄭註: 敬鬼神之名也. 生者不相辟名. 衛侯名惡, 大夫有名惡, 君臣同名, 春秋不非.

번역 정현의 주에서 말하길, 피휘를 하는 이유는 귀신이 된 자의 이름을 공경하게 대하기 때문이다. 살아 있는 자들끼리는 서로 이름을 피휘해서 부르지 않는다. 위나라 군주의 이름은 오(惡)였는데, 대부 중에 이름이 오(惡)인 자가 있었다. 군주와 신하의 이름이 같은 경우가 발생했는데도 『춘추』에서는 이 일을 비판하지 않았다.

② 不諱[止]偏諱.

補註 鄭註: 嫌名, 謂音聲相近, 若禹與雨·丘與區也. 偏, 謂二名不一一諱也. 孔子之母名徵在, 言在不稱徵, 言徵不稱在.

번역 정현의 주에서 말하길, 혐명(嫌名)은 글자의 음이 서로 비슷한 경우이니, 마치 우(禹)자와 우(雨)자, 구(丘)자와 구(區)자 등의 경우이다. '편(偏)'이라는 말은 두 글자로 된 이름에 대해서는 한 글자씩 일일이 피휘를 하지

---

1) 졸곡(卒哭)은 우제(虞祭)를 지낸 뒤에 지내는 제사이다. 이 제사를 지내게 되면, 수시로 곡(哭)하던 것을 멈추고, 아침과 저녁때에만 한 번씩 곡을 하게 된다. 그렇기 때문에 '졸곡'이라고 부르게 된 것이다.

않는다는 뜻이다. 예를 들어 공자의 모친은 이름이 징재(徵在)였는데, '재(在)'라고 말할 때에는 '징(徵)'자를 붙여서 부르지 않고, '징(徵)'자를 말할 때에는 '재(在)'자를 붙여서 부르지 않았다.

補註 ○按: 二名不偏諱, 又見檀弓下, 而其下又有不稱徵·在之文.]
번역 ○살펴보니, 두 글자로 된 이름에 대해서는 한 글자씩 일일이 피휘를 하지 않는데, 이것은 『예기』「단궁하(檀弓下)」편에도 나오며, 그 뒤의 구문에서도 또 징(徵)자와 재(在)자를 함께 부르지 않는다는 기록이 나온다.[2]

---

2) 『예기』「단궁하(檀弓下)」: 二名不偏諱. 夫子之母名徵在, 言在不稱徵, 言徵不稱在.

「곡례상」 198장

참고-經文

①逮事父母, 則諱王父母, 不逮事父母, 則不諱王父母.

번역 부모를 섬기는 자들은 조부모의 이름을 피휘(避諱)하고, 어려서 고아가 되어, 제대로 부모를 섬길 수 없었다면, 조부모의 이름을 피휘하지 않는다.

① ○逮事[止]王父母.

補註 類編曰: 註以不諱王父母爲庶人, 蓋以此與雜記所云不同故也. 記者門戶各殊. 下言君所無私諱, 則其非庶人之禮可知.

번역 『유편』에서 말하길, 주에서는 조부모의 이름을 피휘하지 않는 것은 서인에게 해당하는 사안으로 여겼는데, 아마도 이곳의 기록이 『예기』「잡기(雜記)」편에서 언급한 내용과 동일하지 않기 때문일 것이다. 그러나 이것은 『예기』 기록을 남겼던 자들의 출신이 각각 달랐기 때문이다. 아래문장에서 "군주가 계신 곳에서는 개인적인 피휘를 하지 않는다."라고 했으니, 이것이 서인의 예법이 아니라는 사실을 알 수 있다.

「곡례상」 199장

참고-經文

① **君所無私諱, 大夫之所有公諱.**

번역 군주가 있는 장소에서는 개인적으로 피휘하던 글자들을 그대로 쓰고, 대부가 있는 장소에서는 군주와 관련된 피휘 글자들을 모두 피해서 쓴다.

① ○君所[止]有公諱.

補註 疏曰: 大夫之所有公諱, 謂人於大夫之所, 止得辟公家之諱, 不得辟大夫之諱, 所以然者, 尊君也. 或云: "君及大夫諱耳, 亦無己之私諱."

번역 소에서 말하길, '대부지소유공휘(大夫之所有公諱)'라는 말은 사람들은 대부가 있는 장소에서는 단지 공가(公家)[1]에서 사용하는 피휘 글자만 피할 수 있고, 대부가 개인적으로 피휘하는 글자들은 피해서 사용할 수 없으니, 그렇게 하는 이유는 군주의 피휘를 더 높이기 때문이다. 혹자는 "군주와 대부가 피휘하는 글자들만 피할 따름이니, 이러한 경우에서도 또한 자기가 개인적으로 피휘하던 글자들은 피해서 쓰지 않는다."라고 했다.

補註 ○按: 大夫之所一句, 據他人言也. 非但疏解如此, 玉藻曰: "於大夫之所有公諱, 無私諱", 其義尤明, 而陳註大夫則諱其先君, 誤矣.

번역 ○살펴보니, '대부지소(大夫之所)'라는 한 구문은 다른 사람을 기준으로 말한 것이다. 소의 해석만 이와 같은 것이 아니라 『예기』「옥조(玉藻)」편에서도 "대부가 있는 장소에서는 공휘(公諱)만 있고 사휘(私諱)는 없다."[2]

---

1) 공가(公家)는 일반적으로 제후의 공실(公室)을 뜻한다. 즉 군주의 집안이라는 뜻이다. 또한 '공가'는 조정(朝廷), 국가(國家) 또는 관부(官府)를 가리키기도 하며, 공경(公卿)들의 집을 뜻하기도 한다. 뿐만 아니라 개인과 구별되는 말로 사용되어, 국가 및 정부라는 의미로 사용되기도 한다.

라고 했으니, 그 의미가 더욱 명확하다. 그런데 진호의 주에서는 "대부가 있는 장소에서는 선군들의 이름을 피휘한다."라고 했으니, 잘못된 주장이다.

補註 ○楊梧曰: 在君所, 幷大夫士之諱, 亦謂私. 此二句互文見意, 君所亦有公諱, 大夫之所亦無私諱.

번역 ○양오가 말하길, 군주가 계신 곳에서는 대부나 사가 개인적으로 피휘하는 것은 또한 사휘(私諱)라고 부른다. 이 두 구문은 상호 그 뜻을 드러내도록 기록한 것이니, 군주가 계신 곳에서는 또한 공휘(公諱)가 있는 것이고, 대부가 있는 곳에서는 또한 사휘는 없는 것이다.

---

2) 『예기』「옥조(玉藻)」: <u>於大夫所有公諱, 無私諱</u>. 凡祭不諱, 廟中不諱, 敎學臨文不諱.

「곡례상」 200장

> 참고-經文
> 詩書不諱, ①臨文不諱.

번역 『시』나 『서』 등을 읽거나 쓸 때에는 피휘(避諱)하는 글자들을 적용하지 않고, 의례 관련 기록들에도 피휘하는 글자들을 적용하지 않는다.

① ○臨文不諱.

補註 疏曰: 謂禮執文行事時.
번역 소에서 말하길, 예법을 집행하며 기록에 따라 일을 시행하는 시기를 뜻한다.

補註 ○按: 陳註本此, 而太略難曉.
번역 ○살펴보니, 진호의 주는 이 말에 근거를 둔 것인데, 너무 간략하게만 기록하여 이해하기가 매우 어렵다.

「곡례상」 202장

참고-經文

①夫人之諱, 雖質君之前, 臣不諱也. ②婦諱不出門. 大功小功不諱.

번역 제후의 부인(夫人)[1]에 대한 피휘(避諱)는 비록 군주의 앞에서 직접 대면하고 있는 상태라고 하더라도, 신하는 피휘를 하지 않으며, 부인들[婦]에 대한 피휘는 그녀들이 살았던 건물을 벗어나서는 적용되지 않는다. 친척들 중 대공복(大功服)과 소공복(小功服)을 입는 관계에 해당하는 친척에 대해서는 피휘를 하지 않는다.

① ○夫人[止]不諱也.

補註 疏曰: 夫人, 君之妻. 夫人本家所諱, 臣雖對君, 言語不諱也.
번역 소에서 말하길, '부인(夫人)'은 군주의 처이다. 부인의 본가에서 피휘(避諱)하는 글자들에 대해서는 신하가 비록 군주 앞에서 대면하는 경우라 하더라도, 말을 하면서 그 글자들을 피휘하지 않는 것이다.

---

1) 부인(夫人)은 제후의 부인을 뜻한다. 『예기』「곡례하(曲禮下)」편에는 "公侯有夫人, 有世婦, 有妻, 有妾."이라는 기록이 있다. 즉 공작과 후작은 정부인인 부인(夫人)을 두고, 그 외에 세부(世婦), 처(妻), 첩(妾)을 둔다. 또한 『논어』「계씨(季氏)」편에는 "邦君之妻, 君稱之曰夫人. 夫人自稱曰小童."이라는 기록이 있다. 즉 군주의 처를 군주가 직접 부를 때에는 부인(夫人)이라고 부르며, 부인(夫人)이 자신을 지칭할 때에는 소동(小童)이라고 부른다. 참고적으로 천자의 부인은 후(后)라고 부르고, 대부(大夫)의 부인은 유인(孺人)이라고 부르며, 사(士)의 부인은 부인(婦人)이라고 부르고, 서인(庶人)의 부인은 처(妻)라고 부른다. 그러나 이러한 구분은 일률적으로 적용되는 것은 아니다.

② 婦諱不出門.

補註 疏曰: 婦家之諱, 但於婦宮中不言耳. 若於宮外, 則不諱也.
번역 소에서 말하길, 부인들[婦] 본가의 피휘(避諱) 글자들은 단지 부인이 거처하는 궁 안에서만 말하지 않을 따름이다. 만약 궁 밖에서 말을 하게 된다면, 피휘를 하지 않는다.

補註 ○按: 雜記"母之諱, 宮中諱. 妻之諱, 不舉諸其側", 宜叅考.
번역 ○살펴보니, 『예기』「잡기(雜記)」편에서는 "모친이 피휘를 하는 이름에 대해서는 집안에서 피휘를 한다. 처가 피휘를 하는 이름에 대해서는 그녀의 주변에서 피휘를 한다."2)라고 했는데, 함께 참고해야만 한다.

---

2) 『예기』「잡기하(雜記下)」: 母之諱宮中諱, 妻之諱不舉諸其側, 與從祖昆弟同名則諱.

「곡례상」 203장

참고-經文
入竟而問禁, ①入國而問俗, 入門而問諱.

번역 국경에 들어서게 되면, 그 나라에서 적용하고 있는 금령(禁令)에 대해서 물어보고, 그 나라의 국성(國城)에 들어서게 되면, 그 나라에서 시행되고 있는 풍속에 대해서 물어보며, 그 집에 들어서면, 피휘(避諱)를 해야만 하는 글자들을 물어본다.

① ○入國而問俗.

補註 鄭註: 國, 城中也.

번역 정현의 주에서 말하길, '국(國)'자는 국성(國城) 안을 뜻한다.

「곡례상」 204장

참고-經文

①**外事以剛日**, ②**內事以柔日**.

번역 외사(外事)[1]는 강일(剛日)[2]에 해당하는 날에 시행하고, 내사(內事)[3]는 유일(柔日)[4]에 해당하는 날에 시행한다.

① ○外事以剛日.

補註 鄭註: 順其出爲陽也.

---

1) 외사(外事)는 내사(內事)와 상대되는 말이다. 교외(郊外)에서 제사를 지내거나, 사냥하는 일 등을 총칭하는 말이다. 또는 외국과의 외교관계에서 연합을 하거나, 군대를 출동시키는 일 등도 가리킨다. 『예기』「곡례상(曲禮上)」편에는 "外事以剛日, 內事以柔日."이라는 기록이 있는데, 이에 대한 정현의 주에서는 "出郊爲外事."라고 풀이했고, 공영달(孔穎達)의 소에(疏)서는 "外事, 郊外之事也. …… 崔靈恩云, 外事, 指用兵之事."라고 풀이했다. 또한 손희단(孫希旦)의 집해(集解)에서는 "愚謂外事, 謂祭外神. 田獵出兵, 亦爲外事."라고 풀이했다.
2) 강일(剛日)은 십간(十干)을 음양(陰陽)으로 구분했을 때, 양(陽)에 해당하는 날짜를 뜻한다. 십간에 따라 날짜를 구분할 때 갑(甲)·병(丙)·무(戊)·경(庚)·임(壬)자가 들어가는 날이 '강일'이 된다. '강일'과 반대되는 말은 유일(柔日)이며, 십간 중 을(乙)·정(丁)·기(己)·신(辛)·계(癸)자가 들어가는 날이 '유일'이 된다.
3) 내사(內事)는 외사(外事)와 상대되는 말이다. 본래 교내(郊內)에서 시행하는 모든 일들을 총칭하는 말이지만, 주로 제사를 가리키며, 특히 종묘(宗廟)에서 지내는 제사를 뜻한다. 『예기』「곡례상(曲禮上)」편에는 "外事以剛日, 內事以柔日."이라는 기록이 있는데, 이에 대한 공영달(孔穎達)의 소(疏)에서는 "內事, 郊內之事也. 乙丁己辛癸五偶爲柔也."라고 풀이했고, 손희단(孫希旦)의 『집해(集解)』에서는 "內事, 謂祭內神."이라고 풀이했다.
4) 유일(柔日)은 십간(十干)을 음양(陰陽)으로 구분했을 때, 음(陰)에 해당하는 날짜를 뜻한다. 십간에 따라 날짜를 구분할 때 을(乙)·정(丁)·기(己)·신(辛)·계(癸)자가 들어가는 날이 '유일'이 된다. '유일'과 반대되는 말은 강일(剛日)이며, 십간 중 갑(甲)·병(丙)·무(戊)·경(庚)·임(壬)자가 들어가는 날이 '강일'이 된다.

번역 정현의 주에서 말하길, 밖으로 나간다는 사안에 따라서, 양(陽)에 해당하는 강일(剛日)을 사용하는 것이다.

② 內事以柔日.

補註 鄭註: 順其居內爲陰.
번역 정현의 주에서 말하길, 그 안에 머문다는 사안에 따라서, 음(陰)에 해당하는 유일(柔日)을 사용하는 것이다.

「곡례상」 205장

참고-經文

①凡卜筮日, 旬之外曰遠某日, 旬之內曰近某日. ②喪事先遠日, 吉事先近日.

번역 무릇 의식을 치르기 위해 날짜를 점칠 때, 해당 하는 날이 열흘 이후의 날에 해당한다면, '먼 어느 날[遠某日]'이라고 부르며, 열흘 이내의 날에 해당한다면, '가까운 어느 날[近某日]'이라고 부른다. 상사(喪事)에서는 먼 날에 대해서 먼저 점을 치고, 길사(吉事)에서는 가까운 날에 대해서 먼저 점을 친다.

① ○凡卜筮日[止]曰近某日.

補註 按: 鄭註只曰: "旬, 十日也", 而疏說太細多誤, 蓋此章元不及大夫士之別. 遠某日·近某日, 只是筮日祝辭之規, 旬之內外, 是十日之內外, 雖是一月之內, 若於上旬先卜下旬·中旬, 則當曰遠某日. 若上旬卜上旬之內, 中旬·下旬各卜其旬內, 則皆當曰近某日.

번역 살펴보니, 정현의 주에서는 단지 "'순(旬)'자는 10일을 뜻한다."라고 했고, 소의 설명도 너무 간략하며 잘못된 점이 많다. 이 문장은 본래 대부나 사의 구별까지는 언급하지 않은 것이다. '원모일(遠某日)'과 '근모일(近某日)'은 단지 시초점을 치는 날 축사(祝辭)를 할 때의 규범을 뜻하며, 순(旬)의 내외라는 것은 10일 이내와 이후를 뜻하니, 비록 한 달 이내의 경우라 하더라도 만약 상순경에 먼저 하순과 중순의 날짜에 대해 점을 친다면 마땅히 '원모일(遠某日)'이라고 해야 한다. 또 만약 상순경 상순 이내의 날짜에 대해 점을 치거나, 중순과 하순 때 각각 중순과 하순 이내의 날짜에 대해 점을 친다면, 모든 경우에 있어서 마땅히 '근모일(近某日)'이라고 해야 한다.

② 喪事先遠日.

補註 疏曰: 今月下旬先卜來月下旬. 不吉, 則卜中旬. 不吉, 則卜上旬.

번역 소에서 말하길, 이번 달 하순경에 다음달 하순경에 대한 장례 날짜를 점치게 되는 것이다. 불길하다는 점괘가 나오면 중순경의 날짜로 다시 점을 친다. 다시 불길하다고 나오면 상순경의 날짜로 점을 친다.

「곡례상」 206장

참고-經文

> 曰, "爲日, 假爾泰龜有常", "假爾泰筮有常". ①卜筮不過三, 卜筮不相襲.

번역 점치는 자가 거북점을 치며 말하길, "길일(吉日)을 정하기 위하여, 그대 귀중한 거북에 있는 신령스러움을 잠시 빌리노라."라고 말한다. 그리고 시초점을 칠 때에는 "길일을 정하기 위하여, 그대 귀중한 시초에 있는 신령스러움을 잠시 빌리노라."라고 말한다. 거북점과 시초점은 세 번 이상 치지 않고, 또 거북점과 시초점은 서로 연달아서 치지 않는다.

① ○卜筮不過三.

補註 鄭註: 魯四卜郊, 春秋譏之.
번역 정현의 주에서 말하길, 노나라에서는 교(郊)제사에 대한 거북점을 네 차례나 쳤는데, 『춘추』에서는 그 사실을 기롱하였다.[1]

---

1) 『춘추좌씨전』 「희공(僖公) 31년」: 夏四月, 四卜郊, 不從, 乃免牲, 非禮也. 猶三望, 亦非禮也. 禮不卜常祀, 而卜其牲·日. 牛卜日曰牲. 牲成而卜郊, 上怠·慢也. 望, 郊之細也. 不郊, 亦無望可也.

「곡례상」 207장

참고-經文

龜爲卜, 筴爲筮. 卜筮者, 先聖王之所以使民信時日, 敬鬼神, 畏法令也, 所以使民決嫌疑, 定猶與也. 故曰, "疑而筮之, 則① 弗非也, 日而行事, 則必踐之."

번역 거북껍질로는 거북점을 치고, 시초로는 시초점을 친다. 거북점과 시초점은 선대 성왕이 이로써 백성들로 하여금 시간과 날짜를 믿게 한 것이고, 귀신을 공경하게 한 것이며, 법령을 두려워하게 했던 것이다. 그리고 거북점과 시초점을 이용하여, 백성들로 하여금 의심스러운 것을 결정하게 만들고, 주저하며 망설이는 일을 확정하게 했던 것이다. 그렇기 때문에 "의문스러우면 시초점을 치되, 그 결과를 부정해서는 안 되며, 점을 쳐서 날짜를 정하여, 그 일을 시행하기로 했다면, 반드시 그 일을 실천해야 한다."라고 한 것이다.

① ○弗非也.

補註 鄭註: 無非之者.

번역 정현의 주에서 말하길, 그것을 비난하는 자가 없다는 뜻이다.

「곡례상」 208~213장

참고-經文

①君車將駕, 則僕執策立於馬前. 已駕, 僕②展軨效駕. 奮衣由右上, 取貳綏跪乘. 執策分轡, 驅之五步而立. 君出就車, 則僕并轡授綏, 左右攘辟. 車驅而騶至于大門, 君撫僕之手, 而顧命車右就車, 門閭溝渠必步.

번역 군주의 수레에 멍에를 메게 되면, 마부는 채찍을 잡고서 말 앞에 선다. 말에 멍에 메는 일이 다 끝나면, 마부는 멍에가 메어진 상태를 꼼꼼하게 살펴보고, 안으로 들어가서, 군주에게 멍에가 다 메어졌다고 아뢴다. 마부는 수레의 뒤에서 옷에 묻은 먼지를 털어내고, 수레의 오른쪽으로 오르되, 수레를 탈 때에는 이수(貳綏)를 잡고서 타고, 수레에 올라가서는 무릎을 꿇는다. 우측 손에 채찍을 잡고서 양손으로 고삐를 나눠지며, 수레를 시험 삼아 몰되, 다섯 걸음 정도 가면 곧바로 멈추고, 한쪽 편에서 군주가 나오기를 기다린다. 군주가 밖으로 나와서 수레가 있는 쪽으로 오게 되면, 마부는 한쪽 손으로 6개의 고삐와 채찍을 움켜쥐고, 나머지 한쪽 손으로 정수(正綏)를 잡아 군주에게 건네며, 군주를 배웅하려고 나와 있는 좌우측의 신하들은 뒤로 물러서서, 수레가 출발할 수 있도록 자리를 피해준다. 수레를 몰아서 대문에 이르게 되면, 군주는 마부의 손을 눌러서 수레를 멈추게 하고, 거우(車右)[1]를 돌아보며 명령을 내려서, 수레의 우측에 타게 하며, 호위무사는 성문과 마을 문을 지나갈 때, 그리고 도랑을 지나갈 때에는 반드시 수레에서 내려서 도보로 이동한다.

① ○君車將駕[止]必步.

補註 楊梧曰: 首節未駕之禮, 次節已駕之禮, 三四節試車之禮. 以上, 君未就車, 五六節, 君已就車時事.

번역 양오가 말하길, 1절은 아직 멍에를 메지 않았을 때의 예법이고, 2절은 멍에를 멘 다음의 예법이며, 3절과 4절은 수레를 시험해보는 예법이다. 여기

---

[1] 거우(車右)는 수레에 함께 타는 호위무사를 뜻한다. 수레의 우측에 위치하였기 때문에 '거우'라고 부르는 것이다.

까지는 군주가 아직 수레로 나아가지 않았을 때인데, 5절과 6절은 군주가 수레로 나아갔을 때의 사안에 해당한다.

② 展軨效駕.

補註 疏曰: 展, 視也. 效, 白也.
번역 소에서 말하길, '전(展)'자는 "살펴본다[視]."는 뜻이다. '효(效)'자는 "아뢰다[白]."는 뜻이다.

참고-集說

已駕, 駕馬畢也. ①軨, 車之轄頭. 車行由轄, 僕者展視軨徧, 卽入而效白於君, 言車駕竟.

번역 '이가(已駕)'는 말에 멍에 메는 일이 다 끝났다는 뜻이다. '영(軨)'은 수레의 '할(轄)' 머리 부분으로, 수레가 움직이는 것은 이 '할'을 통해서 이루어지니, 마부는 '할'을 꼼꼼히 살펴보고서, 곧바로 들어가서 군주에게 아뢰니, 수레에 멍에 메는 일이 모두 끝났다고 아뢰는 것이다.

① 軨車之轄頭.

補註 疏曰: 軨, 轄頭轊也.
번역 소에서 말하길, '영(軨)'은 수레 머리 부분에 있는 세(轊)이다.

補註 ○按: 轄, 與牽同, 車軸頭鐵着脂之處, 轊卽軸兩端, 出轂穴外, 而用小橫木固之者.
번역 ○살펴보니, 할(轄)은 견(牽)과 동일한 것으로, 수레 굴대 머리 부분에 철로 덧입힌 지점을 뜻하며, 세(轊)는 굴대의 양쪽 끝단으로 수레바퀴의 밖으로 튀어나오며 작고 가로로 된 나무로 고정시키는 것이다.

「곡례상(曲禮上)」제1편

> **참고-集說**
>
> 疏曰: 僕先出就車, 於車後自振其衣以去塵, 從右邊升上. 必從右者, 君位在左, 避君空位也. 貳, 副也. 綏, 登車索也. 正綏擬君之升, 副綏擬①僕右之升. 僕先試車時, 君猶未出, 未敢依常而立, 所以跪而乘之以爲敬.

번역 공영달의 소에서 말하길, 마부는 먼저 밖으로 나와서 수레가 있는 곳으로 나아가고, 수레의 뒤편에서 직접 자신의 옷을 털어서 먼지를 제거하며, 수레의 우측으로부터 올라간다. 반드시 오른편으로부터 올라가는 이유는 군주가 타게 되는 위치가 수레의 좌측이므로, 군주가 위치하는 자리를 피해서, 그 공간을 비워두기 위해서이다. '이(貳)'자는 '버금[副]'이라는 뜻이다. '수(綏)'자는 수레에 오를 때 잡는 새끼줄을 뜻한다. '정수(正綏)'는 군주가 수레에 오를 때 잡는 새끼줄이고, '부수(副綏)'는 마부나 호위무사가 수레에 오를 때 잡는 새끼줄이다. 마부가 먼저 수레에 올라서, 수레의 상태를 점검할 때, 군주는 아직 밖으로 나온 상태가 아니므로, 감히 일반적인 경우에 따라서 수레 위에서 서 있을 수가 없으니, 이러한 까닭으로 무릎을 꿇고서 수레에 타 있는 것이며, 이로써 공경의 뜻을 표하는 것이다.

① ○僕右之升.

補註 按: 右謂車右勇士也.

번역 살펴보니, '우(右)'는 수레의 우측에 타는 용맹한 무사를 뜻한다.

> **참고-集說**
>
> 疏曰: 轡, 馭馬索也. ①車一轅而四馬駕之, ②中央兩馬夾轅者, 名服馬, 兩邊名騑馬, 亦曰驂馬. 詩云, "兩服上襄, 兩驂鴈行." 鴈行者, 言與中服相次序也. 每一馬有兩轡, 四馬八轡, 以驂馬內轡繫於軾前, 其驂馬外轡, 幷兩服馬各二轡, 六轡在手, 右手執杖, 以三轡置空手中, 以三轡置杖手中, 故云"執策分轡"也.

驅之者, 試驅行之也. 五步而立者, 跪而驅馬以行, 五步卽止, 而倚立以待君出.

번역 공영달의 소에서 말하길, '비(轡)'자는 말을 모는 고삐를 뜻한다. 수레에는 하나의 끌채[轅]에 네 마리의 말을 메어두는데, 중앙에서 끌채를 끼고 있는 두 마리의 말을 '복마(服馬)'라고 부르고, 양쪽 끝에 있는 두 마리의 말을 '비마(騑馬)' 또는 '참마(驂馬)'라고 부른다. 『시』에서는 "두 마리의 '복마'가 앞서 끌어가니, 두 마리의 '비마'가 기러기 행렬처럼 뒤따라간다."2)라고 하였는데, "기러기 행렬처럼 간다[鴈行]."는 말은 가운데 있는 '복마'와 함께 서로 차례와 질서를 맞춘다는 뜻이다. 한 마리의 말들마다 2개의 고삐가 있으니, 네 마리의 말이 모는 수레에는 총 8개의 고삐가 있게 되며, '참마'의 고삐들 중 안쪽의 고삐는 '수레의 앞턱 가로대[軾]' 앞에 걸어두고, 바깥쪽 고삐들과 두 마리의 복마와 연결된 2개씩의 고삐들은 모두 6개가 되는데, 이 6개의 고삐는 마부가 손으로 잡게 된다. 그런데 마부의 우측 손은 채찍을 잡게 되므로, 3개의 고삐는 아무것도 잡고 있지 않은 좌측 손으로 잡고, 나머지 3개의 고삐는 채찍을 들고 있는 우측 손으로 잡게 된다. 그렇기 때문에 "채찍을 잡고 고삐를 나눠쥔다."라고 말한 것이다. '구(驅)'를 한다는 말은 시험 삼아 수레를 움직여본다는 뜻이다. 다섯 걸음을 가서 선다는 말은 수레 위에서 무릎을 꿇고 말을 몰아서 움직여보되, 다섯 걸음을 가게 되면 곧바로 멈추고, 한쪽 편에 서서 군주가 나오기를 기다리는 것이다.

① ○車一輈.

補註 字彙: 車前曲木上鉤衡者, 謂之輈, 亦謂之轅.

번역 『자휘』에서 말하길, 수레 앞부분에 휘어져 있는 나무 위에 갈고리처럼 걸어 가로로 놓인 것으로, 이것을 주(輈)라고 부르고 또 원(轅)이라고도 부른다.

補註 ○詩·小戎朱子註: 梁輈, 從前軫以前, 稍曲而上, 至衡則向下鉤之, 橫衡於輈下, 而輈形穹窿上曲, 如屋之梁.

---

2) 『시』「정풍(鄭風)·대숙우전(大叔于田)」: 大叔于田, 乘乘黃. <u>兩服上襄, 兩驂鴈行</u>. 叔在藪, 火烈具揚. 叔善射忌, 又良御忌, 抑磬控忌, 抑縱送忌.

번역 ○『시』「소융(小戎)」편에 대한 주자의 주에서 말하길, '양주(梁輈)'는 앞의 진(軫)으로부터 앞으로 조금씩 구부려져 올라가며 가로대 나무에 이르면 아래로 굽혀 갈고리처럼 걸어 끌채 밑에 가로대 나무를 가로로 거는데 끌채의 형상이 가운데가 높으며 위가 굽어 있어 마치 지붕의 들보와 같다.

補註 ○按: 軫, 車之四面, 木匡合成輿者, 考工記軫之方以象地, 是也. 衡, 車軛也, 卽轅端橫木駕馬領者.

번역 ○살펴보니, 진(軫)은 수레의 네 방면에 나무를 붙여 수레의 윗부분을 완성하는 것으로, 『고공기』에서는 진(軫)을 사각형으로 만들어 땅을 형상화한다고 했다. 형(衡)은 수레에 멍에를 메는 부분이니, 끌채 끝단에 가로로 된 나무로 말의 목에 멍에를 메우는 것이다.

② **中央[止]驂馬.**

補註 按: 詩註, 車衡之長, 六尺六寸, 止容二服云. 大叔于田, "兩服齊首, 兩驂如手", 是也.

번역 살펴보니, 『시』의 주에서는 수레 형(衡)의 길이는 6척 6촌이며, 단지 2마리의 복마(服馬)만을 수용한다. 『시』「대숙우전(大叔于田)」편에서는 "두 마리의 복마는 머리를 가지런히 했으며, 두 마리의 참마(驂馬)는 손과 같구나."[3]라고 했다.

---

3) 『시』「정풍(鄭風)·대숙우전(大叔于田)」: 大叔于田, 乘乘鴇. 兩服齊首, 兩驂如手. 叔在藪, 火烈具阜. 叔馬慢忌, 叔發罕忌, 抑釋掤忌, 抑鬯弓忌.

「곡례상」 212장

참고─經文

君出就車, 則僕幷轡授綏, ①左右攘辟.

번역 군주가 밖으로 나와서 수레가 있는 쪽으로 오게 되면, 마부는 한쪽 손으로 6개의 고삐와 채찍을 움켜쥐고, 나머지 한쪽 손으로 정수(正綏)를 잡아 군주에게 건네며, 군주를 배웅하려고 나와 있는 좌우측의 신하들은 뒤로 물러서서, 수레가 출발할 수 있도록 자리를 피해준다.

① *左右攘辟*.

補註 按: 辟, 古經徐音扶亦反, 恐是.

번역 살펴보니, '辟'자에 대해 『고경』에서 서음은 '扶(부)'자와 '亦(역)'자의 반절음이라고 했는데, 아마도 이것이 옳은 것 같다.

「곡례상」 213장

> **참고-經文**
> ①車驅而驟至于大門, ②君撫僕之手, 而③顧命車右就車, 門閭溝渠必步.

번역 수레를 몰아서 대문에 이르게 되면, 군주는 마부의 손을 눌러서 수레를 멈추게 하고, 거우(車右)를 돌아보며 명령을 내려서, 수레의 우측에 타게 하며, 호위무사는 성문과 마을 문을 지나갈 때, 그리고 도랑을 지나갈 때에는 반드시 수레에서 내려서 도보로 이동한다.

① ○車驅而[止]于大門.

補註 疏曰: 驟, 謂從者疾驅從車行也.
번역 소에서 말하길, '추(驟)'는 종자들이 빠른 걸음으로 수레를 뒤따라 이동하는 것을 뜻한다.

補註 ○類編曰: 驟, 前導也. 註讀如驟, 不必然.
번역 ○『유편』에서 말하길, '추(驟)'는 앞에서 인도하는 자이다. 주에서는 빨리 달린다고 할 때의 '취(驟)'자처럼 풀이했는데, 반드시 그렇지만은 않은 것 같다.

② 君撫僕之手.

補註 疏曰: 撫, 按止也. 僕手執轡, 車行由僕, 君欲令駐車, 故抑止僕手也.
번역 소에서 말하길, '무(撫)'는 손을 지그시 눌러서 수레를 멈추게 한다는 뜻이다. 마부는 손으로 고삐를 잡고 있으니 수레가 움직이는 것은 마부를 통해서 움직이는 것이다. 군주는 수레를 멈추고자 하기 때문에 군주가 마부의 손을 누르는 것이다.

③ 顧命車右[止]必步.

補註 疏曰: 車右, 勇力之士也. 初在門內, 勇士從趨在後. 今車行旣至大門, 方出履險阻, 恐有非常, 故廻頭命車右上車也. 門閭·溝渠必步者, 是車右之禮也.

번역 소에서 말하길, '거우(車右)'는 용맹하고 건장한 무사이다. 애초에 문 안쪽에 있을 때 호위무사는 빠른 걸음으로 수레를 뒤따라가서 수레의 뒤에 있게 된다. 수레가 움직여서 대문에 도착하게 되면, 밖으로 나가 험준한 지역으로 이동하게 되니, 비상사태가 발생하게 될지 염려가 되기 때문에 주위를 돌아보며 거우에게 명령하여 수레에 타도록 하는 것이다. "성문과 마을 문을 지나갈 때, 그리고 도랑을 지나갈 때에는 반드시 수레에서 내려서 도보로 이동한다."라고 했는데, 이것은 거우의 예법에 해당한다.

「곡례상」 216장

참고-經文

① **客車不入大門. 婦人不立乘. 犬馬不上於堂.**

번역 빈객의 수레는 상대방 집의 대문까지는 들어가지 않는다. 부인들은 수레에 탈 때 서서 타지 않는다. 개와 말은 당 위에 올리지 않는다.

① ○客車不入大門.

補註 疏曰: 公食大夫禮"賓之乘車在大門外西方", 註云: "賓車不入門, 廣敬也", 與此同. 覲禮"偏駕不入王門", 謂同姓金路, 異姓象路之等, 舍之於賓館, 不得入王門. 又云 "墨車龍旂以朝", 墨車得入大門, 但不得入廟門耳.

번역 소에서 말하길, 『의례』「공사대부례(公食大夫禮)」편을 살펴보면, "빈객이 타고 온 수레는 대문 밖의 서쪽 편에 놓아둔다."[1]라고 했고, 이 문장에 대한 주에서는 "빈객의 수레가 대문 안으로 들어가지 않는 것은 공경스러운 모습을 나타내기 위해서이다."라고 했으니, 이곳 문장에서 말하는 내용과 동일하다. 『의례』「근례(覲禮)」편에서는 "편가(偏駕)[2]는 천자의 궁문으로 들어가지 않는다."[3]라고 했는데, 동성(同姓)의 제후들이 타는 금로(金路)[4]나

---

1) 『의례』「공사대부례(公食大夫禮)」: 賓之乘車在大門外西方, 北面立.
2) 편가(偏駕)는 제후가 타는 수레를 뜻하는 용어이다.
3) 『의례』「근례(覲禮)」: 記. 几俟于東箱. 偏駕不入王門. 奠圭于繅上.
4) 금로(金路)는 금로(金輅)라고도 부른다. 천자가 사용하는 다섯 가지 수레 중 하나이다. 금(金)으로 수레를 치장했기 때문에, '금로'라고 부르게 되었다. 대기(大旂)라는 깃발을 세웠고, 빈객(賓客)을 접대하거나, 동성(同姓)인 자를 분봉할 때 사용하였다. 『주례』「춘관(春官)·건거(巾車)」편에는 "金路, 鉤樊纓九就, 鉤, 樊纓九就, 建大旂, 以賓, 同姓以封."라는 기록이 있고, 이에 대한 정현의 주에서는 "金路, 以金飾諸末."이라고 풀이했다.

이성(異姓)의 제후들이 타는 상로(象路)5) 등을 가리키며, 이 수레들은 빈객이 묵는 객사에 놓아두어 천자의 궁문으로 들어갈 수 없다. 또 「근례」편에서는 "묵거(墨車)6)를 타고 용기(龍旂)7)를 꼽고서 조회를 한다."8)라고 하였는데, 묵거는 대문 안으로 들어갈 수 있다. 다만 종묘의 문으로는 들어갈 수 없을 따름이다.

---

5) 상로(象路)는 상로(象輅)라고도 부른다. 천자가 사용하는 다섯 가지 수레 중 하나이다. 상아로 수레를 치장했기 때문에, '상로'라고 부르게 되었다. 대적(大赤)이라는 깃발을 세웠으며, 조회를 보거나, 이성(異姓)인 자를 분봉할 때 사용하였다. 『주례』 「춘관(春官)·건거(巾車)」편에는 "象路, 朱樊纓, 七就, 建大赤, 以朝, 異姓以封."이라는 기록이 있고, 이에 대한 정현의 주에서는 "象路, 以象飾諸末."이라고 풀이했다.
6) 묵거(墨車)는 별다른 장식을 하지 않고, 흑색으로 칠하기만 한 수레를 뜻한다. 주(周)나라 때에는 주로 대부(大夫)들이 탔다. 『주례』 「춘관(春官)·건거(巾車)」편에는 "大夫乘墨車."라는 기록이 있고, 이에 대한 정현의 주에서는 "墨車, 不畫也."라고 풀이했다.
7) 용기(龍旂)는 기(旂)를 뜻한다. '기'에는 교룡(交龍)을 수놓았기 때문에, '기'를 또한 '용기'라고도 부르는 것이다. '기'는 본래 제후가 세우는 깃발을 뜻한다. 제후는 그 깃발에 두 마리의 용(龍)이 한 쌍을 이루고 있는 교룡(交龍)을 수놓는다. 이때 '머리를 하늘로 하고 있는 1마리 용[升龍]'은 승천하여 천자에게 조회를 하는 모습을 형상화한 것이고, '머리를 땅으로 하고 있는 다른 1마리 용[降龍]'은 천자의 명령을 받아서 복종하는 것을 형상화한 것이다. 천자의 깃발에는 해[日]·달[月]·별[星辰] 등을 수놓는데, 제후는 천자와 동일하게 할 수 없기 때문에, 대신 승용(升龍)과 강용(降龍)을 수놓았던 것이다. 『주례』 「춘관(春官)·사상(司常)」편에 기록된 '기'에 대해서, 정현의 주에서는 "諸侯畫交龍, 一象其升朝, 一象其下復也."라고 풀이했고, 가공언(賈公彦)의 소(疏)에서는 "至於天子旌旗有日月星辰, 故諸侯旌旗無日月星, 故龍有升降也. 象升朝天子, 象下復還國也."라고 풀이했다. 한편 깃발 자체를 뜻하는 용어로 사용되기도 했다.
8) 『의례』 「근례(覲禮)」: 侯氏裨冕, 釋幣于禰, 乘墨車, 載龍旂弧韣, 乃朝, 以瑞玉有繅.

참고-集說

馬氏曰: 客車不入大門, 所以敬主, 主人出大門迎之, 所以敬客, 故①覲禮"偏駕不入王門." ②公食大夫禮, "賓乘車在大門外西方." 若諸侯不以客禮見王, 則墨車龍旂可以入大門, 故覲禮墨車龍旂以朝. 婦人乘安車, 故不立乘, 犬馬充庭實, 故不上堂. 以犬馬獻人, 則執緤靷而已, 以③馬合幣, 則達圭而已, 奉馬而覲, 則授人而已, 皆不上堂之謂也.

번역 마씨가 말하길, 빈객의 수레가 상대방 집의 대문으로 들어가지 않는 것은 주인(主人)을 공경하기 위해서이며, 주인이 대문 밖으로 나와서 빈객을 맞이하는 것은 빈객을 공경하기 위해서이다. 그러므로 『의례』「근례(覲禮)」편에서는 "편가(偏駕)는 천자가 사는 궁문으로 들어가지 않는다."라고 한 것이며, 『의례』「공사대부례(公食大夫禮)」편에서는 "빈객이 타고 온 수레는 대문 밖의 서쪽 편에 둔다."라고 한 것이다. 만약 제후가 빈객에 대한 예법에 따라서 천자를 찾아뵙는 경우가 아니라면, 묵거(墨車)에 용기(龍旂)를 세우고서 대문 안으로 들어갈 수 있다. 그렇기 때문에 「근례」편에서는 묵거와 용기를 꼽고서 조회를 한다고 했던 것이다. 부인들은 안거(安車)를 탔기 때문에, 수레를 서서 타지 않는 것이며, 개와 말은 마당에 세워두었기 때문에, 당 위에 올리지 않는 것이다. 개와 말을 가져가서 상대방에게 바칠 경우라면, 개줄과 고삐를 잡고서 끌고 갈 따름이며,9) 말을 폐백과 함께 건네는 경우라면, 폐백 중의 규(圭)만을 단독으로 전달할 뿐이고,10) 말을 가져가서 찾아뵙는 경우에는 고삐를 넘길 따름이니, 이 모든 경우에 있어서 당 위에 올리지 않는다는 뜻이다.

① 覲禮[止]王門.

補註 覲禮, 儀禮篇名. 本註曰: "在旁與己同曰偏. 同姓金輅, 異姓象輅, 四衛革輅, 蕃國木輅. 駕之與王同, 謂之偏. 駕不入王門, 乘墨車以朝是

---

9) 『예기』「소의(少儀)」: 犬則執緤, 守犬田犬則授擯者, 旣受乃問犬名. 牛則執紖, 馬則執靮, 皆右之.

10) 『예기』「예기(禮器)」: 圭璋, 特.

也. 偏駕之車, 舍之於館與."

번역 '근례(覲禮)'는 『의례』의 편명이다. 『의례』의 주에서는 "측면에 해당하지만 본체와 동일한 경우를 편(偏)이라고 부른다. 동성(同姓)의 제후는 금로(金路)를 타고, 이성(異姓)의 제후는 상로(象路)를 타며, 사위(四衛)[11]는 혁로(革路)[12]를 타고, 번국(蕃國)[13]은 목로(木路)[14]를 탄다. 멍에를 메는 것이 천자의 경우와 동일한 것을 편(偏)이라고 부른다. 편가(偏駕)는 천자

---

11) 사위(四衛)는 사방의 위복(衛服)에 속한 제후국을 뜻한다. 위복은 채복(采服)과 요복(要服: =蠻服) 사이에 있는 땅을 뜻한다. 천자의 수도 밖으로 사방 2000리(里)와 2500리 사이에 있었던 땅을 가리킨다. '위복'의 '위(衛)'자는 수호한다는 뜻으로, 천자를 위해서 외부의 침입을 막는다는 의미이다. 따라서 이 지역에 속한 제후국들을 '사위'라고 부르는 것이다.

12) 혁로(革路)는 혁로(革輅)라고도 부른다. 천자가 사용하는 다섯 가지 수레 중 하나이다. 전쟁용으로 사용했던 수레인데, 간혹 제후의 나라에 순수(巡守)를 갈 때 사용하기도 하였다. 가죽으로 겉을 단단하게 동여매서 고정시키고, 옻칠만 하고, 다른 장식을 하지 않았기 때문에, '혁로'라고 부르는 것이다. 『주례』「춘관(春官) · 건거(巾車)」편에는 "革路, 龍勒, 條纓五就, 建大白, 以卽戎, 以封四衛."라는 기록이 있고, 이에 대한 정현의 주에서는 "革路, 鞔之以革而漆之, 無他飾."이라고 풀이했다.

13) 번국(蕃國)은 본래 주(周)나라 때의 구주(九州) 밖의 나라들을 지칭하는 말이다. 후대에는 오랑캐 나라들을 범칭하는 용어로도 사용되었다. 주나라 때에는 구복(九服)으로 천하의 땅을 구획하였는데, 구복 중 육복(六服)까지는 중원 지역으로 구분되며, 육복 이외의 세 개의 지역은 오랑캐 땅으로 분류하였다. 이 세 개의 지역은 이복(夷服) · 진복(鎭服) · 번복(藩服)이며, 이 지역에 세운 나라를 '번국'이라고 부른다. 『주례』「추관(秋官) · 대행인(大行人)」편에는 "九州之外, 謂之蕃國."이라는 기록이 있는데, 이에 대한 손이양(孫詒讓)의 『정의(正義)』에서는 "職方氏九服, 蠻服以外, 有夷 · 鎭 · 藩三服. …… 是此蕃國卽職方外三服也."라고 풀이했다.

14) 목로(木路)는 목로(木輅)라고도 부른다. 천자가 사용하는 다섯 가지 수레 중 하나이다. 단지 옻칠만 하고, 가죽으로 덮지 않았으며, 다른 치장을 하지 않았기 때문에, '목로'라고 부르게 되었다. 대휘(大麾)라는 깃발을 세웠고, 사냥을 하거나, 구주(九州) 지역 이외의 나라를 분봉해줄 때 사용하였다. 『주례』「춘관(春官) · 건거(巾車)」편에는 "木路, 前樊鵠纓, 建大麾, 以田, 以封蕃國."이라는 기록이 있고, 이에 대한 정현의 주에서는 "木路, 不鞔以革, 漆之而已."라고 풀이했다.

의 궁성 문으로 들어가지 못한다고 했고, 묵거(墨車)를 타고 조회를 한다고 했다. 편가의 수레는 숙소에 놓아둘 것이다."라고 했다.

補註 ○按: 偏駕不入王門, 故乘墨車以朝, 墨車則得入大門. 自是一串事, 而馬氏乃以偏駕不入王門, 墨車得入大門, 有若爲兩件事者, 然未知何據.
번역 ○살펴보니, 편가(偏駕)는 천자의 궁성 문으로 들어가지 못하기 때문에, 묵거(墨車)를 타고 조회를 하는 것으로, 묵거는 대문으로 들어갈 수 있다. 이곳 구문부터는 하나로 연결되는 사안인데, 마씨는 편가가 천자의 궁성 문으로 들어가지 못한다는 것과 묵거가 대문으로 들어갈 수 있다는 것을 마치 두 가지 별개의 사안으로 여기고 있는데, 어떠한 근거에 따른 것인지 모르겠다.

② **公食[止]大門外**.

補註 公食大夫禮, 儀禮篇名.
번역 '공사대부례(公食大夫禮)'는 『의례』의 편명이다.

補註 ○按: 本文賓下有之字.
번역 ○살펴보니, 본문에는 빈(賓)자 뒤에 지(之)자가 기록되어 있다.

③ **馬合幣則達圭**.

補註 沙溪曰: 馬不升堂, 故只以圭達.
번역 사계가 말하길, 말은 당 위로 가지고 올라갈 수 없다. 그렇기 때문에 단지 규(圭)를 전달할 따름이다.

「곡례상」 218장

참고-經文

① 君命召, 雖賤人, 大夫士必自御之.

번역 군주가 명령을 내려서 신하를 불러들이는 경우, 심부름을 하는 자가 비록 신분이 매우 천한 자일지라도, 대부나 사는 반드시 직접 그를 맞이해야 한다.

① 君命召[止]自御之.

補註 鄭註: 君雖使賤人來, 必自出迎之, 尊君命也.
번역 정현의 주에서 말하길, 군주가 비록 신분이 미천한 자에게 명령하여 신하를 불러들이는 경우라 하더라도, 신하들은 반드시 직접 밖으로 나아가 그들을 맞이해야만 하니, 군주의 명령을 존중하기 때문이다.

「곡례상」 219장

> **참고-經文**
> 介者不拜, 爲其拜而①蓌拜.

번역 갑옷을 입은 자는 절을 하지 않으니, 갑옷을 입은 자가 절을 하게 되면, 절을 할 때 몸을 굽히기 힘들기 때문이다.

① ○蓌拜.

補註 字彙: 今人衣服張起曰蓌.
번역 『자휘』에서 말하길, 오늘날 사람들은 의복이 불룩하게 일어나는 것을 좌(蓌)라고 부른다.

「곡례상」 220장

> 참고-經文
> ①祥車曠左. 乘君之乘車, 不敢曠左, 左必式.

번역 상거(祥車)를 장례용으로 사용할 때에는 항상 좌측 자리를 비워두어서, 신이 앉을 자리를 마련한다. 그런데 군주가 타는 수레에 타게 되면, 감히 좌측을 비워둘 수가 없으니, 좌측에 있는 자는 반드시 식(式)을 잡고서 공경스러운 자세를 유지해야 한다.

① ○祥車曠左.

補註 鄭註: 空神位也. 祥車, 葬之乘車.
번역 정현의 주에서 말하길, 신(神)이 앉을 자리를 비워두기 위해서이다. 상거(祥車)는 장례 때 타는 수레이다.

「곡례상」 224장

> **참고-集說**
>
> 疏曰: 巂, 規也. 車輪一周爲一規. 乘車之輪高六尺六寸, ①徑一圍三, 得一丈九尺八寸, 五規爲九十九尺. 六尺爲步, 總爲十六步半, 在車上所視則前十六步半也. 馬引車, 其尾近車闌, 車上憑式下頭時, 不得遠矚, 但瞻視馬尾. 轂, 車轂也. 若轉頭不得過轂. 論語云 "車中不內顧", 是也.

번역 공영달의 소에서 말하길, '휴(巂)'자는 '규(規)'자이다. 수레바퀴가 한 번 굴러서 움직인 거리는 1규(規)가 되니, 수레의 바퀴는 그 높이가 6척(尺) 6촌(寸)인데, 지름이 1이라고 하면, 둘레는 그 3배가 되므로, 수레바퀴가 1번 굴러간 길이는 1장(丈) 9척 8촌이 되며, 5규는 99척이 된다. 6척이 1보(步)이므로, 99척은 16.5보가 되니, 수레 위에서 시선을 두는 곳은 전방 16.5보가 되는 지점이다. 말이 수레를 끌게 되면, 말의 꼬리는 수레의 난간에 가까워지는데, 수레 위에서 식(式)에 기대어 예의를 표하며, 머리를 숙일 때에는 먼 곳을 바라볼 수가 없고, 다만 말의 꼬리 쪽을 바라보게 된다. 곡(轂)은 '수레의 바퀴[車轂]'이다. 만약 머리를 돌려서 보게 된다면, 그 시선은 수레의 바퀴를 벗어날 수가 없다. 『논어』에서 "수레 위에서는 뒤를 돌아보지 않으셨다."[1]라고 한 말이 바로 이러한 뜻이다.

① ○徑一圍三.

補註 按: 疏本文此下有 "三六十八" 四字.
번역 살펴보니, 소의 본문에는 이 문장 뒤에 '3곱하기 6은 18이 된다[三六十八]'라는 4글자가 더 기록되어 있다.

---

1) 『논어』「향당(鄕黨)」: 升車, 必正立, 執綏. 車中, 不內顧, 不疾言, 不親指.

참고-大全

馬氏曰: 先王之時, 作奇技奇器, 以疑衆者, 有刑, 作淫巧, 以蕩上心者, 有禁. 車不中度, 不鬻於市, 用器不中度, 不鬻於市, 則爲國君者, 其可以乘奇車哉? 蓋造車之法, ①軫方以象地, 蓋圓以象天, 輪輻以象日月, ②蓋弓以象星. 圓者中規, 方者中矩, 立者中縣, 衡者中水. 玉路以象德之美, 金路以象義之和, 象路以象義之辨, 革路以象義之制, 木路以象仁之質. 凡欲人君俯仰而觀之, 則思合天地之德, 周旋而視之, 則思合日月星辰之明. 出入不踰於規矩權衡, 言動不離於道德仁義, 然後奇邪之志不萌於心, 而中正之行可律于下, 此所謂器以藏禮, 禮以出信者也, 然則非禮之奇車, 其可乘哉? 周官道右詔王之車儀, 則不廣欬, 口之儀也, 不妄指, 手之儀也, 立視五雋, 式視馬尾, 目之儀也, 顧不過轂, 首之儀也. 立欲平, 故視五雋, 式欲俯, 故視馬尾.

번역 마씨가 말하길, 선왕이 통치하던 때에는 기이한 재주와 기이한 물건을 만들어서 대중들을 현혹시키는 자에게는 형벌을 내렸고,[2] 지나치게 화려하고 사치스러운 것을 만들어서 군주의 마음을 어지럽히는 것을 금지시켰다.[3] 그리고 수레가 정해진 규격에 맞지 않으면, 시장에서 팔지 않았고, 기물들도 규격에 맞지 않으면, 시장에서 팔지 않았으니,[4] 군주가 된 자가 기이한 수레를 탈 수 있었겠는가? 무릇 수레를 만드는 법도에서는 '수레의 틀[軫]'은 네모나게 만들어서 땅의 모습을 본뜨고, '수레의 지붕[蓋]'은 둥글게 만들어서 하늘의 모습을 본떴으며, 바퀴와 바퀴살로는

---

2) 『예기』「왕제(王制)」: 作淫聲異服, <u>奇技奇器, 以疑衆, 殺</u>. 行僞而堅, 言僞而辨, 學非而博, 順非而澤, 以疑衆, 殺. 假於鬼神時日卜筮, 以疑衆, 殺. 此四誅者, 不以聽.

3) 『예기』「월령(月令)」: 是月也, 命工師效功, 陳祭器, 按度程, <u>毋或作爲淫巧, 以蕩上心</u>, 必功致爲上, 物勒工名, 以考其誠, 功有不當, 必行其罪, 以窮其情.

4) 『예기』「왕제(王制)」: <u>用器不中度, 不鬻於市, 兵車不中度, 不鬻於市</u>. 布帛, 精麤不中數, 幅廣狹不中量, 不鬻於市. 姦色, 亂正色, 不鬻於市.

해와 달의 모습을 본뜨고, '지붕을 바치는 활모양의 지지대[蓋弓]'로는 별들의 모습을 본떴다. 따라서 수레의 둥근 부위는 원형자[規]에 맞게 한 것이고, 네모난 부위는 곱자[矩]에 맞게 한 것이며, 세워져 있는 것은 추[縣]에 맞게 한 것이고, 수평이 된 것은 물의 수평과 맞게 한 것이다. 그리고 옥로(玉露)로는 덕의 아름다움을 형상화하고, 금로(金路)로는 의(義)의 조화됨을 형상화한 것이며, 상로(象路)로는 의의 변별력을 형상화한 것이고, 혁로(革路)로는 의의 제재력을 형상화한 것이며, 목로(木路)로는 인(仁)의 질박함을 형상화한 것이다. 무릇 군주가 몸을 숙이고 드는 사이에, 관찰하게 하고자 했던 것은 천지의 덕에 부합됨을 생각하게끔 한 것이고, 주위를 돌아보는 사이에, 살펴보게 하고자 했던 것은 일월 및 성신의 밝음에 합치될 것을 생각하게끔 한 것이다. 그러므로 군주가 출입할 때에는 규구(規矩) 및 저울대의 기준에서 벗어나지 않았던 것이며, 언행이 도덕과 인의에서 벗어나지 않았던 것이니, 그런 뒤에야 기이하고 사벽한 뜻이 마음에서 생겨나지 않고, 알맞고 올바른 행실을 천하에 모범으로 적용시킬 수가 있게 되는 것이다. 이것이 바로 기물로써 예를 나타내고, 예로써 신의를 나타냈다는 뜻이다.5) 그러므로 예법에 맞지 않은 기거(奇車)를 탈 수 있었겠는가? 『주례』「도우(道右)」편에서는 천자가 수레 위에서 따라야 하는 법도를 알려준다고 하였으니,6) 수레 위에서 큰 소리로 기침을 하지 않는 것은 입이 따라야 하는 법도이고, 함부로 손가락질을 하지 않는 것은 손이 따라야 하는 법도이며, 수레에 서서 다섯 수레바퀴가 굴러간 만큼의 지점을 바라보고, 식(式)을 잡고 예의를 표할 때에는 말의 꼬리를 바라본다는 것은 눈이 따라야 하는 법도이며, 돌아봄에 그 시선이 수레의 바퀴를 벗어나지 않는다는 것은 머리가 따라야 하는 법도이다. 서 있을 때에는 곧은 자세로 있고자 하기 때문에, 다섯 수레바퀴가 굴러간 만큼의 지점을 보는 것이며, 식(式)을 잡고 예의를 표할 때에는 몸을 숙이고자 하기 때문에, 말의 꼬리를 바라보는 것이다.

① 軫方[止]象星.

補註 周禮·考工記: "軫之方也, 以象地也. 蓋之圓也, 以象天也. 輪輻三

---

5) 『춘추좌씨전』「성공(成公) 2년」: 名以出信, 信以守器, <u>器以藏禮, 禮以行義</u>, 義以生利, 利以平民, 政之大節也.
6) 『주례』「하관(夏官)·도우(道右)」: 自車上諭命于從車. <u>詔王之車儀</u>. 王式則下, 前馬, 王下則以蓋從.

十, 以象日月也. 蓋弓二十有八, 以象星也." 註: "象日月者, 以其運行也. 日月三十日而合宿." 疏曰: "象星者, 星則二十八宿, 一面有七."

번역 『주례』「동관고공기(冬官考工記)」에서는 "진(軫)은 네모나게 만들어서 땅을 본뜬다. 개(蓋)는 둥글게 만들어서 하늘을 본뜬다. 윤복(輪輻)은 30개로 하여 해와 달을 본뜬다. 개궁(蓋弓)은 28로 하여 별자리를 본뜬다."7)라고 했다. 주에서는 "해와 달을 본뜨는 것은 그것들이 운행하기 때문이다. 해와 달은 30일이 되면 한 곳에 모인다."라고 했다. 소에서는 "별자리를 본뜨는 것은 별자리는 28수(宿)로 구성되는데, 한 방면에는 7개의 별자리가 속하게 된다."라고 했다.

② 蓋弓.

補註 考工記註: "蓋橑也." 疏曰: "漢世名蓋弓爲橑子."
번역 『주례』「동관고공기(冬官考工記)」의 주에서 말하길, "덮개 살이다."라고 했다. 소에서는 "한나라 때 세간에서는 개궁(蓋弓)을 요자(橑子)라고 불렀다."라고 했다.

---

7) 『주례』「동관고공기(冬官考工記)·주인(輈人)」: 軫之方也, 以象地也. 蓋之圜也, 以象天也. 輪輻三十, 以象日月也. 蓋弓二十有八, 以象星也.

「곡례상」 225장

참고-經文

國中以策彗①邮勿, 驅塵不出軌.

번역 국성 안에서 수레를 몰 때에는 빗자루처럼 생긴 채찍으로 말의 등을 살짝 긁어서, 수레를 몰 때 생기는 먼지가 바퀴 자국 밖으로 풍기지 않게 한다.

① 邮勿[止]出軌.

補註 按: 疏以邮勿驅爲句, 而諺讀驅字屬下句, 恐非是.
번역 살펴보니, 소에서는 '솔물구(邮勿驅)'에서 구문을 끊었고, 『언독』에서는 구(驅)자를 뒤의 구문에 연결시켰는데, 아마도 잘못된 풀이인 것 같다.

「곡례상」 227장

참고-經文

①乘路馬, 必朝服, 載鞭策, 不敢授綏, 左必式.

번역 신하가 노마(路馬)[1]가 끄는 수레에 탈 때에는 반드시 조복(朝服)[2]을 입어야 하고, 채찍을 수레에 실어두며, 감히 정수(正綏)를 건네지 않고, 좌측에 위치한 자는 반드시 식(式)을 잡고 예의를 표해야 한다.

① ○乘路馬[止]左必式.

補註 按: 此與上文"乘君之乘車, 不敢曠左, 左必式", 同義.
번역 살펴보니, 이 문장은 앞에서 "군주가 타는 수레에 타게 되면, 감히 좌측을 비워둘 수가 없으니, 좌측에 있는 자는 반드시 식(式)을 잡고서 공경스러운 자세를 유지해야 한다."[3]라고 했던 말과 같은 뜻이다.

---

1) 노마(路馬)는 군주의 수레에 메는 말이다. 군주가 타던 수레를 노거(路車)라고 불렀기 때문에, '노마'라는 용어가 생긴 것이다.
2) 조복(朝服)은 군주와 신하가 조회를 열 때 착용하는 복장을 뜻한다. 중요한 의식을 치를 때 착용하는 예복(禮服)을 가리키기도 한다.
3) 『예기』「곡례상(曲禮上)」: 祥車曠左. <u>乘君之乘車, 不敢曠左, 左必式</u>.

「곡례상」 228장

참고-經文

步路馬, 必中道. 以足蹙路馬芻有誅, ①齒路馬有誅.

번역 노마(路馬)를 걷게 할 때에는 반드시 길의 중앙으로 이동하게 한다. 노마가 먹을 풀들을 발로 차게 되면 형벌을 받게 되며, 노마의 나이를 헤아리면 형벌을 받게 된다.

① ○齒路馬有誅.

補註 按: 齒恐是等列之意, 謂見路馬, 當憑式, 或避路也.
번역 살펴보니, '치(齒)'자는 아마도 등급을 뜻하는 의미 같으니, 노마를 보게 되면 마땅히 식(式)을 잡거나 길을 피해주어야 한다는 뜻인 것 같다.

補註 ○少儀曰: 有貳車者之乘馬服車不齒.
번역 ○『예기』「소의(少儀)」편에서 말하길, 뒤따르는 수레를 가진 자에 대해서, 그 말과 수레에 대해서는 연식을 따지지 않는다.[1]

---

1) 『예기』「소의(少儀)」: 貳車者, 諸侯七乘, 上大夫五乘, 下大夫三乘. <u>有貳車者之乘馬服車不齒</u>, 觀君子之衣服服劍乘馬弗賈.

禮記補註卷之二

『예기보주』2권

「곡례하(曲禮下)」 제2편

「곡례하」 1장

참고-集說

疏曰: 物有宜奉持者, 有宜提挈者. 奉者仰手當心, 提者屈臂當帶, ①深衣之帶也, 古人常服深衣.

번역 공영달의 소에서 말하길, 물건 중에는 마땅히 받들어서 올리고 있어야 하는 것이 있고, 또 손에 들고 있어야 할 것도 있다. 받들어서 올려야 하는 물건은 손으로 치켜들어 자기 가슴 쪽에 대야 하고, 손에 들고 있어야 하는 물건은 팔을 굽혀서 허리띠 쪽에 대야 하는데, 허리띠는 곧 심의(深衣)[1]의 허리띠를 뜻하며, 고대인들은 평상시에 심의를 입고 있었다.

① *深衣之帶也.*

補註 疏本文曰: 朝服之屬, 其帶高於心, 深衣之屬, 其帶下於脇. 今云當帶, 謂深衣之帶也.

번역 소의 본문에서 말하길, 조복(朝服) 등의 옷을 입을 때에는 허리띠가 자기 가슴보다 높은 위치에 있게 되고, 심의(深衣) 등의 옷을 입을 때에는 허리띠가 옆구리 밑으로 내려간다. 이곳에서 "허리띠에 댄다."라고 하였는데, 이때의 허리띠는 곧 심의를 착용할 때 차게 되는 허리띠를 뜻한다.

---

1) 심의(深衣)는 일반적으로 상의와 하의가 서로 연결된 옷을 뜻한다. 제후, 대부(大夫), 사(士)들이 평상시 집안에 거처할 때 착용하던 복장이기도 하며, 서인(庶人)에게는 길복(吉服)에 해당하기도 한다. 순색에 채색을 가미하기도 했다.

「곡례하」 2장

참고-集說

疏曰: 上, 高也. 衡, 平也. ①平正當心. 天子器不宜下, 故臣爲擎奉皆高於心, 諸侯降於天子, 故臣爲奉持器與心平, 大夫降於諸侯, 故其臣奉器下於心. 綏, 下也. 士提之, 則又在綏下.

번역 공영달의 소에서 말하길, '상(上)'자는 "높이 든다[高]."는 뜻이다. '형(衡)'자는 "평형이 된다[平]."는 뜻이니, 평형이 되게 드는 지점은 가슴 쪽이 된다. 천자의 기물은 마땅히 밑으로 해서 들 수가 없다. 그렇기 때문에 신하는 높이 받들어 들게 되어, 모든 경우에 있어서 자신의 가슴보다 높이 치켜들며, 제후에 대한 예법은 천자에 대한 예법보다 낮추기 때문에, 신하가 제후의 기물들을 받들 때에는 가슴과 평형이 되도록 들고, 대부의 경우는 제후보다도 그 예법을 낮추기 때문에, 그의 가신(家臣)들은 자신의 가슴보다 밑으로 해서 물건을 받들게 된다. '수(綏)'자는 "밑으로 내린다[下]."는 뜻이다. 사의 기물에 대해서는 단지 들기만 하게 되니, 또한 대부의 물건을 밑으로 드는 것보다도 더 밑으로 드는 것이다.

① ○平正當心.

補註 疏本文曰: 衡, 平也. 人之拱手正當心平, 故謂心爲衡.

번역 소의 본문에서 말하길, '형(衡)'자는 "평형이 되게 한다[平]."는 뜻이다. 사람이 두 손을 가지런히 모아서 공수(拱手)의 자세를 취하면 손의 위치가 가슴과 평형이 된다. 그렇기 때문에 가슴과 평형이 되는 것을 '형(衡)'이라고 부른다.

「곡례하」 3장

> 大夫稱主, 此則①通上下貴賤言之. 如不克, 似不能勝也. 聘禮曰, "上介執玉如重." 尚左手, 謂左手在上, 左陽, 尊也. ②踵, 脚後也. 執器而行, 但起其前而曳引其踵, 如車輪之運於地, 故曰車輪曳踵.

번역 대부를 주군으로 모실 때에는 '주(主)'라고도 부르는데, 이 문장의 경우는 상하의 모든 계층을 통틀어서 말한 것이다. "이기지 못한 듯이 한다[如不克]."는 말은 마치 들 수 없는 듯이 하는 모습과 비슷한 것이다. 『의례』「빙례(聘禮)」편에서는 "상개(上介)[1]는 옥(玉)을 들 때 무거운 물건을 들듯이 한다."[2]라고 했다. "좌측 손을 높인다[尚左手]."는 말은 좌측 손을 위쪽에 두어서 물건을 덮는다는 뜻으로, 좌측은 음양으로 따지면 양(陽)에 해당하여 존귀하기 때문이다. '종(踵)'자는 발뒤꿈치[脚後]를 뜻한다. 기물을 받들고서 걸어갈 때에는 단지 발의 앞부분만 띄우며, 발뒤꿈치는 질질 끌고 가니, 마치 수레바퀴가 지면에서 굴러갈 때와 비슷한 것이다. 그렇기 때문에 "수레바퀴처럼 발뒤꿈치를 끌고 간다."고 말한 것이다.

① ○通上下貴賤言之.

補註 按: 此註未瑩.

번역 살펴보니, 이 주석은 명확하지 못하다.

補註 ○疏曰: 禮, 大夫稱主, 此言主, 上通天子諸侯, 下含大夫爲君者, 故並曰主, 士則不然.

---

1) 상개(上介)는 개(介) 중에서도 가장 직위가 높았던 자를 뜻한다. 빈객(賓客)이 방문했을 때, 빈객의 부관이 되어, 주인(主人)과의 사이에서 시행해야 할 일들을 도왔던 부관들을 '개'라고 부른다.
2) 『의례』「빙례(聘禮)」: 上介執圭如重, 授賓.

번역 ○소에서 말하길, 예법에 따르면, 대부의 가신(家臣)들은 대부를 '주(主)'라고 부르는데, 이곳 문장에서 '주(主)'라고 말한 것은 위로는 천자나 제후까지 통용되며, 아래로는 대부까지 포함하고 있으니, 신하들의 주군이 된 자들을 뜻한다. 그렇기 때문에 이들 모두를 병칭하여 '주(主)'라고만 말한 것이다. 사의 경우에는 그렇지 않다.

② 踵脚後也.

補註 按: 字彙, "踵, 足跟也; 跟, 足後也." 淮南子, "北有跂踵民." 註, "跂踵, 踵不至地, 以五指行." 蓋踵是足後之趾, 非脚後也. 脚後之解, 雖出於疏說而恐未精.

번역 살펴보니, 『자휘』에서는 "종(踵)은 발의 근(跟)을 뜻하며, 근(跟)은 발의 뒤꿈치를 뜻한다."라고 했다. 『회남자』에서는 "북쪽에는 기종(跂踵)을 하는 부족이 있다."라고 했고, 주에서는 "기종(跂踵)은 발꿈치가 지면에 닿지 않는 것으로, 다섯 발가락으로 보행하기 때문이다."라고 했다. 아마도 종(踵)이라는 것은 발의 뒤쪽에 있는 발꿈치를 뜻하는 것이니 각후(脚後)가 아니다. 각후(脚後)라는 해석은 비록 소의 주장에서 도출된 것이지만, 아마도 정밀하지는 않은 것 같다.

「곡례하」 5장

> **참고-集說**
>
> 古人之衣, 近體有①袍襗之屬, 其外有裘, 夏月則衣葛. 或裘或葛, 其上皆有裼衣, 裼衣上有襲衣, 襲衣之上有常著之服, 則皮弁服及深衣之屬是也. 掩而不開謂之襲, 若②開而見出其裼衣, 則謂之裼也.

번역 고대인이 입었던 옷 중에는 몸 위에 걸치는 옷으로는 포(袍)[1]와 탁(襗)[2] 등이 있었고, 그 위에 걸치는 옷으로는 구(裘)[3]가 있었는데, 여름철에는 베로 만든 옷[4]을 대신 입었다.[5] 가죽옷을 입게 되거나 베로 만든 옷을 입게 되더라도, 그 위에는 모두 석의(裼衣)[6]를 걸쳤고, 석의 위에는 또 습의(襲衣)[7]를 걸쳤으며, 습의

---

1) 포(袍)는 상의와 하의가 연결된 옷으로, 평상시에 입던 옷을 뜻한다. 한(漢)나라 이후에는 이 옷을 조복(朝服)으로 사용하기도 했다. 상의와 하의가 연결되어 옷의 길이가 길었으므로, 장의(長衣) 중 하나인데, 발까지는 내려오지 않았다. '포' 위에는 외투를 걸치기도 했다.
2) 탁(襗)은 옷 중에서도 가장 안쪽에 입었던 옷이다. 예복(禮服)을 입을 때에는 '탁'을 가장 안쪽에 입고, 그 위에 포(袍)를 걸쳤으며, 그 위에 중의(中衣)를 걸치고, 마지막으로 예복을 걸쳤다. 『주례』「천관(天官)·옥부(玉府)」편에는 "掌王之燕衣服."이라는 기록이 있고, 이에 대한 손이양(孫詒讓)의 『정의(正義)』에서는 "蓋凡著袍襺者必內著襗, 次著袍, 次著中衣, 次加禮服爲表."라고 풀이했다.
3) 구의(裘衣)는 모피를 재단하여 만든 옷이다.
4) 갈의(葛衣)는 갈포로 재단하여 만든 옷이다.
5) 『한비자(韓非子)』「오두(五蠹)」: "冬日麑裘, 夏日葛衣." / 『예기』「월령(月令)」에는 "是月也, 天子始絺."라는 기록이 있는데, 치(絺)는 가는 갈포로 만든 옷을 뜻한다. 따라서 이 문장은 맹하(孟夏)가 되면 천자가 비로소 갈포로 만든 옷을 입기 시작한다는 뜻이다.
6) 석의(裼衣)는 고대에 의례를 시행할 때 입는 옷이다. 가죽옷이나 갈옷 위에 걸쳤던 외투 중 하나이다. '석의' 위에는 습의(襲衣)를 걸쳤기 때문에, 중간에 입는 옷이라는 뜻에서 '중의(中衣)'라고도 부른다.
7) 습의(襲衣)는 고대에 의례를 시행할 때 입는 옷이다. 석의(裼衣) 위에 걸쳤던 옷이

위에는 또한 일상적으로 착용하게 되는 정식 의복류들을 걸쳤으니, 피변복(皮弁服)8)이나 심의(深衣) 등이 바로 여기에 해당한다. 가려서 안에 입고 있는 옷을 드러내지 않는 것을 습(襲)이라고 하며, 옷을 걷어 올려서 안에 입고 있던 석의를 드러내는 것을 석(裼)이라고 부른다.

① ○袍襗之屬.

補註 按: 襗, 當從衣旁, 音鐸. 說文 "襗, 絝也." 絝, 卽袴也. 恐與秦詩 "與子同澤"之澤, 同.
번역 살펴보니, '襗'자는 의(衣)자의 부수를 따라야 하니 그 음은 '鐸(탁)'이 된다. 『설문』에서는 "탁(襗)은 고(絝)이다."라고 했다. 고(絝)는 바지에 해당한다. 아마도 『시』「진풍(秦風)」에서 "그대와 탁(澤)을 함께 입으리라."라고 했을 때의 '탁(澤)'과 같은 뜻일 것이다.

② 開而見出[止]裼也.

補註 疏曰: 左袒出其裼衣, 謂之裼.
번역 소에서 말하길, 좌측 소매를 올려서 그 안에 입고 있는 석의(裼衣)를 드러내는 것을 석(裼)이라고 부른다.

補註 ○覲禮註: 裼者, 左袒也.
번역 ○『의례』「근례(覲禮)」편의 주에서 말하길, '석(裼)'은 좌측 소매를 올리는 것이다.

다. 옷 위에 다시 한 겹을 껴입는다는 뜻에서 '습(襲)'자를 붙여서 부르는 것이다.
8) 피변복(皮弁服)은 호의(縞衣)라고도 부르며, 주로 군주가 조회를 하거나 고삭(告朔)을 할 때 착용하는 복장이다. 흰색 비단으로 만들었으며, 옷에 착용하는 관(冠) 또한 백색 사슴 가죽으로 만들었다. 『의례』「기석례(旣夕禮)」편에는 "薦乘車, 鹿淺幦, 干笮革靯, 載旜載皮弁服, 纓轡貝勒, 縣于衡."이라는 기록이 있고, 이에 대한 정현의 주에서는 "皮弁服者, 視朔之服."이라고 풀이했다.

참고-集說

又聘禮註云, "曲禮云 '執玉, 其有藉者則裼, 無藉者則襲.'" 所謂無藉, 謂圭璋特達, 不加束帛, 當執圭璋之時, 其人則襲也. 有藉者, 謂璧琮加於束帛之上, 當執璧琮時, 其人則裼也. 曲禮所云, 專主圭璋特而襲・璧琮加束帛而裼一條言之. 先儒乃以執圭而垂繅爲有藉, 執圭而屈繅爲無藉, 此則不然. ②竊詳經文, 裼襲是一事, ①垂繅屈繅又別是一事, 不容混合爲一說.

번역 또한 『의례』 「빙례(聘禮)」편에 대한 정현의 주에서는 "『예기』 「곡례(曲禮)」편에서 '옥(玉)을 잡을 때, 깔개가 있는 옥의 경우에는 석(裼)을 했고, 깔개가 없는 옥의 경우에는 습(襲)을 했다.'"9)라고 했다. 이른바 "깔개가 없다."라는 말은 규(圭)와 장(璋)10)만을 전달하며, 한 묶음의 비단11)을 깔개로 첨가하지 않는다는 것이니,12) 규(圭)와 장(璋)을 잡을 때에는 잡는 사람이 습(襲)을 해야 한다는 말이다. '깔개가 있는 것'은 벽(璧)과 종(琮)13)을 한 묶음의 비단 위에 올려둔 것으로,

---

9) 이 문장은 『의례』 「빙례(聘禮)」편의 "上介不襲, 執圭屈繅授賓."이라는 기록에 대한 정현의 주이다.

10) 장(璋)은 옥(玉)으로 만든 기물로, 규(圭)의 절반 크기로 되어 있었다. 조빙(朝聘)이나 제사 때 예물(禮物)로 사용되었다. 『서』 「주서(周書)・고명(顧命)」편에는 "秉璋以酢."이란 기록이 있는데, 이에 대한 공안국(孔安國)의 전(傳)에서는 "半圭曰璋."이라고 풀이했다.

11) 속백(束帛)은 한 묶음의 비단으로, 그 수량은 다섯 필(匹)이 된다. 빙문(聘問)을 하거나 증여를 할 때 가져가는 예물(禮物) 등으로 사용되었다. '속(束)'은 10단(端)을 뜻하는데, 1단의 길이는 1장(丈) 8척(尺)이 되며, 2단이 합쳐서 1권(卷)이 되므로, 10단은 총 5필이 된다. 『주례』 「춘관(春官)・대종백(大宗伯)」편에는 "孤執皮帛."이라는 기록이 있고, 이에 대한 가공언(賈公彦)의 소(疏)에서는 "束者十端, 每端丈八尺, 皆兩端合卷, 總爲五匹, 故云束帛也."라고 풀이했다.

12) 『예기』 「예기(禮器)」: 圭璋, 特. / 「예기」편의 내용에 따르면, 규(圭)와 장(璋)의 경우에는 다른 예물(禮物)을 곁들여서 전달하는 것이 아니라, 그것만 전달하게 된다. 반면 『예기』 「예기」에서는 "琥璜, 爵."이라고 하여, 호(琥)와 황(璜)은 규와 장에 비해 등급이 낮은 옥(玉)에 해당하므로, 이것들만 전달할 수 없어서, 술잔을 건넬 때 폐물을 곁들여서 함께 건넨다고 하였다.

벽(璧)과 종(琮)을 잡을 때에는 잡는 사람이 석(裼)을 해야 한다는 말이다. 따라서 이곳 「곡례」편에서 말한 내용은 전적으로 규(圭)와 장(璋)만 보낼 때 습(襲)을 하고, 벽(璧)과 종(琮)을 보낼 때 한 묶음의 비단을 깔아서 보내며 석(裼)을 한다는 하나의 사항에 대해서만 언급을 한 것이다. 그런데 선대 유학자들은 곧 이 문장을 규(圭)를 잡을 때 규(圭)에 달린 끈을 늘어트리는 것이 '자(藉)가 있는 경우'로 여기고, 규(圭)를 잡을 때 규(圭)에 달린 끈을 접어두는 것을 '자(藉)가 없는 경우'로 여겼는데, 이곳 문장의 내용은 그렇지 않다. 내가 경문의 내용을 자세히 살펴보니, 석(裼)과 습(襲)을 하는 것은 하나의 사안이 되고, '규(圭)에 달린 끈을 늘어트리는 것[垂繅]'과 '규(圭)에 달린 끈을 접어두는 것'들은14) 또한 별개의 사안이 되니, 이 두 사안을 합쳐서 하나의 설명을 만들어내서는 안 된다.

① 垂繅[又]屈繅.

補註 疏曰: 凡執玉之時, 必有其藻, [音早, 亦作繅.] 以承於玉. 若盡飾見美之時, 必垂藻於兩端, 令垂向於下, 謂之有藉. 當時所執之人, 則去體上外服, 以見在內裼衣, 故云有藉則裼也. 其事質充美之時, 承玉之藻, 不使下垂, 屈而在手, 謂之無藉. 當時所執之人, 則掩其上服, 襲蓋裼衣, 謂之無藉則襲.

번역 소에서 말하길, 무릇 옥을 잡을 때에는 반드시 그 밑에 '채색한 깔개[藻]'를 대서, ['藻'자의 음은 '무(조)'이며, 또한 '繅'자로도 기록한다.] 옥을 받쳐 들게 된다. 만약 치장을 한껏 부려서 화려함을 드러내야 할 때라면, 반드시 깔개의 양쪽 끝단을 늘어지게 하여, 바닥으로 치렁치렁 거리게 하니, 이것을 "깔개가 있다[有藉]."라고 부른다. 이것을 들게 되는 자는 상의의 외투 한쪽을 걷어 올려서, 그 안에 입고 있던 석의(裼衣)를 겉으로 드러낸다. 그렇기 때문에 "깔개가 있는 경우에는 석(裼)을 한다."라고 말한 것이다. 그러

---

13) 종(琮)은 옥(玉)으로 만든 기물로, 평평하며 네모난 기둥 모양으로 되어 있다. 중앙에 원형으로 된 구멍이 뚫려 있었다. 예물(禮物)로 사용되었으며, 제후가 천자에게 조회를 갈 때 부절(符節)로 사용되기도 했다.
14) 『의례』「빙례(聘禮)」: 賈人西面坐, 啓櫝, 取圭<u>垂繅</u>, 不起而授宰. 宰執圭, <u>屈繅</u>, 自公左授使者.

나 해당 사안이 질박함을 숭상하여 화려함을 감추게 될 때라면, 옥을 받치게 되는 깔개의 양쪽 끝단을 바닥으로 내려트리지 않고, 접어서 손으로 받치니, 이것을 "깔개가 없다[無藉]"라고 부른다. 이것을 들게 되는 자는 외투로 안에 입고 있던 옷을 가리니, 석의를 덮어서 가리는 것으로, 이것을 "깔개가 없는 경우에는 습(襲)을 한다."라고 부른다.

補註 ○覲禮註: 繅, 所以藉玉, 以韋衣木, 廣袤各如其玉之大小. 天子以五采畫之; 諸侯三采; 子男二采; 其卿大夫亦二采.
번역 ○『의례』「근례(覲禮)」편의 주에서 말하길, 조(繅)는 옥 밑에 까는 것으로 무두질한 가죽으로 나무판을 싸는데, 가로 폭과 세로 폭은 각각 옥의 크기에 맞춘다. 천자는 5가지 채색으로 무늬를 그리고, 제후는 3가지 채색을 사용하며, 자작과 남작은 2가지 채색을 사용하고, 경과 대부 또한 2가지 채색을 사용한다.

補註 ○按: 疏說以垂繅屈繅爲有藉無藉者, 終不襯合. 陳註之不用宜矣.
번역 ○살펴보니, 소의 설명에서는 수조(垂繅)와 굴조(屈繅)를 깔개가 있느냐 없느냐로 여겼는데, 그 결과 끝내 주장들이 부합되지 않았다. 진호의 주에서 소의 주장에 따르지 않았던 것은 마땅한 일이다.

補註 ○又按: 疏說以藻爲藉者, 本於鄭註, 而但鄭註又曰: "圭璋特而襲, 璧琮加束帛而裼, 亦是也." 此則與陳註同.
번역 ○또 살펴보니, 소의 설명에서는 조(藻)를 깔개로 여겼는데, 이것은 정현의 주에 따른 것이다. 다만 정현의 주에서는 또한 "규(圭)와 장(璋)을 보낼 때에는 그것만 보내며, 또한 습(襲)을 하고, 벽(璧)과 종(琮)을 보낼 때에는 한 묶음의 비단을 그 밑에 깔며, 또한 석(裼)을 한다는 것 또한 바로 이러한 뜻을 나타낸다."라고 했다. 이것은 진호의 주와 동일하다.

補註 ○聘禮通解曰: 陳祥道云, "玉有以藻爲之藉, 有以束帛爲之藉. 有藉則裼, 無藉則襲, 特施於束帛而已. 聘賓襲執圭, 公襲受玉及享, 則賓裼奉束帛加璧, 蓋聘特用玉, 而其禮嚴; 享藉以帛, 而其禮殺. 此裼襲所以不同. 先儒以垂藻爲有藉, 屈藻爲無藉, 此說非也." 陳氏但取鄭註後說, 似亦有理.

번역 ○「빙례」에 대해 『통해』에서 말하길, 진상도는 "옥에 대해서는 조(藻)를 깔개로 삼는 경우도 있고, 속백(束帛)을 깔개로 삼는 경우도 있다. 깔개가 있다면 석(裼)을 하고 깔개가 없다면 습(襲)을 한다고 했는데, 이것은 단지 속백을 이용했을 경우에만 해당한다. 빙문으로 찾아온 빈객이 습을 하고 규를 들면 군주는 습을 하고 옥을 받고 향(享)을 하는데, 이 시기가 되면 빈객은 석을 하고 속백에 벽(璧)을 올리니, 빙문에서 옥만 사용하는 것은 그 예법이 엄중하기 때문이며, 향에서 비단을 깔개로 사용하는 것은 그 예법이 상대적으로 낮기 때문이다. 이것은 석과 습의 차이가 생기는 이유이다. 선대 학자들은 수조(垂藻)를 깔개가 있는 경우로 여기고, 굴조(屈藻)를 깔개가 없는 경우로 여겼는데, 이러한 설명 또한 잘못되었다."라고 했다. 진호는 단지 정현의 주 중에서도 뒷부분의 설명만을 취했는데, 아마도 이 또한 사리에 합당한 것 같다.

② 竊詳經文.

補註 按: 經文指聘禮.

번역 살펴보니, '경문(經文)'이란 『의례』「빙례(聘禮)」편을 가리킨다.

「곡례하」 7장

> 참고-經文
>
> 君大夫之子, 不敢自稱曰余小子, 大夫士之子, 不敢自稱曰嗣子某, ①<u>不敢與世子同名</u>.

번역 군주와 대부의 자식은 감히 자신을 '여소자(余小子)'라고 부르지 못하며, 대부와 사의 자식은 감히 자신을 '사자(嗣子) 아무개'라고 부르지 못하고, 감히 세자(世子)와 같은 글자로 이름을 짓지 않는다.

① <u>不敢與世子同名</u>.

補註 楊梧曰: 名, 乃世子稱號, 非本名也. 蓋自稱曰余小子·曰嗣子某, 則便與之同名. 余小子, 天子之子, 未除喪之稱; 嗣子某, 諸侯之子, 未除喪之稱.

번역 양오가 말하길, '명(名)'은 세자가 호칭하는 말을 뜻하니 본래의 이름이 아니다. 아마도 스스로를 호칭하며 '여소자(余小子)'나 '사자 아무개[嗣子某]'라고 말한다면 그와 명칭이 같아지게 된다. '여소자(余小子)'는 천자의 아들이 아직 상을 끝내지 않았을 때 호칭하는 말이며, '사자 아무개[嗣子某]'는 제후의 아들이 아직 상을 끝내지 않았을 때 호칭하는 말이다.

補註 ○按: 楊說似矣. 但此句亦見內則, 而在名子不以日月之下, 恐舊說是. 又賈誼新書"凡諸貴以下, 至於百姓, 男女無敢與世子同." 此亦指同名也. 見通解·內治.

번역 ○살펴보니, 양오의 주장이 정답에 가깝다. 다만 이 구문은 『예기』「내칙(內則)」편에도 나오는데,[1] "자식의 이름을 지을 경우에는 해나 달 등의

---

1) 『예기』「내칙(內則)」: 凡名子, 不以日月, 不以國, 不以隱疾. 大夫士之子, 不敢與世子同名.

고유명사로 짓지 않는다."라는 구문 뒤에 나오니, 아마도 옛 학설이 옳은 것 같다. 또 가의의 『신서』에서는 "귀족으로부터 그 이하로 백성들에 이르기까지, 남녀는 감히 세자와 동일하게 할 수 없다."라고 했는데, 이 또한 이름을 동일하게 하는 것을 가리킨다. 이것은 『통해』「내치」편에 나온다.

「곡례하」 9장

참고-經文

侍於君子, ①不顧望而對, 非禮也.

번역 군자를 모시고 앉아 있을 때, 주위를 둘러보지 않고 대답을 하는 것은 예법에 맞지 않는다.

① ○不顧望而對.

補註 鄭註: "若子路率爾而對." 疏曰: "謂多人侍而君子有問, 則侍者當先顧望坐中, 或有勝己者宜前, 而己不得率爾先對."

번역 정현의 주에서 말하길, "마치 자로가 경솔하게 대답한 경우와 같다.[1]"라고 했다. 소에서 말하길, "많은 사람이 군자를 모시고 있는 가운데 군자가 질문을 하게 된다면 모시고 있던 자들은 먼저 주위에 함께 앉아 있는 자들을 둘러보아야만 하며, 그 중에 간혹 다방면에서 자기보다 뛰어난 자가 있다면, 마땅히 그가 먼저 대답을 해야 하니, 자신이 경솔하게 먼저 대답할 수 없다."라고 했다.

---

1) 『논어』「선진(先進)」: 子路曾晳冉有公西華侍坐. 子曰, "以吾一日長乎爾, 毋吾以也. 居則曰, '不吾知也!' 如或知爾, 則何以哉?" 子路率爾而對曰, "千乘之國, 攝乎大國之間, 加之以師旅, 因之以饑饉, 由也爲之, 比及三年, 可使有勇, 且知方也." 夫子哂之. …… 曰, "夫子何哂由也?" 曰, "爲國以禮, 其言不讓, 是故哂之."

「곡례하」 10장

참고-經文

①君子行禮, 不求變俗. 祭祀之禮, 居喪之服, 哭泣之位, 皆如其國之故, 謹修其法而審行之.

번역 군자가 의례를 시행함에 있어서, 그의 선조가 살았던 이전 나라의 오래된 풍속을 바꾸기를 원해서는 안 된다. 제사를 시행하는 예법, 상을 치르면서 입게 되는 상복(喪服), 곡읍(哭泣)을 할 때의 위치 등 모든 경우에 있어서도, 그의 이전 나라의 오래된 예법대로 따르며, 그 예법을 조심스럽게 살펴서 신중하게 시행한다.

① ○君子[止]變俗.

補註 鄭註: "求, 猶務也. 不務變其故俗, 重本也." 疏曰: "明雖居他國, 猶宜重本, 行故國法. 鄭答趙商, 以爲衛武公居殷墟, 故用殷禮, 卽引此云: '君子行禮, 不求變俗.' 與此不同者, 熊氏云: '人臣出居他國, 不忘本, 故云不變本國風俗, 人君務在化民, 因其舊俗, 往之新國, 不須改也.' 不求變俗, 其文雖一, 人君人臣兩義不同. '必知人君不易舊俗者, 王制云: 修其敎, 不易其俗, 又左傳定四年, 封魯因商·奄之人, 封康叔於殷墟, 啓以商, 政封唐叔於夏墟, 啓以夏政, 皆因其舊俗也."

번역 정현의 주에서 말하길, "'구(求)'자는 힘쓴다는 뜻이다. 옛 나라의 풍속을 바꾸는데 힘쓰지 않는 것은 근본을 중시하기 때문이다."라고 했다. 소에서 말하길, "비록 다른 나라에 거처하고 있더라도 여전히 근본을 중시해야 하므로, 옛 나라의 법도를 실천해야 한다. 정현은 조상[1]에게 대답하며, 위나라 무공은 은허(殷墟)에 거처하였기 때문에 은나라 때의 예법에 따랐다고 하고, 이 문장을 인용하며 '군자가 의례를 시행하며 풍속 바꾸기에 힘쓰지

---

1) 조상(趙商, ?~?): 정현(鄭玄)의 제자이다. 자(字)는 자성(子聲)이다. 하내(河內) 지역 출신이다.

않는다.'라고 하였다. 이곳 문장의 내용과 차이를 보이는 이유에 대해서 웅안생은 '신하가 자기의 나라를 벗어나 다른 나라에 거처하게 된다면, 또한 자신의 본원을 잊을 수가 없기 때문에, 본국의 풍속을 바꾸지 않는다고 말한 것이며, 군주는 백성들을 교화시키는 일에 힘쓰며, 그 나라의 오래된 풍속에 따르게 되니, 새로운 나라에 가게 되더라도 그 나라의 풍속을 고치지 않는 것이다.'라고 했다. 그렇다면 풍속을 바꾸는데 힘쓰지 않는다는 말은 그 문장이 비록 동일하지만, 군주와 신하에게 적용되는 의미는 서로 다른 것이다. 웅안생은 '군주가 옛 풍속을 바꾸지 않는다는 사실을 분명히 알 수 있는 이유는 『예기』「왕제(王制)」편에서는 그들에 대한 교화에 힘쓰지만, 그들의 풍속을 바꾸지는 않는다2)고 하였고, 또 『좌전』 정공 4년 기록에서는 노공인 백금(伯禽)을 분봉하며 상(商)나라와 엄(奄)나라의 유민들을 주었고, 강숙(康叔)을 은허에 분봉하며 은(殷)나라 때의 정치로 백성들을 이끌도록 하였으며, 당숙(唐叔)을 하허(夏虛)에 분봉하며 하(夏)나라 때의 정치로 백성들을 이끌도록 하였으니,3) 이러한 모든 경우에서는 그 나라의 옛 풍속에 따르도록 한 것이다.'라고 했다."라고 했다.

補註 ○類編曰: 君子居其鄉, 不變其俗, 如居魯而從魯俗, 居齊而從齊俗. 孔子之衣縫掖冠章甫, 是也. 註以徙居他國者爲言, 恐因下文去國章相比而發此義.
번역 ○『유편』에서 말하길, 군자가 어떤 고을에 거주하게 되면 그 고을의 풍속을 바꾸지 않으니, 예를 들어 노나라 지역에 거주하면 노나라의 풍속에 따르고, 제나라 지역에 거주하면 제나라의 풍속에 따르는 것이다. 공자가 소

---

2) 『예기』「왕제(王制)」: 凡居民材, 必因天地寒暖燥濕, 廣谷大川, 異制. 民生其間者, 異俗. 剛柔輕重遲速, 異齊. 五味異和, 器械異制, 衣服異宜. <u>修其敎, 不易其俗</u>. 齊其政, 不易其宜.
3) 『춘추좌씨전』「정공(定公) 4년」: 分之土田陪敦·祝·宗·卜·史, 備物·典策, 官司·彝器, 因商奄之民, <u>命以伯禽而封於少皥之虛</u>. …… 聃季授土, 陶叔授民, <u>命以康誥而封於殷虛, 皆啓以商政</u>, 疆以周索. 分唐叔以大路·密須之鼓·闕鞏·沽洗, 懷姓九宗, 職官五正. <u>命以唐誥而封於夏虛, 啓以夏政</u>, 疆以戎索.

매가 넓은 홑옷을 착용하고 장보(章甫)의 관을 썼던 것4)이 바로 이러한 경우에 해당한다. 주에서는 다른 나라로 이주한 경우로 설명을 했는데, 아마도 아래문장에서 본국을 떠난다고 했던 문장과 서로 비교해서 이러한 설명을 했던 것 같다.

補註 ○按: 類編說似長, 蓋註家賺連下段有此混解, 而愚意兩章旨義各殊, 君子居鄕之常禮, 固當不變其俗, 而若去在他國者, 又主於不忘本也.

번역 ○살펴보니, 『유편』의 설명이 더 뛰어나다. 주석가들은 아래 단락과 연계하여 이와 같이 뒤섞인 설명을 하게 되었는데, 내가 생각하기에 두 문장의 뜻은 각각 차이가 있으니, 군자가 고을에 거처할 때의 일반적인 예법에서는 마땅히 그 고을의 풍속을 바꾸지 말아야 하고, 만약 다른 나라로 이주한 경우라면 또한 근본을 잊지 말아야 하는데 주안점을 두어야 한다.

---

4) 『예기』「유행(儒行)」: 魯哀公問於孔子曰, "夫子之服, 其儒服與?" 孔子對曰, "丘少居魯, <u>衣逢掖之衣</u>. 長居宋, <u>冠章甫之冠</u>. 丘聞之也, 君子之學也博, 其服也鄕, 丘不知儒服."

「곡례하」 11장

> **참고-經文**
>
> 去國三世, ①爵祿有列於朝, ②出入有詔於國, ③若兄弟宗族猶存, 則反告於宗後. 去國三世, 爵祿無列於朝, 出入無詔於國, 唯興之日, 從新國之法.

번역 본국을 떠난 지 3세대가 지나더라도, 본국에 남아 있는 족인(族人)들 중 작위와 녹봉을 가지고 조정에 근무하는 자가 있다면, 그가 다른 나라에 출입할 때에는 자신의 본국에 그 사실을 알리며, 만약 그의 형제와 종족이 여전히 본국에 남아 있는 경우라면, 경조사가 생겼을 때 돌아가서 종족의 후손들에게 그 사실을 알린다. 본국을 떠난 지 3세대가 지났는데, 족인들 중 그 나라에서 작위와 녹봉을 가진 자가 없다면, 그가 다른 나라에 출입하는 사실을 본국에 알리지 않고, 오직 그가 새로 거주하는 나라에서 경이나 대부의 반열에 오른 이후에야, 새로 정착한 나라의 예법을 따르게 된다.

① ○爵祿有列於朝.

補註 鄭註: 謂君不絶其祖祀, 復立其族, 若臧紇奔邾, 立臧爲矣.

번역 정현의 주에서 말하길, 군주가 그의 조상에 대한 제사를 끊어지지 않게 하여, 재차 그의 족인(族人)들을 등용시켜주었다는 사실을 뜻한다. 이것은 마치 장흘(臧紇)이 주(邾)나라로 도망을 갔는데도,[1] 장위(臧爲)를 등용시켰던 것과 같은 경우이다.[2]

補註 ○按: 爲, 紇之異母兄.

번역 ○살펴보니, '위(爲)'는 흘(紇)의 모친이 다른 형제이다.

---

1) 『춘추』「양공(襄公) 23년」: 冬, 十月乙亥, 臧孫紇出奔邾.
2) 『춘추좌씨전』「양공(襄公) 23년」: 臧孫如防, 使來告曰, "紇非能害也, 知不足也. 非敢私請. 苟守先祀, 無廢二勳, 敢不辟邑!" 乃立臧爲.

② 出入有詔於國.

補註 鄭註: 詔, 告也, 謂與卿大夫吉凶往來相赴告.
번역 정현의 주에서 말하길, '조(詔)'자는 "아뢴다[告]."는 뜻이니, 경과 대부들에게 길사(吉事)나 흉사(凶事)에 대해 서로 왕래하며 알린다는 의미이다.

補註 ○按: 以註疏觀之, 爵祿有列於朝下, 當着是於等吐, 而諺讀作爲旀誤矣. 且出入有詔, 只是於其往來相赴告之意, 而陳註往來出入他國云者, 未瑩.
번역 ○살펴보니, 주와 소의 주장에 따라 살펴보면, '작록유렬어조(爵祿有列於朝)'라는 구문 뒤에는 마땅히 이[是]나 어[於] 등의 토가 붙어야 하는데, 『언독』에서는 며[旀]토를 붙였으니, 잘못된 해석이다. 또 '출입유조(出入有詔)'라는 것은 왕래하며 서로 소식을 알린다는 뜻인데, 진호의 주에서는 다른 나라에 왕래하거나 출입한다고 설명했으니, 명료하지 못하다.

③ 若兄弟[止]宗後.

補註 鄭註: 謂無列無詔者, 反告, 亦謂吉凶也. 宗後, 宗子也.
번역 정현의 주에서 말하길, 형제와 족인들 중에 조정의 반열에 오른 자가 없어서, 자신이 다른 나라에 출입하는 사실을 알리지도 않는 경우를 뜻한다. "돌아가서 알린다."는 것은 또한 길사나 흉사에 대한 일들을 알린다는 뜻이다. '종후(宗後)'는 종자(宗子)를 뜻한다.

「곡례하」 13장

참고-經文

① **已孤暴貴, 不爲父作謚.**

번역 이미 부친이 돌아가셔서 고아가 된 상태라면, 갑작스럽게 존귀한 신분이 되었더라도, 부친을 위하여 시호를 짓지 않는다.

① ○已孤暴貴[止]作謚.

補註 疏曰: 或擧武王事爲難, 鄭答趙商曰: "周道之基, 隆於二王, 功德由之, 王迹興焉. 而凡爲人父, 豈能賢乎? 若夏禹·殷湯, 則不然矣."

번역 소에서 말하길, 간혹 무왕(武王)이 문왕(文王)에게 왕(王)자를 붙인 일화를 들어서 이러한 규정이 혼란스럽게 되었다고 하는데, 정현은 조상에게 대답을 하며, "주나라 도의 기틀은 문왕과 무왕에게서 융성하게 되었고, 공덕 또한 그들로부터 연유하여 제왕의 면모가 흥성하게 되었다. 무릇 평범한 일반인의 부친이었다면, 어찌 그처럼 현명하게 할 수 있었겠는가? 하나라의 우임금이나 은나라의 탕임금의 경우라면, 이러한 경우에 해당하지 않는다."라고 했다.

補註 ○楊梧曰: 周之追王, 何也? 當周之興王業, 基於大王·王季·文王, 至武王, 而有天下, 武王·周公追述其德義起斯禮, 非後世追王之比也. 故馬氏曰: "德盛者可也."

번역 ○양오가 말하길, 주나라에서 추왕(追王)[1]을 한 것은 어째서인가? 주나라에서 왕업을 흥기시켰는데, 그 기틀은 태왕·왕계·문왕을 통해 이룩하였고, 무왕에 이르러서 천하를 소유하게 되어, 무왕과 주공은 선대 조상의 덕과 도의

---

1) 추왕(追王)은 천자의 조상 중 천자의 신분이 아니었지만, 죽은 뒤 그에게 천자의 칭호를 부여한다는 뜻이다.

를 미루어 기술하고 이러한 예법을 일으켰던 것이니, 후세에서 추왕을 했던 것과 비교할 바가 아니다. 그렇기 때문에 마씨는 "덕이 융성한 경우에만 가능하다."라고 했다.

補註 ○陽村曰: 此與周公追王之禮不合. 恐是夏·殷古禮.
번역 ○양촌이 말하길, 이 내용과 주공이 추왕(追王)을 했던 예법은 합치되지 않는다. 이것은 아마도 하나라나 은나라 때의 옛 예법이었을 것이다.

補註 ○按: 周家追王之事, 陳註殊涉强解.
번역 ○살펴보니, 주나라에서 추왕(追王)을 했던 일에 대해서 진호의 주는 다소 견강부회한 점이 있다.

참고—集說

呂氏曰: ①父爲士, 子爲天子諸侯, 則祭以天子諸侯, 其尸服以士服, 是可以己之祿養其親, 不敢以己之爵加其親也. 父之爵卑不當謚, 而以己爵當謚而作之, 是以己爵加其父, 欲尊而反卑之, 非所以敬其親也.

번역 여씨가 말하길, 부친이 사의 신분이었고, 자식이 천자나 제후의 신분이 된 경우라면, 제사는 천자나 제후에 해당하는 예법으로 지내되, 시동이 착용하는 복장은 사의 복장이라고 하였으니,[2] 이 말은 자신이 받는 녹봉으로 그의 부모를 봉양할 수는 있지만, 자신이 받은 작위로는 감히 그의 부모에게 더할 수 없다는 뜻이다. 부친의 작위가 낮으면, 마땅히 시호를 지을 수 없는데, 자신의 작위가 시호를 지어야 할 정도로 높아져서, 부친의 시호를 짓게 된다면, 이것은 자신의 작위를 그의 부친에게 더하는 것으로, 존귀하게 대하려는 의도이긴 하지만, 반대로 부친을 낮추

---

2) 『예기』「상복소기(喪服小記)」: 父爲士, 子爲天子諸侯, 則祭以天子諸侯, 其尸服以士服.

는 꼴이 되니, 부모를 공경하게 대하는 태도가 아니다.

① 父爲士[止]以士服.

補註 喪服小記文.
번역 『예기』「상복소기(喪服小記)」편의 기록이다.3)

---

3) 『예기』「상복소기(喪服小記)」: 父爲士, 子爲天子諸侯, 則祭以天子諸侯, 其尸服以士服.

「곡례하」 16장

참고-經文

①龜·筴·几·杖·②席·蓋·重素·袗·絺綌, 不入公門.

번역 거북껍질[龜]·시초[筴]·안석[几]·지팡이[杖]·자리[席]·덮개[蓋]를 들거나, 상의와 하의가 모두 흰색인 옷[重素]·홑옷[袗]·삼베옷[絺綌]을 입고는 공문(公門)으로 들어가지 않는다.

① 龜筴.

補註 鄭註: 嫌問國家吉凶.
번역 정현의 주에서 말하길, 국가의 길흉을 묻고자 한다는 혐의를 받기 때문이다.

② 席蓋.

補註 鄭註: "載喪車也. 雜記曰: '士輤, 葦席以爲屋,'" 疏曰: "臣有死於公宮, 可許將柩出門, 不得將喪車入也."
번역 정현의 주에서 말하길, "상거(喪車)[1]에 싣는 것들이다. 『예기』「잡기(雜記)」편에서는 '사의 천(輤)을 만들 때에는 위석(葦席)을 덮개로 삼는다.'[2]라고 하였다."라고 했다. 소에서 말하길, "신하가 군주의 궁 안에서 죽었을 경우, 영구를 공문(公門) 밖으로 내오는 것은 허용된다. 그러나 상거가 공문 안으로 들어갈 수는 없다."라고 했다.

---

1) 상거(喪車)는 악거(惡車)라고도 부른다. 장례(葬禮)를 치를 때 사용되는 수레이다. 다만 시신의 관을 싣는 용도로 사용되는 것이 아니라, 그의 자식이 타게 되는 수레이다. 『예기』「잡기상(雜記上)」편에는 "端衰·喪車皆無等."이라는 기록이 있는데, 이에 대한 공영달(孔穎達)의 소(疏)에서는 "喪車者, 孝子所乘惡車也."라고 풀이했다.
2) 『예기』「잡기상(雜記上)」: 士輤, 葦席以爲屋, 蒲席以爲裳帷.

補註 ○按: 席之不入公門可疑, 故古註疏如此.
번역 ○살펴보니, 자리를 공문으로 들일 수 없다는 말은 의문스럽다. 그렇기 때문에 옛 주와 소의 해석이 이와 같은 것이다.

補註 ○徐志修曰: 恐陳註爲長. 若謂喪車, 則以類當在下文.
번역 ○서지수3)가 말하길, 아마도 진호의 주장이 뛰어난 것 같다. 만약 이 내용이 상거(喪車)에 대한 것이라면, 같은 부류에 따라서 마땅히 뒤의 문장에 기록되어야 한다.

---

3) 서지수(徐志修, A.D.1714~A.D.1768) : 조선 후기 때의 문신이다. 본관은 달성(達城)이고 자는 일지(一之)이며 호는 송옹(松翁)·졸옹(拙翁)이고 시호는 문청(文淸)이며 이름은 지수(志修)이다.

「곡례하」 17장

참고-經文

① 苞屨·扱衽·厭冠, 不入公門.

번역 표괴 풀로 엮은 짚신을 신거나, 앞자락을 허리띠에 꼽거나, 염관(厭冠)[1]을 쓰고서는 공문(公門)으로 들어가지 않는다.

① ○苞屨[止]公門.

補註 疏曰: "苞謂杖齊衰之屨, 故喪服杖齊衰章云: '疏屨者, 藨蒯之菲也.'" 又曰: "服問云: '唯公門有稅齊,' 註云: '不杖齊衰也, 於公門有稅齊衰, 則大功有免絰也.' 如鄭之言, 五服入公門與否, 各有差降. 熊氏云: '父之喪唯扱上衽不入公門, 冠絰衰屨皆得入. 杖齊衰, 則屨不得入, 不杖齊衰, 衰又不得入, 大功絰又不得入, 小功以下, 冠又不得入. 此厭冠, 謂小功以下之冠, 故不入公門. 凡喪冠皆厭, 大功以上之厭冠, 宜得入公門也.'"

번역 소에서 말하길, "포(苞)는 지팡이를 잡고 자최복(齊衰服)을 입을 때 착용하는 신발이다. 그러므로 『의례』「상복(喪服)」편의 '장자최장(杖齊衰章)'에서는 '소구(疏屨)라는 것은 표괴(藨蒯)풀로 엮은 짚신이다.'[2]라고 한 것이다."라고 했다. 또 말하길, "『예기』「복문(服問)」편에서는 '오직 지팡이를 잡지 않는 자최복의 상에서만 공문으로 들어갈 때 자최복을 벗게 된다.'[3]라고 하였고, 주에서는 '지팡이를 잡지 않는 자최복의 상을 뜻한다. 공문에서 자최복을 벗는 경우가 있다면, 대공복(大功服)의 상을 치르는 자는 질(絰)을 벗

---

1) 염관(厭冠)은 소공복(小功服) 이하의 상에서 착용하는 관을 뜻한다.
2) 『의례』「상복(喪服)」: 牡麻絰右本在上. 冠者沽功也. <u>疏屨者, 藨蒯之菲也.</u>
3) 『예기』「복문(服問)」: 凡見人無免絰, 雖朝於君無免絰, <u>唯公門有稅齊衰.</u> 傳曰, "君子不奪人之喪, 亦不可奪喪也."

는 경우도 있다.'라고 했다. 만약 정현의 주장대로라면, 오복(五服)에 포함된 상복을 입고서 공문으로 들어가느냐 또는 들어가지 못하느냐의 여부에는 각각의 상복마다 차등이 있게 된다. 이 문제에 대해서 웅안생은 '부친의 상을 당했을 때에는 다만 앞자락을 허리띠에 꼽고서는 공문으로 들어갈 수 없는 것이며, 관(冠)·질(絰)·상복[衰]·짚신[屨]은 그대로 착용하고서 들어갈 수 있다. 지팡이를 잡고 자최복을 입고 있는 경우에는 상복에 착용하는 신발을 신고서는 들어갈 수 없고, 지팡이를 잡지 않는 자최복의 경우라면, 자최복을 입고서는 또한 들어갈 수 없으며, 대공복을 착용한 경우에는 질 또한 착용하고서 들어갈 수 없고, 소공복(小功服) 이하의 경우에서는 관(冠) 또한 쓰고서는 들어갈 수 없다. 따라서 이곳에서 염관(厭冠)이라고 부른 것은 소공복 이하의 상복에 착용하는 관(冠)을 뜻한다. 그래서 공문으로 들어갈 수 없다고 말한 것이다. 무릇 상관(喪冠)들은 모두 눌러져[厭] 있으므로, 상복에 착용하는 관을 모두 염관(厭冠)이라고 하는데, 대공복 이상의 상복을 착용하고 있을 때에는 염관을 쓴 상태로 공문으로 들어갈 수 있다.'"라고 했다.

참고-集說

①苞, 讀爲藨, 以藨蒯之草爲齊衰喪屨也. 扱衽, 以深衣前衽扱之於帶也. 蓋親初死時, 孝子以號踊履踐爲妨, 故扱之也. 厭冠, 喪冠也. ②吉冠有纚有梁, 喪冠無之, 故厭帖然也. 此皆凶服, 故不可以入公門.

번역 '포(苞)'자는 '표(藨)'자로 해석하니, 표괴(藨蒯)라는 풀로 엮어서 만든 신발로, 자최복(齊衰服)이라는 상복에 신는 짚신이다. '급임(扱衽)'은 심의(深衣)의 앞자락을 허리띠에 꼽는다는 뜻이다. 무릇 부모의 초상 때 효자는 울부짖으며, 용(踊)을 하는데, 옷자락이 밟혀서 방해가 되기 때문에, 앞자락을 허리띠에 꼽는 것이다. '염관(厭冠)'은 상중에 쓰는 관이다. 길(吉)한 때 착용하는 관은 머리싸개와 관의 장식인 양(梁)이 있는데, 상관(喪冠)에는 이러한 것들이 없다. 그러므로 관의 모양을 지지해주는 것이 없어서 푹 꺼져서 눌러있게 되어, '염관(厭冠)'이라고 부르는 것이다. 이 모든 것들은 흉복(凶服)에 해당하므로, 이것을 착용하고서 공문(公門)으로 들어갈 수 없는 것이다.

① 苞讀爲蔍.

補註 沙溪曰: 蔍音莩, 草名, 鹿藿也. 可爲席.
번역 사계가 말하길, '蔍'자의 음은 '莩(부)'이니 풀의 이름으로 녹곽(鹿藿)이라는 식물이다. 이것으로는 자리를 짤 수 있다.

② 吉冠有纚.

補註 士冠禮: "緇纚廣終幅, 長六尺." 註: "纚, 今之幘梁也. 一幅, 長六尺 足以韜髮而結之." 疏曰: "纚今之幘梁者, 擧漢法以況."
번역 『의례』「사관례(士冠禮)」편에서는 "검은색의 머리싸개는 그 너비가 종폭이고 길이는 6척이다."[4]라고 했다. 주에서는 "'이(纚)'라는 것은 오늘날의 머리를 감싸는 두건[幘梁]에 해당한다. 1폭은 그 길이가 6척으로, 머리를 감싸서 묶기에 충분하다."라고 했다. 소에서 말하길, "이(纚)가 오늘날의 책량(幘梁)에 해당한다고 한 것은 한나라 때의 예법으로 비유를 든 것이다."라고 했다.

補註 ○字彙: 纚, 冠織也, 與縰同.
번역 ○『자휘』에서 말하길, '이(纚)'는 관을 쓸 때 사용하는 천이니, 머리싸개[縰]와 동일하다.

---

4) 『의례』「사관례(士冠禮)」: 緇布冠缺項, 青組纓屬于缺; <u>緇纚, 廣終幅, 長六尺</u>; 皮弁笄; 爵弁笄; 緇組紘, 纁邊; 同篋.

「곡례하」 18장

> 참고-經文
> ① 書方·衰·凶器, 不以告, 不入公門.

번역 서방(書方)이나 상복(喪服) 및 흉기(凶器) 등은 미리 보고를 하지 않았다면, 그것들을 가지고 공문(公門)을 들어가지 않는다.

① 書方.

補註 按: 此卽士喪禮所謂書賵於方者.
번역 살펴보니, 이것은 『의례』「사상례(士喪禮)」편에서 "판에 부의를 보낸 사람과 물건을 기록한다."[1]라고 했던 것에 해당한다.

---

1) 『의례』「기석례(旣夕禮)」: 書賵於方, 若九, 若七, 若五.

「곡례하」 19장

참고-集說

馬氏曰: ①季孫使冉有訪田賦於仲尼, 仲尼不對而私於冉有, 何也? 季氏用田賦, 非孔子所能止, 其私於冉有, 豈得已哉.

번역 마씨가 말하길, 계손(季孫)이 염유(冉有)를 시켜서 공자(孔子)에게 토지세에 대한 방책을 물었는데, 공자는 대답을 하지 않았고, 염유에게만 사적으로 얘기를 해준 것은 무슨 까닭인가? 계손이 토지세를 거두려는 것은 공자가 저지할 수 있는 일이 아니었으니, 개인적으로 염유에게 말해준 것까지 그만둘 수 있었겠는가?

① ○季孫使冉有訪田賦.

補註 見左傳哀十一年.

번역 『좌전』 애공 11년 기록에 나온다.[1]

---

1) 『춘추좌씨전』「애공(哀公) 11년」: 季孫欲以田賦, 使冉有訪諸仲尼. 仲尼曰, "丘不識也." 三發, 卒曰, "子爲國老, 待子而行, 若之何子之不言也?" 仲尼不對, 而私於冉有曰, "君子之行也, 度於禮, 施取其厚, 事擧其中, 斂從其薄. 如是, 則以丘亦足矣. 若不度於禮, 而貪冒無厭, 則雖以田賦, 將又不足. 且子季孫若欲行而法, 則周公之典在; 若欲苟而行, 又何訪焉?" 弗聽.

「곡례하」 20장

참고-經文

君子將營宮室, 宗廟爲先, ①廐庫爲次, 居室爲後.

번역 군자가 장차 궁실을 짓게 됨에는 가장 먼저 종묘를 짓고, 그 다음으로 마구간과 창고를 지으며, 마지막으로 자신이 머무는 집 건물을 짓는다.

① 廐庫爲次.

補註 滄溪曰: 廐庫先於居室, 非貴人賤畜之義, 無乃犧牲養於廐而庫又儲粢盛故歟!

번역 창계가 말하길, 마구간과 창고를 집 건물보다 먼저 짓는 것은 사람을 존귀하게 여기고 가축을 천시하는 뜻이 아니니, 제사에 사용하는 희생물을 마구간에서 기르고 창고는 또한 제사에 사용하는 곡식을 저장하는 곳이기 때문일 것이다.

補註 ○墨談曰: 廐馬以備命車, 重君賜也. 庫藏以貯祭器及遺物, 重先世也. 故先於居室.

번역 ○『묵담』에서 말하길, 마구간에서는 말을 길러서 군주가 수레를 하사할 때를 대비하는 것으로, 군주의 하사품을 중시하기 때문이다. 창고에는 제기 및 돌아가신 분이 남겨놓은 물건을 보관하는 것으로, 선대 조상들을 중시하기 때문이다. 그래서 집 건물보다 먼저 짓는다.

「곡례하」 21장

참고-經文

凡家造, ①祭器爲先, 犧賦爲次, 養器爲後.

번역 무릇 가재도구들을 만들 때에는 제기(祭器)가 우선이고, 그 다음으로는 희생물을 공납할 때 필요한 도구들을 만들며, 일반 식기는 가장 마지막에 만든다.

① ○祭器爲先.

補註 疏曰: 此據有地大夫, 故得造祭器. 若無田祿者, 但爲祭服耳. 其有地大夫, 則先造祭服, 乃造祭器. 此言祭器爲先, 對犧賦養器爲先.

번역 소에서 말하길, 이 문장의 내용은 자신의 영지를 가지고 있는 대부에게 기준을 둔 내용이기 때문에, 제기를 만들 수 있었던 것이다. 만약 채읍(采邑)이 없는 대부라면, 단지 제복(祭服)만 만들게 될 따름이다. 그리고 영지를 가지고 있는 대부는 먼저 제복부터 만들고 그 다음에 곧바로 제기를 만들게 된다. 이곳 문장에서 "제기를 가장 먼저 만든다."라고 말한 것은 희생물의 부세와 식기에 대비했을 때 우선사항이 된다는 뜻이다.

참고-集說

犧賦亦以造言者, 如周官①牛人供②牛牲之互與盆簝之類. 鄭註, "互, 若今屠家懸肉格. 盆以盛血. 簝, 受肉籠也."

번역 '희부(犧賦)'에도 또한 "만든다[造]."라는 글자를 붙여서 언급하였는데, 이 도구들은 마치 『주례』「우인(牛人)」편에서 소를 희생물로 사용할 때 필요한 호(互)·분(盆)·요(簝) 등을 공급한다고 했을 때의 물건 등을 뜻한다.[1] 『주례』에 대한 정현의 주에서는 "호(互)는 마치 오늘날 푸줏간에서 고기를 걸어둘 때 쓰는 지지대와 같은 것이다. 분(盆)은 희생물의 피를 담는 그릇이다. 요(蓘)는 희생물의 고기를 담는 바구니이다."라고 했다.

① 牛人.

補註 周禮・地官之屬.
번역 『주례』「지관(地官)」에 속해있는 관리이다.

② 牛牲之互[止]蓘之類.

補註 周禮音義: 互, 劉音護, 徐音牙.
번역 『주례음의』에서 말하길, '互'자의 유음은 '護(호)'이며, 서음은 '牙(아)'이다.

補註 ○沙溪曰: 互・牙古字通用, 蓋鸞刀以刲, 盛血以盆, 受肉以蓘, 然後陳肉於互, 以授亨人亨之.
번역 ○사계가 말하길, 호(互)자와 아(牙)자는 고자에서는 통용했으니, 난도(鸞刀)로 희생물을 가르고, 피는 분(盆)을 이용해서 담으며, 고기는 요(蓘)를 이용해서 받고, 그런 뒤에 호(互)에 고기를 진설하여 팽인(亨人)에게 주어 삶았을 것이다.

참고-集說

疏曰: 家造, 謂大夫始造家事也. 諸侯大夫少牢, ①此言犧牛也, 天子之大夫祭祀, 賦斂邑民供出牲牢, 故曰犧賦.

번역 공영달의 소에서 말하길, '가조(家造)'는 대부가 자신의 영지에 대한 통치에

---

1) 『주례』「지관(地官)・우인(牛人)」: 凡祭祀, 共其牛牲之互與其盆蓘, 以待事.

착수한다는 뜻이다. 제후에게 소속된 대부들은 제사 때 소뢰(少牢)2)를 사용하는데,3) 이곳 문장에서는 소를 희생물로 사용한다고 하였으니, 여기에서 말하는 대부들은 천자에게 소속된 대부에 해당하며, 천자에게 소속된 대부가 제사를 지내게 되면, 채읍(采邑)의 백성들에게서 세금을 거둬서, 희생물로 사용되는 가축들을 공납하도록 하기 때문에, '희부(犧賦)'라고 부른 것이다.

① 此言犧牛.

補註 按: 此謂諸侯之大夫少牢, 故不用牛. 此言犧者, 牛也, 是天子大夫之事. 疏本文犧下有謂字, 牛下有卽是二字.

번역 살펴보니, 이것은 제후에게 속한 대부는 제사에 소뢰(少牢)를 사용하기 때문에 희생물로 소를 사용하지 않는다는 뜻이다. 그런데 이곳에서 '희(犧)'라고 말한 것은 소를 뜻하니, 이것은 천자에게 속한 대부에 대한 일에 해당한다. 소의 본문에는 '희(犧)'자 뒤에 위(謂)자가 기록되어 있고, '우(牛)'자 뒤에 즉시(卽是)라는 두 글자가 더 기록되어 있다.

---

2) 소뢰(少牢)는 제사에서 양(羊)과 돼지[豕] 두 가지 희생물을 사용하는 것을 뜻한다. 『춘추좌씨전』「양공(襄公) 22년」편에는 "祭以特羊, 殷以少牢."라는 기록이 있는데, 이에 대한 두예(杜預)의 주에서는 "四時祀以一羊, 三年盛祭以羊豕. 殷, 盛也."라고 풀이하였다.

3) 『예기』「내칙(內則)」: 凡接子擇日. 冢子則大牢, 庶人特豚, 士特豕, <u>大夫少牢</u>, 國君世子大牢. 其非冢子則皆降一等.

「곡례하」 23장

참고-經文

大夫士去國, 祭器不踰竟. ①大夫寓祭器於大夫, 士寓祭器於士.

번역 대부와 사가 그 나라를 떠나게 될 때에는 제기를 가지고 국경을 벗어나지 않는다. 대부의 경우에는 자신과 동급인 대부에게 제기를 맡기고, 사의 경우에도 자신과 동급인 사에게 제기를 맡긴다.

① 大夫寓祭[止]於士.

補註 鄭註: "寓, 寄也. 與得用者也言寄, 覬已後還." 疏曰: "物不被用, 則生蟲蠹, 故寄於同官, 令彼得用, 不使毁敗, 冀還復用."

번역 정현의 주에서 말하길, "'우(寓)'자는 맡긴다는 뜻이다. 받아서 쓸 수 있는 자에게 줄 때에는 그것을 '기(寄)'라고 부르며, 받아서 쓸 수 있는 자에게 맡기는 이유는 자신이 이후에 본국으로 되돌아오기를 희망하기 때문이다."라고 했다. 소에서 말하길, "물건은 사용하지 않는다면 좀이 생긴다. 그렇기 때문에 동료 관리에게 맡겨서 그로 하여금 사용할 수 있게 하여 훼손되지 않게끔 하는 것이니, 다시 돌아와서 쓸 수 있기를 희망하는 것이다."라고 했다.

참고-集說

馬氏曰: 微子抱祭器而之周, 何也? 君子①爲己不重, 爲人不輕, 抱君之祭器可也, 抱己之祭器不可也.

번역 마씨가 말하길, 은나라 때의 현신인 미자(微子)가 제기를 안고서 주나라로 갔던 것은 어째서인가? 군자는 자신을 위한 일을 중시하지 않고, 남을 위한 일에는 경시하지 않으니, 군주의 제기를 대신 안고 가는 것은 시행 가능한 일이지만, 자신의 제기를 안고 가는 것은 안 되는 일이다.

① 爲己[止]不輕.

補註 家語·顏回篇: 孔子曰, "愛近仁, 度近智, 爲己不重, 爲人不輕, 君子也夫."
번역 『공자가어』 「안회(顏回)」편에서 말하길, 공자는 "친애함은 인(仁)에 가깝고 헤아림은 지(智)에 가까우니, 자신을 위한 일을 중시하지 않고 남을 위한 일을 경시하지 않으면 군자일 것이다."라고 했다.

「곡례하」 24장

참고-集說

壇位, 除地而爲位也. 鄕國, 向其本國也. 徹緣, 去中衣之采緣而純素也. ①鞮屨, 革屨也. 周禮註云, "四夷舞者②所扉." 素簚, 素白狗皮也. ③簚, 車覆闌也. 旣夕禮云, "主人乘惡車白狗幦", 是也. 髦馬, 不翦別馬之髦鬣以爲飾也. ④蚤, 治手足爪也. 鬋, 別治鬢髮也. 祭食, 食盛饌則祭先代爲食之人也. 不說人以無罪者, 己雖遭放逐而出, 不自以無罪解說於人, 過則稱己也. 御, 侍御寢宿也. 凡此皆爲去父母之邦, 捐親戚, 去墳墓, 失祿位, 亦一家之變故也, 故以凶喪之禮自處. 三月爲一時, 天氣小變, 故必待三月而後復其吉服也.

번역 '단위(壇位)'는 땅을 청소하여 자리를 마련하는 것이다. '향국(鄕國)'은 본국을 향한다는 뜻이다. '철연(徹緣)'은 중의(中衣)[1]에 달려 있는 가장자리의 채색된 부분을 제거하여, 순전히 흰색으로 만든다는 뜻이다. '제구(鞮屨)'는 가죽 신발을 뜻한다. 『주례』의 정현 주에서는 "사방 오랑캐들의 춤을 추는 자가 신는 신발이다."[2]라고 했다. '소멱(素簚)'은 흰색의 개 가죽을 뜻한다. '멱(簚)'자는 수레의 난간을 가리는 덮개를 뜻한다. 『의례』「기석례(旣夕禮)」편에서 "주인은 악거(惡車)[3]를

---

1) 중의(中衣)는 조복(朝服)이나 제복(祭服) 등의 예복(禮服) 안에 착용하는 옷이다. '중의' 안에는 속옷 등을 착용하고, '중의' 겉에는 예복 등을 착용하므로, 중간이라는 뜻에서 '중의'라고 부르는 것이다. 또한 모든 복장에 있어서 속옷과 겉옷 중간에 입는 옷을 뜻하기도 한다. 『예기』「교특생(郊特牲)」편에는 "繡黼丹朱中衣."라는 기록이 있고, 이에 대한 공영달(孔穎達)의 소(疏)에서는 "中衣, 謂以素爲冕服之裏衣."라고 풀이하였다.
2) 이 문장은 『주례』「춘관종백(春官宗伯)」편의 "鞮鞻氏, 下士四人, 府一人, 史一人, 胥二人, 徒二十人."이라는 기록에 대한 정현의 주이다.
3) 악거(惡車)는 악거(堊車)를 뜻한다. 상중(喪中)에 있는 자가 타게 되는 백색으로 된 수레이다. '악(堊)'자는 흰색으로 칠한다는 뜻이다.

타며, 백색 개 가죽으로 덮개를 친다."4)라고 한 말이 바로 이러한 뜻을 나타낸다. '모마(髦馬)'는 말의 갈기를 다듬어서 치장을 하지 않았다는 뜻이다. '조(蚤)'자는 손톱과 발톱을 다듬는다는 뜻이다. '전(鬋)'자는 수염과 머리카락을 다듬는다는 뜻이다. '제사(祭食)'는 성찬을 먹게 되면 선대에 음식을 만들었던 자에게 제사를 지낸다는 뜻이다.5) "남에게 죄가 없다고 하소연하지 않는다."는 말은 본인이 비록 축출되어 본국에서 추방되었더라도, 스스로 죄가 없다고 남에게 해명하지 않는다는 뜻으로, 과실은 곧 자신에게 있다고 말한다는 뜻이다. '어(御)'자는 침소에서 시중을 든다는 뜻이다. 무릇 이러한 행동들은 모두 부모가 살아왔던 나라를 떠날 때 행하는 것으로, 친척을 떠나며, 선조의 무덤을 떠나고, 녹봉과 지위를 잃은 경우는 또한 한 집안에서는 큰 변고에 해당한다. 그렇기 때문에 상사를 당했을 때의 예법대로 처신하는 것이다. 3개월이 지나면 한 계절이 지나게 되니, 하늘의 기운이 조금 변하게 된다. 그렇기 때문에 반드시 3개월이 지나가길 기다린 이후에야, 평상시에 입던 길복(吉服)을 다시 입게 되는 것이다.

① ○鞮屨革屨也.

補註 疏曰: 鞮屨, 無絇飾屨也. 周禮·鞮屨氏無絇繶之文, 故知也.
번역 소에서 말하길, '제구(鞮屨)'는 신코의 끈장식인 결박끈이 없는 신발을 뜻한다. 『주례』「제루씨(鞮屨氏)」편에는 구(絇)나 억(繶)에 대한 기록이 없으므로,6) '제(鞮)'가 바로 '구(絇)'가 없는 신발임을 알 수 있다.

② 所屝.

補註 字彙: 屝音費, 草履, 周謂之屨, 夏謂之屝.
번역 『자휘』에서 말하길, '屝'자의 음은 '費(비)'이니 짚신을 뜻하며, 주나라 때에는 이것을 '구(屨)'라 불렀고, 하나라 때에는 이것을 '비(屝)'라 불렀다.

---

4) 『의례』「기석례(旣夕禮)」: 主人乘惡車, 白狗襂, 蒲蔽, 御以蒲菆, 犬服, 木鑣, 約綏, 約轡, 木鑣, 馬不齊髦.
5) 『예기』「곡례상(曲禮上)」: 主人延客祭, 祭食, 祭所先進. 殽之序, 徧祭之.
6) 『주례』「춘관(春官)·제루씨(鞮屨氏)」: 鞮屨氏, 掌四夷之樂與其聲歌. 祭祀則吹而歌之燕亦如之.

③ 篾車覆闌也.

補註 按: 字書, 篾本又作幭, 詩·大雅"鞹鞃淺幭." 朱子註: "幭, 覆式也, 一作帾, 又作幦, 以有毛之皮覆式上也."
번역 살펴보니, 『자서』에서는 '멱(篾)'자는 본래 '멱(幭)'자로도 기록한다고 했으며, 『시』「대아(大雅)」에서는 "가죽 고삐와 호랑이 가죽으로 만든 덮개여."[7]라고 했고, 주자의 주에서는 "멱(幭)은 식(式)을 덮는 것으로 멱(帾)자로도 쓰고 멱(幦)자로도 쓰며, 털이 있는 가죽으로 식 위를 덮는 것이다."라고 했다.

④ 蚤治[止]髮也.

補註 按: 士虞禮"沐浴櫛搔翦"註, 與此同.
번역 살펴보니, 『의례』「사우례(士虞禮)」편에서 "목욕을 하고 머리를 빗고 손톱을 깎는다."[8]고 한 문장의 주는 이곳의 기록과 동일하다.

참고-大全

藍田呂氏曰: 大夫士去國, 喪其位也. 大夫士喪位, 猶諸侯之失國家, 去其墳墓, ①掃其宗廟, 無祿以祭, 故必以喪禮處也. 爲壇而哭, 衣冠裳以素, 輿馬不飾, 食不祭, 內不御, 心喪之禮也. 禮, 庶民爲國君齊衰三月, 寄公爲所寓, 士仕焉而已者, 大夫以道去而猶未絶者, 皆服齊衰三月, 言與民同也. 今去其君, 雖非喪也, 然重絶君臣之義, 故以心喪自處, 而期以三月, 故曰三月而復服也. 鞮屨, 革屨也. 周官鞮屨氏, 蓋蠻夷之服也. 革去毛

---

7) 『시』「대아(大雅)·한혁(韓奕)」: 四牡奕奕, 孔脩且張. 韓侯入覲, 以其介圭, 入覲于王. 王錫韓侯, 淑旂綏章. 簟茀錯衡. 玄袞赤舃, 鉤膺鏤錫, 鞹鞃淺幭, 鞗革金厄.
8) 『의례』「사우례(士虞禮)」: 沐浴, 櫛, 搔翦.

> 而未爲韋, 非吉屨也. 孔子去魯, 以微罪行, 樂毅云, "忠臣去國, 不潔其名." 以己無罪而說於人, 則君有罪矣. 君子不忍爲者, 厚之至也.

번역 남전여씨가 말하길, 대부와 사가 나라를 떠나는 것은 그 지위를 잃었다는 뜻이다. 대부와 사가 지위를 잃은 것은 제후가 자신의 국가를 잃은 경우와 같으니,[9] 선조의 묘역을 떠나게 되어, 군주가 떠나간 그를 대신하여 종묘를 청소해주게 되며,[10] 녹봉을 받아서 제사를 지내는 일을 하지 못하기 때문에, 반드시 상례에 따라서 거처하게 된다. 제단을 만들어서 곡을 하고, 의복 및 관은 모두 흰색으로 하며, 수레와 말에 장식을 하지 않고, 밥을 먹을 때에도 선대의 음식을 만든 자에게 제사를 지내지 않으며, 내적으로도 아내가 시중을 들지 않는 것은 심상(心喪)[11]을 지낼 때의 예법에 해당한다. 예법에 따르면, 백성들은 군주를 위해서 자최복(齊衰服)을 3개월 동안 입는데, 기공(寄公)[12]이 자신이 의탁하고 있는 나라의 군주를 위해서 상복을 입는 경우,[13] 사가 그 군주 밑에서 벼슬살이를 하다가 그만둔 경우,[14] 대부가 도리로 충언을 올렸다가 떠나가게 되어, 아직 그 관계가 끊어지지 않은 경우[15]에는 모두 자최복을 3개월 동안 입게 되니, 백성과 동일하다고 말한 것이다. 자신의 군주를 떠나게 되는 것은 비록 상을 당한 것이 아니지만, 군신 간의 도리가 끊어진 일을 중시하기 때문에, 심상으로 자처하게 되고, 본래 3개월 간 상복을 입기 때문

---

9) 『맹자』「등문공하(滕文公下)」: 士之失位也, 猶諸侯之失國家也.
10) 『의례』「상복(喪服)」: 大夫去, 君掃其宗廟, 故服齊衰三月也, 言與民同也.
11) 심상(心喪)은 죽음에 대해 애도함이 상을 치르는 것과 같지만, 실제적으로 상복을 입지 않는 것을 뜻한다. 주로 스승이 죽었을 때, 제자들이 치르는 상을 가리킨다. 『예기』「단궁상(檀弓上)」편에서는 "事師無犯無隱, 左右就養無方, 服勤至死, 心喪三年."이라는 기록이 있고, 이에 대한 정현의 주에서는 "心喪, 戚容如父而無服也."라고 풀이했다.
12) 기공(寄公)은 자신의 나라를 잃고, 다른 나라에 위탁해서 지내는 제후를 뜻한다. 후대에는 지위를 잃고 떠돌아다니게 된 사람들을 지칭하는 용어로도 사용했다.
13) 『의례』「상복(喪服)」: 寄公爲所寓. 傳曰, 寄公者何也? 失地之君也. 何以爲所寓服齊衰三月? 言與民同也.
14) 『의례』「상복(喪服)」: 仕焉而已者也. 何以服齊衰三月也? 言與民同也.
15) 『의례』「상복(喪服)」: 大夫去, 君掃其宗廟, 故服齊衰三月也, 言與民同也.

에, 3개월이 지난 뒤에 평상시의 길복(吉服)으로 돌아간다고 말한 것이다. '제구(鞮屨)'는 가죽 신발을 뜻한다. 『주례』에는 제루씨(鞮鞻氏)라는 관직이 있으니, 아마도 '제구'라는 것은 오랑캐가 착용하는 복식에 해당하는 것 같다. 가죽 신발에 사용되는 가죽은 털을 제거하였지만, 부드럽게 무두질을 하지 않았기 때문에, 평상시에 신는 신발이 아니다. 공자가 노나라를 떠날 때에도 미미한 죄목으로 떠나갔으며,16) 악의(樂毅)17)는 "충신이 나라를 떠날 때에는 자신에게 죄가 없다고 설명하여, 자신의 이름을 깨끗하게 만들지 않는다."18)라고 하였다. 자신에게 죄가 없다고 다른 사람에게 설명하게 되면, 군주에게 죄가 있다는 뜻이 된다. 군자는 그러한 일을 차마 하지 못하니, 후덕함이 지극하기 때문이다.

① 掃其宗廟.

補註 掃, 唐本作▼(扌+(充-儿+卄)).
번역 '소(掃)'자를 『당본』에서는 '소(▼(扌+(充-儿+卄)))'자로 기록했다.

---

16) 『맹자』「고자하(告子下)」: 孔子爲魯司寇, 不用, 從而祭, 燔肉不至, 不稅冕而行. 不知者以爲爲肉也, 其知者以爲爲無禮也. 乃孔子則欲以微罪行, 不欲爲苟去. 君子之所爲, 衆人固不識也.

17) 악의(樂毅, ?~?): 전국시대(戰國時代) 연(燕)나라의 장군이다. 성(姓)은 자(子)이고, 씨(氏)는 악(樂)이다. 이름은 의(毅)이고, 자(字)는 영패(永霸)이다. 제(齊)나라를 정벌하는데 큰 공적을 세웠지만, 이후 연나라 혜왕(惠王)에게 쫓겨났다.

18) 『전국책(戰國策)』「연책이(燕策二)」: 臣聞古之君子, 交絶不出惡聲; 忠臣之去也, 不潔其名. 臣雖不佞, 數奉敎於君子矣. 恐侍御者之親左右之說, 而不察疏遠之行也. 故敢以書報, 唯君之留意焉.

「곡례하」 27장

참고-集說

敬而先拜, 謂大夫士聘於他國而見其卿大夫士也. ①同國則否.

번역 "공경하며 먼저 절을 한다."는 말은 대부나 사가 다른 나라에 빙문(聘問)을 가서, 그 나라의 경이나 대부 및 사 등을 만나볼 때를 뜻한다. 자신의 나라에서는 이처럼 하지 않는다.

① ○同國則否.

補註 通解曰: 此未有以見同國異國之辨, 更詳之.

번역 『통해』에서 말하길, 여기에는 아직까지 같은 나라나 다른 나라에 따른 구분이 나타나지 않으니, 다시 상세히 따져보아야 한다.

「곡례하」 28장

참고-經文

凡非弔喪, ①非見國君, 無不答拜者.

번역 무릇 상사에 조문을 하는 경우가 아니거나 군주를 찾아뵙는 경우가 아니라면, 답배를 하지 않는 경우가 없다.

① 非見國君[止]拜者.

補註 楊梧曰: 大夫士見聘國之君, 以己雖爲賓, 猶不敢與主君抗禮, 故不答拜. 舊說士見本國之君, 君不答拜云, 則與下節君於士不答拜意疊矣.

번역 양오가 말하길, 대부와 사가 빙문으로 찾아간 나라의 군주를 찾아뵙게 되면, 본인은 비록 빈객의 입장이 되더라도 여전히 군주와 대등한 예법을 감히 시행할 수 없다. 그렇기 때문에 답배를 하지 않는 것이다. 옛 학설에서는 사는 본국의 군주를 찾아뵐 때 군주가 답배를 하지 않는다는 등의 설명을 했는데, 이것은 아래 문단에 군주가 사에 대해서 답배를 하지 않는다는 말과 의미가 중첩된다.

補註 ○按: 註以此爲專指士, 而經文未見此意. 其以不答爲君之不答者, 文勢亦似牽强. 愚意此句乃申釋上節君若迎拜則旋辟, 不敢答拜之義而已. 楊說恐是. 但上節大夫士見於國君及君若迎拜兩段, 通解旣置之聘禮, 又置之臣禮, 恐是兼言見本國君之禮. 然則此所謂非見國君無不答拜者, 亦當兼言本國之君, 蓋不敢抗禮而辟之也.

번역 ○살펴보니, 주에서는 이 문장을 전적으로 사에 대한 내용이라고 했는데, 경문에는 이러한 의미가 나타나지 않는다. 답배를 하지 않는다는 것을 군주가 답배를 하지 않는 것으로 여기는 것은 문장의 흐름상 견강부회의 설명인 것 같다. 내가 생각하기에 이 구문은 앞에서 "만약 상대방 나라의 군주가 빙문으로 찾아온 빈객을 맞이하며 절을 하면, 빈객은 뒤로 물러나니 감히 답배를 하지 않는다."[1]라고 했던 뜻을 거듭 풀이한 것일 뿐이다. 따라서 양오의 설명이 옳다. 다만 앞의 문단에서 대부와 사가 군주를 찾아뵙는다고 했던 것과 군주가 맞이하며 절을 한다고 했던 두 문단을 『통해』에서는 빙례에 배치시켰고, 또 신하의 예법에 해당한다고 했는데, 아마도 이것은 본국의 군주를 찾아뵐 때의 예법 또한 함께 설명한 것 같다. 그렇다면 이곳에서 "군주를 찾아뵙는 경우가 아니라면 답배를 하지 않는 경우가 없다."라고 한 말 또한 마땅히 본국의 군주에 대한 내용까지도 함께 설명한 것이니, 감히 대등한 예법을 시행할 수 없기 때문에 피하는 것이다.

---

1) 『예기』「곡례하(曲禮下)」: 君若迎拜, 則還辟, 不敢答拜.

「곡례하」 29장

참고-經文

①**大夫見於國君, 國君拜其辱, 士見於大夫, 大夫拜其辱, 同國始相見, 主人拜其辱.**

번역 대부가 군주를 찾아뵙게 되면 군주는 그의 노고를 위로하며 절을 하고, 사가 대부를 찾아뵙게 되면 대부는 그의 노고를 위로하며 절을 하고, 같은 나라에 살고 있지만 처음으로 서로 만나보는 경우라면 주인은 빈객의 노고를 위로하며 절을 한다.

① ○大夫見於[止]其辱.

補註 陽村曰: 此言異國之君大夫士相見之事, 故其下特擧同國始相見以言之.

번역 양촌이 말하길, 이것은 다른 나라의 군주와 대부 및 사가 서로 만나볼 때의 사안을 뜻한다. 그렇기 때문에 아래문장에서는 단지 같은 나라에 속해 있는 자들이 처음 서로 만나볼 때의 예법을 제시해서 말한 것이다.

補註 ○按: 初爲大夫之云, 出熊氏說, 而孔疏則引聘禮以爲他國, 與陽村說同. 但朱子於此亦以爲未見同國異國之辨, 又公食大夫禮·士相見禮皆有君迎拜大夫大夫迎拜士之節, 當以朱訓爲正.

번역 ○살펴보니, 처음으로 대부의 신분이 되었다고 한 말은 웅안생의 주장에서 도출된 것인데, 공영달의 소에서는 『의례』「빙례(聘禮)」편을 인용하여 다른 나라에 찾아간 경우로 여겼으니, 양촌의 주장과 합치된다. 다만 주자는 이 문장에 대해서 또한 같은 나라에 속해 있는 것인지 아니면 다른 나라에 대한 것인지에 대한 구분이 나타나지 않는다고 여겼고, 또 『의례』「공사대부례(公食大夫禮)」편과 「사상견례(士相見禮)」편에서는 모두 군주가 대부를 맞이하며 절을 하고 대부가 사를 맞이하며 절을 하는 절차가 나오니, 마땅히 주자의 풀이를 정론으로 삼아야 한다.

「곡례하」 32장

참고-經文

①國君春田不圍澤, 大夫不掩群, 士不取麛卵.

번역 군주는 봄 사냥 때, 연못을 포위하여 씨를 말리지 않고, 대부는 짐승 무리를 습격하지 않으며, 사는 새끼나 알을 잡지 않는다.

① ○國君春田[止]麛卵.

補註 疏曰: 春時萬物産孕, 不欲多傷殺. 麛, 獸子通名. 卵, 鳥卵.
번역 소에서 말하길, 봄철에는 만물이 새끼를 낳게 되므로 살생을 많이 하고자 하지 않기 때문이다. '미(麛)'자는 곧 사슴의 새끼를 지칭하는 말이지만, 모든 뭍짐승의 새끼들에 대해서도 또한 통칭하는 말로 사용할 수 있다. '난(卵)'자는 새의 알을 뜻한다.

補註 ○楊梧曰: "天子四時皆得圍, 但不合耳. 若諸侯唯春田不圍, 夏秋冬皆得圍, 亦不合耳." 又曰: "諸侯在國, 則南面以全君道, 與天子同. 來朝則北面以全臣道, 與天子異. 王制諸侯會王田獵之禮; 曲禮諸侯在國田獵之禮."
번역 ○양오가 말하길, "천자는 사계절의 사냥에서 모두 포위를 할 수 있지만 네 방면을 모두 막을 수는 없을 따름이다. 제후의 경우 오직 봄사냥에서만 포위를 하지 않고 여름·가을·겨울사냥에서는 모두 포위를 할 수 있지만, 이러한 경우에도 네 방면을 모두 막을 수는 없을 따름이다."라고 했다. 또 말하길, "제후는 자신의 나라에 있을 때 남면을 하여 군주의 도를 온전히 발휘하니 천자의 경우와 동일하다. 천자에게 찾아가 조회를 하게 되면 북면을 하여 신하의 도를 온전히 지키니 천자의 경우와 차이가 난다. 『예기』「왕제(王制)」편의 내용은 제후가 천자와 회동을 할 때 사냥하는 예법을 나타낸 것이고, 「곡례(曲禮)」편의 내용은 제후가 자신의 나라에 있을 때 사냥하는 예법을 나타낸 것이다."라고 했다.

補註 ○按: 王制"天子不合圍, 諸侯不掩群", 與此異, 故楊梧說如此, 而王制疏或以爲天子之大夫, 或以爲夏·殷之禮, 恐皆不如楊梧說.
번역 ○살펴보니, 『예기』「왕제(王制)」편에서는 "천자는 사냥함에 사면을 둘러싸서 포위하지 않고, 제후는 짐승 무리를 엄습하지 않는다."[1]라고 하여 이곳과 차이를 보인다. 그렇기 때문에 양오가 이와 같이 설명한 것이지만, 「왕제」편의 소에서는 천자에게 속한 대부이거나 혹은 하나라 은나라 때의 예법일 수도 있다고 여겼으니, 아마도 양오의 주장대로는 아니었을 것이다.

---

1) 『예기』「왕제(王制)」: 無事而不田, 曰不敬, 田不以禮, 曰暴天物. <u>天子不合圍, 諸侯不掩群</u>.

「곡례하」 33장

참고-經文

歲凶, 年穀不登, 君膳不祭肺, ①馬不食穀, 馳道不除, 祭事不縣. 大夫不食粱, ②士飮酒不樂.

번역 흉년이 들어, 한 해의 농작물이 제대로 수확되지 않았다면, 군주는 성찬을 차려서 폐(肺)로 제사지내는 일을 하지 않고, 말에게는 곡식을 먹이지 않으며, 군주의 수레가 달리는 길에는 청소를 하지 않고, 제사 때에게도 음악을 연주하지 않는다. 대부의 경우에는 조밥을 추가적으로 차리지 않고, 사의 경우에는 술은 마시되 음악은 연주하지 않는다.

① ○馬不食穀.

補註 疏曰: 年豊則馬食穀, 今凶年, 故不食.

번역 소에서 말하길, 그 해에 풍년이 들면 말에게도 곡식을 먹이게 되는데, 이곳 문장에서는 흉년이 들었다고 했기 때문에 곡식을 먹이지 않는 것이다.

② 士飮酒不樂.

補註 鄭註: "不樂, 去琴瑟." 疏曰: "士平常飮酒奏樂, 今凶年, 猶許飮酒, 但不奏樂."

번역 정현의 주에서 말하길, "'불악(不樂)'은 음주를 할 때 금슬(琴瑟) 등의 악기 연주를 생략한다는 뜻이다."라고 했다. 소에서 말하길, "사들은 평상시에 음주를 하며 음악을 연주하게 되는데, 현재는 흉년이 든 상황이다. 그러나 이러한 시기에도 여전히 음주는 허용된다. 다만 음악은 연주하지 않을 따름이다."라고 했다.

「곡례하」 34장

참고-經文

①君無故, 玉不去身, 大夫無故, 不徹縣, 士無故, 不徹琴瑟.

번역 군주는 특별한 변고가 없으면, 패옥(佩玉)을 몸에서 떼지 않으며,[1] 대부는 특별한 변고가 없으면, 종이나 경(磬)과 같은 악기들을 거둬들이지 않고, 사는 특별한 변고가 없으면, 금슬(琴瑟) 등의 악기를 거둬들이지 않는다.[2]

① ○君無故[止]琴瑟.

補註 疏曰: 上云, "君無故不去玉", 則知下通於士. 下言士不去琴瑟, 亦上通於君.

번역 소에서 말하길, 앞에서 "군주는 특별한 변고가 없으면 패옥을 몸에서 떼지 않는다."라고 했으니, 이 내용이 그 밑으로 사에게까지 통용된다는 사실을 알 수 있다. 아래문장에서 사는 금슬 등의 악기를 거두지 않는다고 했으니, 이 또한 위로 군주에게까지 통용된다.

---

1) 『예기』「옥조(玉藻)」: 佩玉有衝牙. <u>君子無故玉不去身</u>, 君子於玉比德焉.
2) 『예기』「상대기(喪大記)」: 疾病, 外內皆埽. <u>君大夫徹縣, 士去琴瑟</u>. 寢東首於北牖下.

「곡례하」 35장

참고-經文

士有獻於國君, 他日, 君問之曰, "①安取彼?" 再拜稽首, 而后對.

번역 사가 군주에게 헌상품을 올린 적이 있는데, 다른 날에 군주가 그에게 하문하길, "어디에서 저 물건을 얻었는가?"라고 하면, 사는 재배를 하고 머리를 조아리며, 그런 이후에 대답을 한다.

① ○安取彼.

補註 疏曰: 所以須問者, 士卑德薄, 嫌其無有也.

번역 소에서 말하길, 하문할 필요가 있는 이유는 사는 신분이 낮고 덕도 엷으므로, 그의 소유물이 아니었을 거라는 혐의가 있기 때문이다.

「곡례하」 36장

참고-經文

①大夫私行, 出疆必請, 反必有獻. 士私行, 出疆必請, 反必告. 君勞之, 則拜, 問其行, 拜而后對.

번역 대부가 개인적으로 출행을 하여, 국경을 벗어나게 된다면, 반드시 군주에게 허락을 받아야 하고, 돌아와서는 반드시 헌상품을 바쳐야 한다. 사가 개인적으로 출행을 하여, 국경을 벗어나게 된다면, 반드시 군주에게 허락을 받아야 하고, 돌아와서는 반드시 돌아왔다는 사실을 아뢰어야 한다. 군주가 그의 노고를 위로하면, 절을 하고, 그의 여행에 대해서 묻게 되면, 절을 한 이후에 대답을 한다.

① ○大夫私行[止]后對.

補註 楊梧曰: 言獻則告可知. 言告則獻與不獻, 皆可互備. 註士不獻, 不以卑者之物瀆尊上也, 非是. 上節言士有獻, 卽獻之證也.

번역 양오가 말하길, 헌(獻)이라고 했다면 고(告)를 한다는 사실을 알 수 있다. 그런데 고(告)라고 한다면 헌(獻)을 하거나 하지 않는 경우가 있게 된다. 주에서는 사가 헌상을 하지 않는 것은 신분이 비천한 자의 선물로 존귀한 자를 욕보일 수 없기 때문이라고 했는데 이것은 잘못된 주장이다. 앞의 문단에서 "사가 헌상품을 올린 적이 있다."[1]라고 한 말이 바로 헌상을 한다는 증거가 된다.

補註 ○按: 鄭註士言告者, 不必有其獻也, 此說是.

번역 ○살펴보니, 정현의 주에서는 사에 대해 아뢴다고 말한 이유는 반드시 헌상품을 바쳐야 하는 것은 아니기 때문이라고 했는데, 이 주장이 옳다.

---

1) 『예기』「곡례하(曲禮下)」: 士有獻於國君, 他日, 君問之曰, "安取彼?" 再拜稽首, 而后對.

補註 ○陽村曰: 勞之則拜以下, 總大夫士而言.
번역 ○양촌이 말하길, "노고를 위로하면 절을 한다."라고 한 구문으로부터 그 이하의 내용은 대부와 사에 대한 내용을 총괄해서 말한 것이다.

「곡례하」 37장

참고-經文

①國君去其國, 止之曰, "奈何去社稷也?" 大夫曰, "奈何去宗廟也?" 士曰, "奈何去墳墓也?" 國君死社稷, 大夫死衆, ②士死制.

번역 군주가 그 나라를 버리고 떠나게 되면, 그를 제지하며, "어찌하여 사직(社稷)을 버리고 떠나시는 것입니까?"라고 하며, 대부가 그 나라를 버리고 떠나게 되면, 그를 제지하며, "어찌하여 종묘(宗廟)를 버리고 떠나시는 것입니까?"라고 하고, 사가 그 나라를 버리고 떠나게 되면, 그를 제지하며, "어찌하여 선조의 묘를 버리고 떠나시는 것입니까?"라고 한다. 군주는 국가를 위해 목숨을 바치고, 대부는 군사들을 위해 목숨을 바치며, 사는 제도의 수호를 위해 목숨을 바친다.

① ○國君去其國[止]墳墓也.

補註 鄭註: "皆民臣殷勤之言." 疏曰: "大夫無社稷, 故云宗廟. 孝經云: '大夫能守其宗廟.'"

번역 정현의 주에서 말하길, "이 모든 말들은 백성과 신하의 정감이 두터운 데에서 비롯된 말이다."라고 했다. 소에서 말하길, "대부에게는 사직(社稷)이 없기 때문에, '종묘(宗廟)'라고 말한 것이다. 『효경』에서는 '대부는 그의 종묘를 수호한다.'1)고 했다."라고 했다.

② 士死制.

補註 按: 鄭註制謂君敎令所使爲之, 陳註本此而欠詳.

번역 살펴보니, 정현의 주에서 '제(制)'자는 군주가 교령(敎令)을 내려서 그를 시켜 그것들을 시행하도록 한 것이라고 했고, 진호의 주는 이것을 근거로 했으나 다소 간략하다.

---

1) 『효경』「경대부장(卿大夫章)」: 三者備矣, 然後能守其宗廟

「곡례하」 41장

> **참고-經文**
>
> 崩, 曰天王崩. ①復, 曰天子復矣. 告喪, 曰天王登假. ②措之廟, 立之主, 曰帝.

번역 천자가 죽었을 때에는 "천왕(天王)이 붕어[崩]하셨다."라고 말한다. 초혼(招魂)을 할 때에는 "천자(天子)시여, 돌아오소서."라고 말한다. 천자의 상사를 알릴 때에는 "천왕(天王)께서 승하[登假]하셨다."라고 말한다. 그의 묘(廟)를 설치하여, 그의 신주를 세우게 되면, '제(帝)'라고 부르게 된다.

① ○復曰天子復矣.

補註 鄭註: "諸侯呼字." 疏曰: "若漫招呼, 則無指的, 故男子呼名, 婦人呼字, 令魂識知其名字而還. 王者不呼名字者, 一則臣不可名君, 一則普天率土, 王者一人而已, 呼天子復, 而必知呼己而返也."

번역 정현의 주에서 말하길, "제후의 경우에는 그의 자(字)를 부른다."라고 했다. 소에서 말하길, "만약 아무렇게나 부르게 된다면 정확하게 가리키는 점이 없게 된다. 그렇기 때문에 남자의 경우에는 그의 이름[名]을 부르고, 여자의 경우에는 그녀의 자(字)를 불러서, 그들의 혼(魂)으로 하여금 자신의 이름과 자를 알아보고 되돌아오도록 하는 것이다. 천자의 경우 이름이나 자로 부르지 않는데, 그 이유는 첫 번째 신하는 군주를 이름으로 부를 수 없기 때문이며, 두 번째는 천하를 두루 통솔하는 자는 천자 한 사람 밖에 없기 때문이다. 그래서 '천자(天子)여, 돌아오소서.'라고 부르면, 천자는 반드시 자신을 부르고 있다는 사실을 알게 되어 돌아오는 것이다."라고 했다.

② 措之廟.

補註 疏曰: 王葬後, 卒哭竟而祔, 置於廟, 立主, 使神依之.
번역 소에서 말하길, 천자의 장례를 치른 이후, 졸곡을 끝내고, 부제(祔祭)를 지내면서 묘(廟)에 안치를 하는데, 신주를 세워서, 신령으로 하여금 그곳에 의탁하도록 하는 것이다.

참고-集說

自上墜下曰崩, 亦壞敗之稱. 王者卒, 則史書於策曰天王崩. 復者, 人死則形神離, 古人持死者之衣, 升屋北面招呼死者之魂, 令還復體魄, 冀其再生也, 故謂之復. 天子復者, 升屋招呼之辭, 臣子不可名君, 故呼曰天子復也. 疏云, "以例言之, 則王后死, 亦呼王后復也." 告喪, 赴告侯國也. 呂氏讀假爲格音, 引"王假有廟", 與"來假來享", 言其精神升至於天. 愚謂遐乃遠邈之義, 登遐, 言其所升高遠, 猶漢書稱"①大行". 行乃循行之行, 去聲. 以其往而不反, 故曰大行也. 措, 置也. 立之主者, 始死則鑿木爲重以依神, 旣虞而埋之, 乃作主以依神也.

번역 위에서 아래로 떨어지는 것을 '붕(崩)'이라고 부르니, 또한 무너지고 패망하는 것을 부르는 칭호가 된다. 천자[王]가 죽게 되면, 사관(史官)은 문서에 기록하며, "천왕(天王)이 붕어[崩]하셨다."라고 한다. '복(復)'이라는 말은 사람이 죽게 되면, 육신과 정신이 분리가 되는데, 고대인들은 죽은 자가 입었던 옷을 들고서 지붕에 올라가 북쪽을 바라보며, 죽은 자의 혼(魂)을 불러서, 혼으로 하여금 육신의 백(魄)으로 돌아가도록 하여, 그가 다시 살아나기를 기대하게 된다. 그렇기 때문에 이러한 의식을 '복(復)'이라고 부르는 것이다. 천자에 대해 초혼의식을 하는 경우, 지붕에 올라가 부르는 말에서는 신하가 군주를 이름으로 부를 수 없다. 그렇기 때문에 "천자(天子)시여, 돌아오소서."라고 말하는 것이다. 공영달의 소에서는 "이러한 용례에 따라 말해보자면, 왕후(王后)가 죽었을 때에도 또한 '왕후(王后)시여, 돌아오소서.'라고 부르게 된다."라고 했다. '고상(告喪)'은 제후국에 부고를 알린다는 뜻이다. 여대림은 '가(假)'자를 '격(格)'자의 음으로 읽으며, "천자가 묘(廟)에 오시다[王假有廟]."[1]라는 말과 "오셔서 흠향을 하시다[來假來享]."[2]라는 말을 인용하였으니, 이 말은 곧 천자의 정신이 상승하여 하늘에 도달한다는 뜻이라고 했다. 내가 생각하기에, '하(遐)'자는 멀고도 아득하다는 뜻이니, '등하(登遐)'라는 말은 오른 곳이 높고도 멀다는 뜻이 되므로, 『한서(漢書)』에서 '대항(大行)'[3]'이라고 부르는 것과 같다. '항(行)'자는 순항(循行)이라고 할 때의 '항(行)'자와 같으니, 거성(去聲)으로 읽는다. 그가 가서 돌아오지 않기 때문에, '대항(大行)'이라고 부른 것이다. '조(措)'자는 "설치한다[置]."는 뜻이다. '입지주(立之主)'라고 하였는데, 최초 사람이 죽게 되면, 나무에 구멍을 내어 중(重)[4]을 만들고, 이것을 통해 신령이 이곳에 위탁하도록 하는데, 우제(虞祭)를 지내고 중(重)을 매장하고서야, 곧 신주를 만들어서 신령이 위탁하도록 한다.

① 大行.

補註 沙溪曰: 大行, 通解註云: "始死未有諡, 故以大行實稱之", 與此註不同.

번역 사계가 말하길, '대항(大行)'에 대해 『통해』의 주에서는 "이제 막 죽어서 아직 시호가 없기 때문에 대항이라는 말로 그들을 지칭한다."라고 하여,

---

1) 『역』「췌괘(萃卦)」: 萃, 亨, 王假有廟, 利見大人, 亨利貞, 用大牲吉, 利有攸往. / 이 문장에 대한 왕필(王弼)의 주: 假, 至也, 王以聚至有廟也.
2) 『시』「상송(商頌)·열조(烈祖)」: 來假來饗, 降福無疆. 顧予烝嘗, 湯孫之將.
3) 대항(大行)은 황제(皇帝) 및 황후(皇后)가 죽었는데, 아직 시호(諡號)가 정해지지 않았을 때 이름이나 다른 것들을 거론해서 지칭할 수 없으므로, '대항'이라는 말을 써서 그들을 지칭한다. '대항'은 멀리 갔다는 뜻으로, 너무 멀리 떠나서 다시 돌아올 수 없다는 의미이니, 죽음을 뜻한다. 『후한서(後漢書)』「안제기(安帝紀)」편에는 "孝和皇帝懿德巍巍, 光于四海, 大行皇帝不永天年."이라는 기록이 있고, 이에 대한 이현(李賢)의 주에서는 위소(韋昭)의 주장을 인용하며, "大行者, 不反之辭也. 天子崩, 未有諡, 故稱大行也."라고 풀이했다.
4) 중(重)은 나무에 구멍을 뚫어서 만든 것으로, 신주(神主)를 만들기 전에, 구멍이 뚫린 나무를 세워서 이것을 신주 대신으로 삼아 제사를 지냈다. 『예기』「단궁하(檀弓下)」편에는 "重, 主道也."라는 기록이 있고, 이에 대한 정현의 주에서는 "始死未作主, 以重主其神也."라고 풀이했다.

이곳의 주와 차이를 보인다.

補註 ○按: 諡法云, "大行受大名, 細行受小名," 漢書大行不妨備異義.
번역 ○살펴보니, 『시법』에서는 "큰 행보를 했다면 큰 이름을 얻고 작은 행보를 했다면 작은 이름을 얻는다."라고 했다. 『한서』에 나온 대항은 다른 해석을 하는데 방해가 되지 않는다.

「곡례하」 42장

> **참고-集說**
>
> 鄭氏曰: 生名之曰小子王, 死亦曰小子王也. ①晉有小子侯, 是僭號也.

번역 정현이 말하길, 천자가 상을 치르는 중이라면, 이처럼 '소자(小子)'라는 명칭을 붙여서, '소자왕(小子王)'이라고 부르고, 상을 치르다 죽게 되었을 때에도 '소자왕(小子王)'이라고 부른다. 진(晉)나라에서 '소자후(小子侯)'라고 쓴 용례가 있는 것은 참람되게 천자의 호칭을 쓴 것이다.

① ○晉有小子侯.

補註 見左傳桓七年.
번역 『좌전』 환공 7년 기록에 나온다.[1]

> **참고-集說**
>
> 呂氏曰: 春秋書①王子猛卒, 不言小子者, 臣下之稱, 與史策之辭異也.

번역 여씨가 말하길, 『춘추』에는 "왕자(王子)인 맹(猛)이 죽었다."라고 기록하여, '소자(小子)'라고 부르지 않은 것은 신하들이 부르는 호칭과 사관이 역사서에 기록하는 말이 서로 다르기 때문이다.

---

1) 『춘추좌씨전』「환공(桓公) 7년」: 冬, 曲沃伯誘晉小子侯殺之.

① 王子猛卒.

補註 見春秋昭二十二年.
번역 『춘추』 소공 22년 기록에 나온다.[2]

---

2) 『춘추』「소공(昭公) 22년」: 冬, 十月, 王子猛卒.

「곡례하」 43장

참고-經文

① <u>天子有后, 有夫人, 有世婦, 有嬪, 有妻, 有妾.</u>

번역 천자에게는 1명의 왕후(王后)가 있고, 3명의 부인(夫人)이 있으며, 27명의 세부(世婦)가 있고, 9명의 빈(嬪)이 있으며, 81명의 어처(御妻)가 있고, 다수의 첩(妾)들이 있다.

① 天子有后[止]有妾.

補註 疏曰: 周禮嬪在世婦上, 又無妾之文. 今此記者之言, 或雜夏·殷而言之.

번역 소에서 말하길, 『주례』의 기록에 따르면, 빈(嬪)은 세부(世婦)보다도 상위에 속한 계층이고, 또한 첩(妾)에 대한 기록은 없다. 그런데 이곳『예기』의 기록에서 이처럼 말한 것은 아마도 하나라와 은나라 때의 예법까지도 뒤섞어서 언급했기 때문일 것이다.

참고-大全

① 馬氏曰: 昏義曰, "古者, 天子后立六宮, 三夫人, 九嬪, 二十七世婦, 八十一御妻, 以聽天下之內治." 此曰, "天子有后, 有夫人, 有世婦, 有嬪, 有妻, 有妾." 蓋昏義言後宮之治, 故兼天子后言之, 而備六宮之數, 而妾不與焉. 曲禮言後宮之位, 故止言天子而備六宮之名, 則雖后之尊, 亦曰有后, 而妾之賤亦與焉.

번역 마씨가 말하길, 『예기』「혼의(昏義)」편에서는 "고대에 천자의 왕후(王后)는 육궁(六宮)[1]을 세우며, 3명의 부인(夫人), 9명의 빈(嬪), 27명의 세부(世婦), 81명의 어처(御妻)를 두어, 천하의 내치(內治)[2]를 다스린다."[3]라고 하였다. 이곳 경문에서는 "천자는 왕후(王后)를 두고, 부인(夫人)을 두며, 세부(世婦)를 두고, 빈(嬪)을 두며, 처(妻)를 두고, 첩(妾)을 둔다."라고 하였다. 아마도 『예기』「혼의」편에서는 후궁(後宮)들에 대한 다스림을 언급하고 있기 때문에, 천자의 왕후까지도 함께 거론하고, 또 육궁에 포함되는 해당 계급의 수를 각각 상세하게 언급하였던 것이다. 그러나 첩(妾)은 신분이 낮으므로, 거론하지 않은 것이다. 그런데 「곡례」편에서는 후궁들의 지위를 언급하고 있기 때문에, 단지 천자가 갖추게 되는 육궁의 계급 명칭만을 거론한 것이다. 따라서 비록 왕후의 신분이 존귀하다고 하지만, 또한 "왕후를 둔다."라고 말한 것이고, 첩(妾)처럼 신분이 낮은 자까지도 함께 거론한 것이다.

① 馬氏曰[止]與焉.

補註 昏義: "天子后立六宮", 鄭註: "天子六寢而六宮在後", 疏曰: "案宮人云: '掌王之六寢之修', 註云: '路寢一, 小寢五, 是天子六寢也. 六宮在王之六寢之後, 亦大寢一, 小寢五. 其九嬪以下, 亦分居之, 其三夫人雖不分居六宮, 亦分主六宮之事, 或猶如三公分主六卿之類也.'"

번역 『예기』「혼의(昏義)」편에서 말하길, "천자의 왕후는 육궁(六宮)을 둔

---

1) 육궁(六宮)은 왕후(王后)의 침궁(寢宮)을 뜻한다. 천자는 6개의 침(寢)을 세워서, 1개의 침을 정침(正寢)으로 사용하고, 나머지 5개의 침을 연침(燕寢)으로 사용하는데, 왕후(王后) 또한 6개의 침궁을 세워서, 1개의 침궁을 정침으로 사용하며, 나머지 5개의 침궁을 연침으로 사용한다. 배치상으로 보면 천자가 세우는 6개의 침이 위치한 건물군의 뒤편에 위치한다.

2) 내치(內治)는 아녀자들에 대한 교육과 정책 등을 다스린다는 뜻이다. 남녀의 구분을 내외(內外)로 규정하여, 관련 교육과 정책 또한 '내치(內治)'와 '외치(外治)'로 구분하였기 때문에, '내치'라는 용어가 생기게 되었다. 국가적 차원에서 보면, 궁내(宮內)에 있는 아녀자들에 대한 일이 '내치'의 대상이 되며, 특히 고대에는 신하들의 부인들까지 동원되어 누에치는 일을 하였기 때문에, 이러한 일들 또한 '내치'의 대상이 된다. 한 가정의 차원에서 보면, 집안에 있는 아녀자들에 대한 일이 '내치'의 대상이 된다.

3) 『예기』「혼의(昏義)」: <u>古者天子后立六宮, 三夫人, 九嬪, 二十七世婦, 八十一御妻, 以聽天下之內治</u>, 以明章婦順, 故天下內和而家理.

다."⁴⁾라고 했고, 정현의 주에서는 "천자는 육침(六寢)을 두는데, 육궁(六宮)은 그 뒤에 위치한다."라고 했으며, 소에서는 "『주례』「궁인(宮人)」편을 살펴보면, '천자의 육침(六寢) 다스리는 일을 담당한다.'⁵⁾라고 했고, 정현의 주에서는 '노침(路寢)⁶⁾이 1개이고, 소침(小寢)⁷⁾이 5개라고 했다. 이것은 곧 천자의 육침(六寢)을 나타낸다. 육궁(六宮)은 천자의 육침 뒤에 있으며, 또한 육궁에 있어서도 대침(大寢)은 1개이고, 소침은 5개이다. 이 건물에는 9명의 빈(嬪) 이하의 여자들이 또한 각각 나눠서 머물게 된다. 3명의 부인(夫人)은 비록 육궁에 나눠서 거주하지 않지만, 또한 육궁에 해당하는 일을 각각 나눠서 다스린다. 아마도 삼공(三公)이 육경(六卿)을 나눠서 주관했던 부류와 같았을 것이다.'"라고 했다.

補註 ○周禮・天官・內小臣: "掌王之陰令", 註: "陰令, 爲王所求爲於北宮", 疏曰: "北宮者以王六寢在南, 后六宮在北故也."
번역 ○『주례』「천관(天官)・내소신(內小臣)」편에서 말하길, "천자의 음령

---

4) 『예기』「혼의(昏義)」: 古者天子后立六宮・三夫人・九嬪・二十七世婦・八十一御妻, 以聽天下之內治, 以明章婦順, 故天下內和而家理. 天子立六官・三公・九卿・二十七大夫・八十一元士, 以聽天下之外治, 以明章天下之男教, 故外和而國治. 故曰, "天子聽男教, 后聽女順; 天子理陽道, 后治陰德; 天子聽外治, 后聽內職. 教順成俗, 外內和順, 國家理治", 此之謂盛德.
5) 『주례』「천관(天官)・궁인(宮人)」: 宮人, 掌王之六寢之脩.
6) 노침(路寢)은 천자나 제후가 정무를 처리하던 정전(正殿)이다. 『시』「노송(魯頌)・민궁(閟宮)」편에는 "松桷有舄, 路寢孔碩."이라는 기록이 있는데, 이에 대한 모전(毛傳)에서는 "路寢, 正寢也."라고 풀이했고, 『문선(文選)』에 수록된 장형(張衡)의 '서경부(西京賦)'에는 "正殿路寢, 用朝群辟."이라는 기록이 있는데, 이에 대한 설종(薛綜)의 주에서는 "周曰路寢, 漢曰正殿."이라고 하여, 주(周)나라에서는 '정전'을 '노침'으로 불렀다고 풀이했다.
7) 소침(小寢)은 '연침(燕寢)'을 뜻한다. '연침'은 천자 및 제후들이 휴식을 취하던 장소를 가리킨다. 천자에게는 6개의 침(寢)이 있었는데, 앞쪽에 있는 1개의 침은 정침(正寢)으로 노침(路寢)이라고 부르며, 뒤쪽에 있는 다섯 개의 침을 통칭하여 '연침'이라고 부른다.

(陰令)에 대한 일을 담당한다."8)라고 했고, 정현의 주에서는 "'음령(陰令)'은 북궁에서 천자를 위해 요구하거나 시행하는 것들이다."라고 했으며, 소에서는 "'북궁(北宮)'이라고 부르는 것은 천자의 육침은 남쪽에 위치하고 왕후의 육궁은 북쪽에 위치기 때문이다."라고 했다.

補註 ○內宰: "以陰禮敎六宮", 註: "鄭司農云: '六宮前一後五,' 玄謂六宮謂后也. 婦人稱寢曰宮. 后象王, 立宮而居之, 亦正寢一, 燕寢五. 敎者, 不敢斥言之, 謂之六宮, 若今稱皇后爲中宮矣."
번역 ○『주례』「내재(內宰)」편에서 말하길, "음례(陰禮)로 육궁(六宮)에 대한 일을 가르친다."9)라고 했고, 정현의 주에서는 "정사농은 '육궁은 앞에 1개가 있고 뒤에 5개가 있다.'라고 했는데, 내가 생각하기에 육궁(六宮)은 왕후(王后)를 뜻한다. 부인이 침(寢)을 가리킬 때에는 궁(宮)이라고 부른다. 왕후는 천자를 형상화하니 궁을 세워서 그곳에 거주하며 또한 정침(正寢)이 1개이고 연침(燕寢)이 5개이다. 가르친다고 말한 것은 감히 직접적으로 가리켜서 말할 수 없기 때문으로, 왕후를 육궁이라고 부른 것은 오늘날 황후를 중궁(中宮)이라고 부르는 것과 같다."라고 했다.

補註 ○按: 今以諸說叅看, 則后之六宮, 雖嬪御分居, 而咸統於后, 若如鄭說稱后爲六宮則可也, 不可謂后是六宮之一. 且六宮者是內寢之數, 不可以嬪御之屬一一分, 當云某是一宮, 某是一宮也. 馬氏大誤.
번역 ○살펴보니, 여러 학설들을 참고해보면 왕후의 육궁(六宮)에는 비록 빈(嬪)이나 어(御) 등이 각각 나뉘어 거처하지만 모두 왕후의 통제를 받으니, 정현의 주장처럼 왕후에 대해서 육궁이라고 부른다면 옳은 말이지만, 왕후를 두고 육궁 중 하나에 해당한다고 말해서는 안 된다. 또 육궁은 내침(內寢)의 수에 해당하는 것으로 빈이나 어 등을 하나하나 구분할 수 없으니, 만약 그렇게 했다면 아무개는 하나의 궁이 되고 아무개는 하나의 궁이 된다고

---

8) 『주례』「천관(天官)·내소신(內小臣)」: <u>掌王之陰事陰令</u>.
9) 『주례』「천관(天官)·내재(內宰)」: 以陰禮敎六宮.

말해야 한다. 따라서 마씨의 주장은 매우 잘못되었다.

補註 ○本章疏曰: 周禮王有六寢, 一是正寢, 餘五寢在後, 通名燕寢. 其一在東北, 王春居之. 一在西北, 王冬居之. 一在西南, 王秋居之. 一在東南, 王夏居之. 一在中央, 六月居之. 凡后妃以下, 更以次序而御王於五寢之中.

번역 ○본장의 소에서 말하길, 『주례』에서 천자는 육침(六寢)을 둔다고 했는데, 하나는 정침(正寢)에 해당하고 나머지 5개의 침(寢)은 정침의 뒤편에 위치하며, 통칭하여 연침(燕寢)이라고 부른다. 5개의 연침 중 1개는 동북쪽에 위치하여, 천자가 봄철에 머물게 된다. 다른 1개의 연침은 서북쪽에 위치하여, 천자가 겨울철에 머물게 된다. 다른 1개의 연침은 서남쪽에 위치하여, 천자가 가을철에 머물게 된다. 다른 1개의 연침은 동남쪽에 위치하여, 천자가 여름철에 머물게 된다. 그리고 나머지 1개의 연침은 중앙에 위치하여, 천자가 계하(季夏)에서 맹추(孟秋)로 넘어가는 시점인 6월에 머물게 된다. 후비(后妃) 이하의 여자들은 차례대로 순서를 정하여, 5개의 연침에 나아가 천자의 시중을 들게 된다.

補註 ○周禮・宮人註: 君日出而視朝. 退適路寢聽政. 使人視大夫, 大夫退, 然後適小寢, 釋服. 是路寢以治事, 小寢以時燕息焉.

번역 ○『주례』「궁인(宮人)」편의 주에서 말하길, 군주는 해가 떠오른 뒤에 나와 조정에 참관하고, 물러나서 노침으로 가며 정사에 대해 들으며 가부를 판단하고, 사람을 시켜서 대부들이 퇴조했는지를 살피니, 대부가 퇴조를 한 뒤에야 소침으로 가서 조복(朝服)을 벗는다. 이것은 노침이 정사를 돌보는 곳이고 소침이 때에 따라 휴식을 취하는 장소임을 나타낸다.

補註 ○內宰註又曰: "分居后之六宮者, 每宮九嬪一人, 世婦三人, 女御九人; 其餘九嬪三人, 世婦九人, 女御二十七人, 從后唯其所燕息焉. 夫人如三公, 從容論婦禮." 疏曰: "嬪九人, 六宮各一人, 則三人在也. 世婦二十七人, 六宮各三人, 則九人在也. 女御八十一人, 六宮各九人, 則餘二十七人在也. 云從后唯其所燕息者, 后不專居一宮, 須往卽停, 故云唯其燕息. 夫人如三公, 從容論婦禮者, 夫人有三, 分居不遍, 三公坐與王論道, 三夫人尊卑與三公同. 三公侍上, 三夫人侍后, 故取並焉, 以證三夫人不分居宮之義也.

번역 ○『주례』「내재(內宰)」편의 주에서는 또한 "왕후의 육궁(六宮)에 각각 나뉘어 거처하니, 매 궁마다 구빈(九嬪)이 1명이고 세부(世婦)가 3명이며 여어(女御)가 9명이다. 나머지 3명의 구빈 9명의 세부 27명의 여어는 왕후가 머물며 쉬는 곳에 따른다. 부인(夫人)은 삼공(三公)과 같으니 차분히 부인의 예법을 논한다."라고 했고, 소에서는 "빈(嬪)은 9명인데 육궁에 각각 1명이 배치되니 3명이 남게 된다. 세부(世婦)는 27명인데 육궁에 각각 3명이 배치되니 9명이 남게 된다. 여어(女御)는 81명인데 육궁에 각각 9명이 배치되니 27명이 남게 된다. '종후유기소연식(從后唯其所燕息)'이라는 말은 왕후는 하나의 궁에만 머무는 것이 아니며 어느 궁에 갈 일이 생기면 그곳에 머물게 된다. 그렇기 때문에 오직 머무는 곳에서 쉰다고 했다. '부인(夫人)은 삼공(三公)과 같으니 차분히 부인의 예법을 논한다.'라고 했는데, 부인은 3명으로 나뉘어 배치되면 두루 배치되지 못하고, 삼공은 앉아서 천자와 도를 논의하고 3명의 부인은 그 신분이 삼공과 동일하다. 삼공이 천자를 모시고 3명의 부인이 왕후를 모시기 때문에 함께 열거한 것으로, 이것은 3명의 부인이 육궁에 나뉘어 배치되지 않는다는 뜻을 증명한다."라고 했다.

補註 ○按: 觀此兩條, 后之於六寢, 其春·夏·秋·冬·六月, 各有所居, 及大寢治事, 小寢宴息者, 亦皆與王同歟.

번역 ○살펴보니, 이러한 두 갈래의 주장들을 살펴보면, 왕후는 육침(六寢)에 있어서 봄·여름·가을·겨울·6월에 각각 머무는 곳이 있게 되며, 또 대침(大寢)에서 업무를 처리하고 소침(小寢)에서 휴식을 취하는 것 또한 모두 천자와 동일한 것이다.

「곡례하」 44장

참고-經文

①天子建天官, 先六大, 曰大宰·大宗·大史·大祝·大士·大卜, 典司六典.

번역 천자가 천관(天官)을 세움에, 육대(六大)를 먼저 세우니, '육대'는 곧 대재(大宰)·대종(大宗)·대사(大史)·대축(大祝)·대사(大士)·대복(大卜)을 가리키며, 이들은 육전(六典)[1]을 담당한다.

① 天子建天官[止]六典.

補註 鄭註: 此蓋殷時制也. 周則大宰爲天官, 大宗曰宗伯, 爲春官, 大史以下屬焉.
번역 정현의 주에서 말하길, 이곳 문장의 내용들은 아마도 은나라 때의 제도에 해당하는 것 같다. 주나라의 경우에는 대재(大宰)가 천관(天官)의 수장이었으며, 대종(大宗)은 종백(宗伯)이라고 불렀고 춘관(春官)의 수장이었으며, 대사(大史) 이하의 관리들은 춘관에 속해있었다.

補註 ○楊梧曰: 上典字主也, 下典字法也.
번역 ○양오가 말하길, 앞의 '전(典)'자는 주관한다는 뜻이며, 뒤의 '전(典)'자는 법(法)을 뜻한다.

---

1) 육전(六典)은 치전(治典), 교전(敎典), 예전(禮典), 정전(政典), 형전(刑典), 사전(事典)을 뜻한다. 고대에 국가를 통치하던 여섯 방면의 법령을 가리킨다. 국가의 전반적인 통치, 교화, 예법, 전장제도(典章制度), 형벌, 임무수행에 대한 법이다. 『주례』「천관(天官)·대재(大宰)」편에는 "大宰之職, 掌建邦之六典, 以佐王治邦國. 一曰治典, 以經邦國, 以治官府, 以紀萬民. 二曰敎典, 以安邦國, 以敎官府, 以擾萬民. 三曰禮典, 以和邦國, 以統百官, 以諧萬民. 四曰政典, 以平邦國, 以正百官, 以均萬民. 五曰刑典, 以詰邦國, 以刑百官, 以糾萬民. 六曰事典, 以富邦國, 以任百官, 以生萬民."이라는 기록이 있다.

「곡례하」 45장

> **참고-經文**
> ①<u>天子之五官</u>, 曰司徒・司馬・司空・司士・司寇, 典司五衆.

번역 천자가 설치하는 다섯 관부의 수장은 사도(司徒)・사마(司馬)・사공(司空)・사사(司士)・사구(司寇)를 뜻하니, 이들은 자신들의 관부에 속한 관료 무리들을 다스린다.

① ○天子之五官.

補註 鄭註: 此亦殷時制也. 周則司士屬司馬, 大宰・司徒・宗伯・司馬・司寇・司空爲六官.

번역 정현의 주에서 말하길, 이 문장의 내용 또한 은나라 때의 제도에 해당한다. 주나라의 경우에는 사사(司士)라는 관직은 사마(司馬)에게 소속되어 있었고, 대재(大宰)・사도(司徒)・종백(宗伯)・사마(司馬)・사구(司寇)・사공(司空)이 여섯 관부의 수장이 된다.

「곡례하」 46장

> **참고-經文**
> ①天子之六府, 曰司土·司木·司水·司草·司器·司貨, 典司六職.

번역 천자가 설치하는 여섯 창고의 관리는 사토(司土)·사목(司木)·사수(司水)·사초(司草)·사기(司器)·사화(司貨)를 뜻하니, 이들은 여섯 가지 직무를 담당한다.

① ○天子之六府.

補註 鄭註: 周則皆屬司徒.
번역 정현의 주에서 말하길, 주나라 때의 제도에 따르면, 이들은 모두 사도(司徒)에게 소속된 하위 관료가 된다.

「곡례하」 47장

> **참고-經文**
>
> ①天子之六工, 曰土工·金工·石工·木工·②獸工·草工, 典制六材.

번역 천자가 설치하는 여섯 공인의 관리는 토공(土工)·금공(金工)·석공(石工)·목공(木工)·수공(獸工)·초공(草工)을 뜻하니, 이들은 여섯 종류의 재료들로 기물 제작하는 일을 담당한다.

① ○天子之六工.

補註 鄭註: 周則皆屬司空.

번역 정현의 주에서 말하길, 주나라 때의 제도에 따르면, 이들은 모두 사공(司空)에게 소속된 하위 관료가 된다.

② 獸工.

補註 鄭註: "函·鮑·韗·韋·裘也. 唯草工職亡, 蓋謂作萑葦之器." 疏曰: "用獸皮, 故曰獸工. 函作甲鎧者. 鮑治皮供作甲者. 韗以皮冒鼓者. 韋熟皮爲衣及靺鞈者. 裘謂帶毛狐裘之屬者."

번역 정현의 주에서 말하길, "수공(獸工)은 함인(函人), 포인(鮑人), 운인(韗人), 위씨(韋氏), 구씨(裘氏)에 해당한다.[1] 다만 초공(草工)에 해당하는 직무 기록은 남아 있지 않은데, 아마도 익모초나 갈대 등을 엮어서 광주리 등을 만들었던 자를 뜻하는 것 같다."라고 했다. 소에서 말하길, "동물의 가죽을 사용하기 때문에 '수공(獸工)'이라고 부른다. '함(函)'은 갑옷을 만드는 자를 뜻한다. '포(鮑)'는 가죽에 대해 무두질을 해서 갑옷을 만드는 자에게

---

1) 『주례』「동관고공기(冬官考工記)」: 攻皮之工, 函·鮑·韗·韋·裘.

공급하는 자를 뜻한다. '운(輑)'은 가죽으로 북의 치는 면을 만드는 자를 뜻한다. '위(韋)'는 가죽을 부드럽게 손질해서 옷 및 갑옷의 관절 부위와 무릎 부위를 만드는 자를 뜻한다. '구(裘)'는 털이 붙어 있는 가죽옷 등을 만드는 자를 뜻한다."라고 했다.

「곡례하」 49장

참고-經文

①五官之長曰伯, 是職方, 其擯於天子也, 曰天子之吏. 天子同姓謂之伯父, 異姓謂之伯舅. 自稱於諸侯, 曰天子之老, 於外曰公, 於其國曰君.

번역 다섯 관부의 수장을 '백(伯)'이라고 부르니, 이들은 천하를 양분하여 해당 지역에 속한 제후들을 담당하며, 보좌관이 천자에게 그들에 대해 말할 때에는 '천자의 관리[天子之吏]'라고 부른다. 천자와 동성(同姓)인 경우에는 '큰 아버지[伯父]'라고 부르고, 이성(異姓)인 경우에는 '큰 외삼촌[伯舅]'이라고 부른다. 이들이 스스로를 제후들에게 칭할 때에는 '천자에게 소속된 노인[天子之老]'이라고 부르며, 자신의 영지 밖에서는 '공(公)'이라고 부르고, 자신의 나라 안에서는 '군주[君]'라고 부른다.

① ○五官之長曰伯.

補註 疏曰: 畿外之大, 莫大於二伯, 故先言之也. 五官者, 卽司徒以下五官也. 云長者, 謂三公無職, 故不在五官之中, 卽三公加一命, 出爲分陝二伯者也. 伯, 長也, 謂朝廷之長, 公羊傳云: "天子三公者何? 天子之相也. 則何以三? 自陝而東, 周公主之; 自陝而西, 召公主之; 一相處乎內."

번역 소에서 말하길, 천자의 수도 밖에 있는 사람들 중에서 이백(二伯)보다 높은 사람이 없다. 그렇기 때문에 이들에 대해 우선적으로 언급한 것이다. '오관(五官)'은 곧 사도(司徒) 이하의 다섯 관부에 해당한다. '장(長)'이라고 부르는 이유는 삼공(三公)에게는 특별하게 주어진 직무가 없기 때문에, 오관(五官) 안에 포함되지 않으며, 삼공(三公)의 직급에 1명(命)이 더해지면, 천자의 수도 밖으로 나가서 섬(陝) 땅을 중심으로 천하를 양분하여 담당하게 되는 이백(二伯)이 된다. '백(伯)'이라는 말은 수장[長]이라는 뜻으로, 조정의 수장이라는 의미이다. 『공양전』에서는 "천자의 삼공(三公)이란 누구인가? 천자를 돕는 재상[相]들이다. 그렇다면 왜 3명으로 정했는가? 섬(陝)땅으로부터 동쪽은 주공(周公)이 주관하였고, 섬땅으로부터 서쪽은 소공(召公)이 주관하였으며, 1명의 재상은 천자의 수도에 머물렀다."[1]라고 했다.

補註 ○按: 據此則五官之長云者, 非謂五官中之長, 謂統五官之長也. 且二伯分主所治之方云者, 乃三公中之二分也. 陳註六卿中三人兼之云者, 蓋本於顧命疏, 而却與此疏不合, 且二伯之爲三公中二公, 亦不說破可欠. 抑顧命疏與此疏同出孔氏, 豈以殷・周之異制故耶?

번역 ○살펴보니, 이 말에 근거해보면 '오관지장(五官之長)'이라고 말한 것은 다섯 관부에 속한 수장을 뜻하는 것이 아니며, 다섯 관부를 총괄하는 수장을 의미한다. 또 이백(二伯)은 자신들이 각자 맡고 있는 지역의 제후들을 분담하여 담당한다고 했으니, 삼공(三公) 중에서 2명이 분담하여 다스리는 것이다. 진호의 주에서는 육경(六卿) 중 3명이 삼공을 겸직한다고 했는데, 이것은 『서』「고명(顧命)」편의 소에 근거한 말이지만, 이곳의 소 기록과는 합치되지 않는다. 또 이백이 삼공 중의 2명이었다는 주장에 있어서는 설파할 것이 없다. 따라서 「고명」편의 소와 이곳의 소는 모두 공영달이 작성한 것인데, 어찌 은나라와 주나라 제도가 달랐기 때문이라 하겠는가?

---

1) 『춘추공양전』「은공(隱公) 5년」: 天子三公稱公, 王者之後稱公, 其餘大國稱侯, 小國稱伯子男. 天子三公者何? 天子之相也, 天子之相, 則何以三? 自陝而東者, 周公主之, 自陝而西者, 召公主之, 一相處乎內.

「곡례하」 53장

> **참고-經文**
> ①**天子當依而立**, ②**諸侯北面而見天子**曰覲. 天子當宁而立, ③**諸公東面·諸侯西面**曰朝.

번역 천자가 의(依)를 등지고 서서 남쪽을 바라보고, 제후들이 북쪽을 바라보며 천자를 찾아뵙는 것을 '근(覲)'이라고 부른다. 천자가 저(宁)에 서 있고, 여러 공(公)들이 동쪽을 바라보며, 제후들이 서쪽을 바라보고 천자를 찾아뵙는 것을 '조(朝)'라고 부른다.

① ○**天子當依**.

補註 陸云: 依, 本又作扆, 於豈反.
번역 육덕명이 말하길, '依'자는 판본에 따라서 또한 '扆'자로도 기록하는데, 그 음은 모두 '於(어)'자와 '豈(기)'자의 반절음이다.

② **諸侯北面而見天子**.

補註 疏曰: 秋冬陰氣質斂, 故不布散.
번역 소에서 말하길, 가을과 겨울은 음기(陰氣)에 해당하고, 음기는 질박하고 수렴하는 것을 위주로 하므로, 제후들이 좌우로 흩어져 있지 않는다.

③ **諸公東面諸侯西面**.

補註 疏曰: 陽氣文也, 故因文而分布.
번역 소에서 말하길, 양기(陽氣)는 화려함[文]에 해당하기 때문에, 격식에 맞게 나눠서 흩어져 위치하는 것이다.

참고-集說

①鄭氏曰: 春朝, 受摯於朝, 受享於廟. 秋覲, 一受之於廟. 朝者, ②位於內朝而序進, 覲者, 位於廟門外而序入.

번역 정현이 말하길, 봄에 하는 조례에서는 천자가 조정에서 예물을 받고, 종묘에서 술잔을 받는다. 가을에 하는 근례에서는 천자가 예물과 술잔을 모두 종묘에서 받는다. 조(朝)를 할 때에는 내조(內朝)1)에 위치하다가 서열에 따라 차례대로 천자 앞으로 나아가고, 근(覲)을 할 때에는 종묘의 문 밖에 위치하다가 차례대로 문안으로 들어간다.

① 鄭氏曰[止]於廟.

補註 按: 本文受摯於朝, 受享於廟下, 有生氣文也四字, 受之於廟下, 有殺氣質也四字. 又曰, 夏宗依春, 冬遇依秋.
번역 살펴보니, 본문에는 "조정에서 예물을 받고, 종묘에서 술잔을 받는다."라는 구문 뒤에 "봄의 생장하는 기운은 상대적으로 화려하기 때문이다[生氣文也]."라는 네 글자가 더 있으며, "종묘에서 받는다."라는 구문 뒤에 "가을의 숙살(肅殺)하는 기운은 상대적으로 질박하기 때문이다[殺氣質也]."라는 네 글자가 더 있다. 또 "여름에 찾아뵙는 것을 '종(宗)'이라고 부르는데, 그 의례절차는 봄에 시행하는 예법에 따르고, 겨울에 찾아뵙는 것을 '우(遇)'라고 부르는데, 그 의례절차는 가을에 시행하는 예법에 따른다."라고 했다.

---

1) 내조(內朝)는 천자 및 제후가 정사를 처리하고 휴식을 취하던 장소이다. 외조(外朝)에 상대되는 말이다. '내조'에는 두 종류가 있었는데, 그 중 하나는 노문(路門) 밖에 위치하던 곳으로, 천자 및 제후가 정사를 처리하던 장소이며, 치조(治朝)라고도 불렀다. 다른 하나는 노문 안에 위치하던 곳으로, 천자 및 제후가 정사를 처리한 이후, 휴식을 취하던 장소이며, 연조(燕朝)라고도 불렀다.

② 位於內廟.

補註 廟, 本文作朝.
번역 '묘(廟)'자를 본문에서는 조(朝)자로 기록했다.

補註 ○疏曰: 內朝, 卽路門外朝也. 對皐門內三槐九棘之外朝, 故稱內也.
번역 ○소에서 말하길, 여기에서 말하는 '내조(內朝)'는 노문(路門)[2] 밖에 있는 조정을 뜻한다. 고문(皐門)[3] 안쪽에 위치하여 삼괴(三槐)[4]와 구극(九棘)[5]이 있는 외조(外朝)[6]와는 상대되기 때문에 내조(內朝)라고 부른 것이다.

---

2) 노문(路門)은 고대 궁실(宮室) 건축물 중에서도 가장 안쪽에 있었던 정문이다. 여러 문들 중에서 노침(路寢)에 가장 가까운 위치에 있었기 때문에, '노문'이라는 명칭이 붙게 되었다. 『주례』「동관고공기(冬官考工記)・장인(匠人)」편에는 "路門不容乘車之五个."라는 기록이 있는데, 이에 대한 정현의 주에서는 "路門者, 大寢之門."라고 풀이하였고, 가공언(賈公彦)의 소(疏)에서는 "路門以近路寢, 故特小爲之."라고 풀이하였다.

3) 고문(皐門)은 천자의 궁(宮)에 설치된 문들 중에서 가장 바깥쪽에 설치하는 문이다. 높다는 의미의 '고(高)'자가 '고(皐)'자와 통용되므로, 붙여진 명칭이다. 『시』「대아(大雅)・면(緜)」편에는 "迺立皐門, 皐門有伉."이라는 용례가 있고, 『예기』「명당위(明堂位)」편의 "大廟, 天子明堂. 庫門, 天子皐門. 雉門, 天子應門."이라는 기록에 대해, 정현의 주에서는 "皐之言高也."라고 풀이했다.

4) 삼괴(三槐)는 외조(外朝)에 심어둔 세 그루의 괴목(槐木)을 뜻한다. 삼공(三公)이 천자를 조회할 때에는 이 세 그루의 괴목을 향해서 서게 된다. 후대에는 이러한 뜻에서 파생되어, '삼괴'를 삼공을 뜻하는 용어로도 사용하였다.

5) 구극(九棘)은 외조(外朝)에 심어둔 아홉 그루의 극목(棘木)이다. 고대에는 천자 및 제후가 외조 좌우측에 각각 9개의 극목을 심어서, 군신(群臣)들이 서는 위치를 표시하였다. 좌측에 심어진 9개의 극목 자리에는 고(孤)・경(卿)・대부(大夫)들이 위치했으며, 우측에 심어진 9개의 극목 자리에는 공작[公]・후작[侯]・백작[伯]・자작[子]・남작[男] 등이 위치했다. 『주례』「추관(秋官)・조사(朝士)」편에는 "掌建邦外朝之法. 左九棘, 孤卿大夫位焉, 群士在其後. 右九棘, 公侯伯子男位焉, 群吏在其後."라는 기록이 있고, 이에 대한 정현의 주에서는 "樹棘以爲立者, 取其赤心而外刺, 象以赤心三刺也."로 풀이했다. 후대에는 '구극'을 구경(九卿)을 가리키는 용어로도 사용했다.

6) 외조(外朝)는 내조(內朝)와 대비되는 말이며, 천자 및 제후가 정사(政事)를 처리하

참고-集說

疏曰: 依, 狀如屛風, 以絳爲質, 高八尺, 東西當戶牖之間, 繡爲斧文, 亦曰斧依. 天子見諸侯, 則依而立負之, 而南面以對諸侯也. 宁者, 爾雅云"門屛之間謂之宁", 人君視朝所宁立處. 蓋宁立以待諸侯之至, 故云當宁而立也. 諸侯春見曰朝, 秋見曰覲. 又曰: 凡天子三朝, 一在路門內, 謂之①燕朝, 大僕掌之, 二是路門外之朝, 謂之②治朝, 司士掌之, 其三是皐門之內, 庫門之外, 謂之③外朝, 朝士掌之. 諸侯亦有此三朝.

번역 공영달의 소에서 말하길, '의(依)'는 그 모양이 병풍(屛風)과 같은 것으로, 붉은색 천으로 바탕을 짜며, 그 높이는 8척(尺)이 되고, 동서 방향으로 문[戶]과 창[牖] 사이에 두며, 도끼 모양을 수놓았기 때문에, 또한 '부의(斧依)'라고도 부른다. 천자가 제후들을 조견하게 되면, 의(依)를 세우고서 그것을 등지고 서며, 남쪽을 바라보며 제후들을 대면하게 된다. '저(宁)'에 대해 『이아』에서는 "문(門)과 병풍[屛] 사이의 공간을 '저(宁)'라고 부른다."7)고 하였으니, 군주가 조회에 참관할 때 멈춰 서 있는 장소이다. 아마도 잠시 멈춰 서서 제후들이 다가오는 것을 기다리기 때문에, "저(宁)에서 서 있다."고 말한 것이다. 제후가 봄에 천자를 찾아뵙는 것을 '조(朝)'라고 부르고, 가을에 찾아뵙는 것을 '근(覲)'이라고 부른다. 또 공영달의 소에서 말하길, 무릇 천자는 3개의 조정을 두는데, 첫 번째 조정은 노문(路門) 안쪽에 있으니, 그것을 연조(燕朝)8)라고 부르고, 그 안에서의 의례 진행은 대복(大僕)9)이

던 곳이다. 『주례』「춘관(秋官)·조사(朝士)」편에 대한 정현의 주에서는 "周天子諸侯皆有三朝. 外朝一, 內朝二. 內朝之在路門內者, 或謂之燕朝."라는 기록이 있다. 즉 천자 및 제후는 3개의 조(朝)를 두는데, 1개는 '외조'이며, 나머지 2개는 내조가 된다. 『국어(國語)』「노어하(魯語下)」편에는 "天子及諸侯合民事於外朝, 合神事於內朝. 自卿以下, 合官職於外朝, 合家事於內朝."라는 기록이 있고, 이 문장에 나타난 '외조'에 대해서, 위소(韋昭)는 "言與百官考合民事於外朝也."라고 풀이했다. 즉 '외조'는 모든 관료들과 함께, 백성들과 관련된 정무를 처리하던 장소이다.

7) 『이아』「석궁(釋宮)」: 兩階間謂之鄕. 中庭之左右謂之位. 門屛之間謂之宁. 屛謂之樹.

8) 연조(燕朝)는 천자 및 제후에게 있었던 내조(內朝) 중 하나를 뜻한다. 천자 및

담당을 하며, 두 번째 조정은 노문 밖에 있는 조정으로, 그것을 치조(治朝)10)라고 부르고, 그 안에서의 의례 진행은 사사(司士)11)가 담당을 하며, 세 번째 조정은 고문(皐門) 안쪽과 고문(庫門)12) 바깥쪽 사이에 있으니, 그것을 외조(外朝)라고 부

    제후는 3개의 조(朝)를 두는데, 1개는 외조(外朝)이며, 나머지 2개는 내조가 된다. 내조 중에서도 노문(路門) 안쪽에 있던 것을 '연조'라고 부른다. 『주례』「춘관(秋官)·조사(朝士)」편에 대한 정현의 주에서는 "周天子諸侯皆有三朝. 外朝一, 內朝二. 內朝之在路門內者, 或謂之燕朝."라고 풀이하고 있다.

9) 대복(大僕)은 태복(太僕)이라고도 부른다. 천자의 명령을 전달하거나, 천자의 조정에서의 자리 배치 등을 담당하였다. 『주례』의 체제에 따르면, 하대부(下大夫) 2명이 담당을 했다. 『주례』「하관사마(夏官司馬)」편에는 "太僕, 下大夫二人."이라는 기록이 있고, 『주례』「하관(夏官)·태복(太僕)」편에는 "太僕, 掌正王之服位, 出入王之大命."이라는 기록이 있다.

10) 치조(治朝)는 천자 및 제후에게 있었던 내조(內朝) 중 하나를 뜻한다. 천자 및 제후는 3개의 조(朝)를 두는데, 1개는 외조(外朝)이며, 나머지 2개는 내조가 된다. 내조 중에서도 노문(路門) 밖에 있던 것을 '치조'라고 부르며, 천자 및 제후가 정사를 처리하던 장소이다.

11) 사사(司士)는 주대(周代) 때의 관직명이다. 『주례』의 체제에 따르면, 하대부(下大夫) 2명이 담당을 하였고, 그 휘하에는 중사(中士) 6명과 하사(下士) 12명이 배속되어 있었으며, 잡무를 맡아보던 말단 관리로는 부(府) 2명, 사(史) 4명, 서(胥) 4명, 도(徒) 40명이 있었다. 『주례』「하관사마(夏官司馬)」편에는 "司士, 下大夫二人, 中士六人, 下士十有二人, 府二人, 史四人, 胥四人, 徒四十人."이라는 기록이 있다. 한편 '사사'가 담당했던 일들은 그 종류가 다양한데, 주로 관리들의 호적장부 및 작록 등을 기록한 문서를 관리하였으며, 그들에 대한 공적과 품성을 판단하여 천자에게 작위와 봉록을 내려주도록 보고를 하였고, 조정에서 서열에 따른 자리 배치 등을 담당하였다. 『주례』「하관(夏官)·사사(司士)」편에는 "以德詔爵, 以功詔祿, 以能詔事, 以久奠食. 惟賜無常. 正朝儀之位, 辨其貴賤之等."이라는 기록이 있다.

12) 고문(庫門)에 대해서는 크게 두 가지 해설이 있다. 첫 번째는 치문(雉門)에 대한 해설처럼, 제후의 궁(宮)에 있는 문으로, 천자의 궁에 있는 고문(皐門)에 해당한다고 보는 의견이다. 이것은 치문과 마찬가지로 『예기』「명당위(明堂位)」편의 "大廟, 天子明堂. 庫門, 天子皐門. 雉門, 天子應門."이라는 기록에 근거한 해설이다. 손희단(孫希旦)의 『집해(集解)』에서는 이 문장 및 『시(詩)』, 『서(書)』, 『예(禮)』, 『춘추(春秋)』에 나타난 기록들을 근거로, 천자 및 제후는 실제로 3개의

르고, 그 안에서의 의례 진행은 조사(朝士)13)가 담당을 한다. 제후에게도 또한 이러한 세 개의 조정이 있었다.

① 燕朝.

補註 周禮・夏官・太僕註: "王圖宗人之嘉事, 則燕朝." 疏曰: "冠昏之等曰嘉事."

번역 『주례』「하관(夏官)・태복(太僕)」편의 주에서 말하길, "천자가 족인들의 경사스러운 일에 대해 계획하게 되면 연조(燕朝)에서 시행한다."라고 했다. 소에서 말하길, "관례나 혼례 등을 '가사(嘉事)'라고 부른다."라고 했다.

② 治朝.

補註 夏官・司士註曰: 此王日視朝於路門外之位.

번역 『주례』「하관(夏官)・사사(司士)」편의 주에서 말하길, 이것은 천자가

문(門)만 설치했다고 풀이한다. 그러나 정현은 이 문장에 대해서, "言廟及門如天子之制也. 天子五門, 皐庫雉應路. 魯有庫雉路, 則諸侯三門與."라고 풀이하였다. 즉 종묘(宗廟) 및 문(門)에 대한 제도에서, 천자와 제후 사이에는 차등이 있다. 따라서 천자는 5개의 문을 궁에 설치하는데, 그 문들은 고문(皐門), 고문(庫門), 치문(雉門), 응문(應門), 노문(路門)이다. 제후의 경우에는 천자보다 적은 3개의 문을 궁에 설치하는데, 그 문들은 고문(庫門), 치문(雉門), 노문(路門)이다. 두 번째 설명은 천자의 궁에 설치된 문들 중에서, 치문(雉門) 밖에 설치하는 문으로 해석하는 의견이다. 즉 이때의 고문(庫門)은 치문과 고문(皐門) 사이에 설치하는 문이 된다. 『예기』「교특생(郊特牲)」편에는 "獻命庫門之內, 戒百官也."라는 기록이 있는데, 이에 대한 정현의 주에서는 "庫門, 在雉門之外. 入庫門則至廟門外矣."라고 풀이하고 있다.

13) 조사(朝士)는 『주례』의 체제에 따르면, 중사(中士) 6명이 담당을 하였고, 그 휘하에는 잡무를 담당하던 말단 관료 부(府) 3명, 사(史) 6명, 서(胥) 6명, 도(徒) 60명이 배속되어 있었다. 『주례』「추관사구(秋官司寇)」편에는 "朝士, 中士六人, 府三人, 史六人, 胥六人, 徒六十人."이라는 기록이 있다. 한편 '조사'는 외조(外朝)에서의 자리 배치 및 각종 의례 행사의 진행을 담당하였다. 『주례』「추관(秋官)・조사(朝士)」편에는 "朝士; 掌建邦外朝之法."이라는 기록이 있다.

노문(路門) 밖의 자리에서 날마다 조정에 참관하는 것을 뜻한다.

③ **外朝**.

補註 按: 秋官·朝士, 此乃詢衆庶讞疑獄之朝也.
번역 살펴보니, 『주례』「추관(秋官)·조사(朝士)」편에서는 이것은 대중들에게 의견을 묻고 판결하기 어려운 옥사에 대해 의견을 묻는 조정을 뜻한다고 했다.

「곡례하」 56장

참고-集說

約信者, 以言語相要約爲信也, 用誓禮. 涖, 臨也. 春秋所書遇·會·盟·聘, 皆有之, ①惟無誓耳. 疏云, "盟之爲法, 先鑿地爲方坎, 殺牲於坎上, ②割牲左耳, 盛以③珠盤. 又取血盛以③玉敦, 用血爲盟. 書成, 乃歃血而讀書, 置牲坎中, 加書於上而埋之, 謂之④載書也."

번역 '약신(約信)'이라는 말은 말을 통해 서로 지켜야 할 약속을 맺어서, 신의로 삼는다는 뜻으로, '서(誓)'를 할 때의 예법을 사용한다. '이(涖)'자는 "~임한다[臨]."는 뜻이다. 『춘추』에는 우(遇)·회(會)·맹(盟)·빙(聘)에 대해서는 모두 기록되어 있지만, 오직 '서(誓)'에 대한 기록만 없다. 공영달의 소에서는 "맹약을 할 때의 예법에서는 먼저 땅을 파서 네모난 구덩이를 만들고, 희생물을 구덩이 안에서 도축하며, 희생물의 좌측 귀를 잘라서, 보옥으로 만든 대야에 담는다. 또한 희생물의 피를 옥으로 된 대(敦)에 담아서, 그 피를 이용하여 맹약을 맺는다. 서약한 문서가 완성되면, 담아둔 희생물의 피를 입가에 바르고, 글을 낭독하며, 남은 피를 희생물을 넣어둔 구덩이 위에 올려놓고, 그 위에 서약한 문서를 올려둔 상태에서 매장을 하니, 이것을 바로 '재서(載書)'라고 부른다."라고 했다.

① ○惟無誓.

補註 鄭註: 誓之辭, 尙書見有六篇.
번역 정현의 주에서 말하길, '서(誓)'를 한 내용은 『상서』에 여섯 편이 남아 있다.

② 割牲左耳.

補註 周禮·戎右: "贊牛耳." 註曰: "贊牛耳, 春秋傳所謂執牛耳者, 盛以珠盤, 尸盟者執之."

번역 『주례』「융우(戎右)」편에서 말하길, "소의 귀 자르는 것을 돕는다."[1]라고 했고, 주에서는 "소 귀 자르는 것을 돕는다는 것은 『춘추전』에서 '소의 귀를 잡는다.'[2]라고 한 말에 해당하니, 주반(珠盤)에 담으며, 맹약을 주관하는 자가 잡게 된다."라고 했다.

③ 珠盤[又]玉敦.

補註 疏曰: 戎右職云: "以玉敦辟盟", 又玉府云: "共珠盤・玉敦."
번역 소에서 말하길, 『주례』「융우(戎右)」편의 직무기록에서는 "옥대(玉敦)로 피를 받아서 맹약을 맺는다."[3]라고 했고, 또 『주례』「옥부(玉府)」편에서는 "주반(珠槃)과 옥대(玉敦)을 공급한다."[4]라고 했다.

補註 ○敦, 音對.
번역 ○'敦'자의 음은 '對(대)'이다.

④ 載書.

補註 周禮・司盟疏曰: 以牲載此盟書於上, 故謂之載.
번역 『주례』「사맹(司盟)」편의 소에서 말하길, 희생물을 이러한 맹약의 문서 위에 올려두기 때문에 '재(載)'자를 붙여서 부른다.

---

1) 『주례』「하관(夏官)・융우(戎右)」: <u>贊牛耳桃茢</u>.
2) 『춘추좌씨전』「애공(哀公) 17년」: 武伯問於高柴曰, "諸侯盟, 誰<u>執牛耳</u>?" 季羔曰, "鄫衍之役, 吳公子姑曹; 發陽之役, 衛石魋." 武伯曰, "然則彘也."
3) 『주례』「하관(夏官)・융우(戎右)」: 盟, 則<u>以玉敦辟盟</u>, 遂役之.
4) 『주례』「천관(天官)・옥부(玉府)」: 若合諸侯, 則<u>共珠槃・玉敦</u>.

「곡례하」 58장

참고-經文

臨祭祀, 內事曰孝子①某侯某, 外事曰②曾孫某侯某. 死曰薨, 復曰某甫復矣.

번역 제사에 임할 때, 그 제사가 내사(內事)인 경우라면, '효자(孝子) 아무개 나라의 후(侯) 아무개'라고 부르고, 외사(外事)인 경우라면, '증손(曾孫) 아무개 나라의 후(侯) 아무개'라고 부른다. 제후가 죽었을 때에는 '훙(薨)'이라고 부르고, 초혼(招魂)을 할 때에는 "아무개 보(甫)시여, 돌아오소서."라고 말한다.

① 某侯某.

補註 鄭註: 稱國者, 遠辟天子.
번역 정현의 주에서 말하길, '모후(某侯)'라고 할 때의 '모(某)'자는 자신의 국가 이름을 대는 것이니, 천자의 예법에 비해 많이 낮추는 것이다.

② 曾孫某侯某.

補註 疏曰: 諸侯不得稱嗣侯, 但是父祖重孫, 故言曾孫也.
번역 소에서 말하길, 제후는 '제후의 지위를 계승한 자[嗣侯]'라는 말을 쓸 수 없고, 다만 선조들에 대해서 증손자에 해당하기 때문에, '증손(曾孫)'이라고 말할 따름이다.

「곡례하」 59장

참고-經文

①旣葬, 見天子曰類見. ②言諡曰類.

번역 죽은 제후에 대해서 장례를 치르고 난 뒤, 제후의 지위를 계승한 아들이 천자를 찾아뵙는 것을 "비슷한 예법으로써 찾아뵙는다[類見]."라고 부른다. 죽은 부친에 대해서 천자에게 시호를 청원하게 될 때에는 '비슷한 예법[類]'이라고 부른다.

① ○旣葬見天子曰類見.

補註 鄭註: "類, 象也. 執皮帛, 象諸侯之禮見也." 疏曰: "春秋之義, 三年除喪之後乃見, 而今云旣葬者, 謂天子或巡守至境, 故得見天子. 未葬, 未正君臣, 故雖天子巡守, 亦不見也."

번역 정현의 주에서 말하길, "'유(類)'자는 본뜬다는 뜻이다. 가죽과 비단 같은 예물을 가지고 가서, 제후가 예법에 따라 천자를 찾아뵙는 것을 본뜬다는 뜻이다."라고 했다. 소에서 말하길, "『춘추』의 대의(大義)에 따르면, 죽은 부친에 대해 삼년상을 치른 이후에야 곧 천자를 찾아뵙게 되는데, 이곳 문장에서는 '장례를 끝내고[旣葬]'라고 하였으니, 이러한 경우는 곧 천자가 간혹 순수(巡守)¹⁾를 하게 되어, 그 나라의 국경에 당도한 경우를 뜻한다. 그렇기 때

---

1) 순수(巡守)는 '순수(巡狩)'라고도 부른다. 천자가 수도를 벗어나 제후의 나라를 시찰하는 것을 뜻한다. '순수'의 '순(巡)'자는 그곳으로 행차를 한다는 뜻이고, '수(守)'자는 제후가 지키는 영토를 뜻한다. 제후는 천자가 하사해준 영토를 대신 맡아서 수호하는 것이기 때문에, 천자가 그곳에 방문하여, 자신의 영토를 어떻게 관리하고 있는지를 시찰하게 된다. 『서』「우서(虞書)·순전(舜典)」편에는 "歲二月, 東巡守, 至于岱宗, 柴."라는 기록이 있고, 이에 대한 공안국(孔安國)의 전(傳)에서는 "諸侯爲天子守土, 故稱守. 巡, 行之."라고 풀이했으며, 『맹자』「양혜왕하(梁惠王下)」편에서는 "天子適諸侯曰巡狩. 巡狩者, 巡所守也."라고 기록하였다. 한편 『예기』「왕제(王制)」편에는 "天子, 五年, 一巡守."라는 기록이 있고, 『주례』「추관(秋官)·대

문에 천자를 찾아뵐 수 있었던 것이다. 만약 아직 장례를 치르지 않은 상태라면, 군신 관계가 성립되지 않은 상태이기 때문에, 비록 천자가 순수를 하여 국경 부근까지 당도하였더라도, 또한 찾아뵐 수 없다."라고 했다.

② 言謚曰類.

補註 鄭註: 使大夫行, 象聘問之禮.
번역 정현의 주에서 말하길, 대부를 사신으로 삼아서 대신 보내게 되니, 빙문(聘問)하는 예법을 본뜨는 것이다.

補註 ○按: 疏曰, "王肅云: '請謚於天子, 必以其實爲謚, 類於平生之行也.'" 小註何氏說, 亦此疏所引也. 陳註蓋取此意, 而解類見之類, 亦以類於先君之德爲義, 並與鄭註異.
번역 ○살펴보니, 소에서는 "왕숙은 '천자에게 시호를 청원하게 되면, 반드시 그 실질적인 내용에 따라서 시호를 짓게 되어, 그가 평생 동안 시행했던 행적들을 비견[類]해서 나타내게 된다.'"라고 했다. 소주에 나온 하씨의 주장에서도 또한 이러한 소의 내용을 인용하고 있다. 진호의 주는 아마도 이러한 의미를 취한 것 같은데, "비슷한 예법으로써 찾아뵙는다[類見]."는 뜻으로 유(類)자를 풀이하고 또한 선군의 덕에 비견한다는 뜻으로 여겼는데, 이 모두는 정현의 주와는 다른 것이다.

행인(大行人)」편에는 "十有二歲王巡守殷國."이라는 기록이 있다. 즉 「왕제」편에서는 천자가 5년에 1번 순수를 시행하고, 「대행인」편에서는 12년에 1번 순수를 시행한다고 기록하고 있는데, 이러한 차이점에 대해서 정현은 「왕제」편의 주에서 "五年者, 虞夏之制也. 周則十二歲一巡守."라고 풀이했다. 즉 5년에 1번 순수를 하는 제도는 우(虞)와 하(夏)나라 때의 제도이며, 주(周)나라에서는 12년에 1번 순수를 했다.

「곡례하」 62장

> **참고-集說**
>
> 鄭氏曰: 妃, 配也. 后之言後也, 夫之言扶, ①孺之言屬, 婦之言服, 妻之言齊.

번역 정현이 말하길, '비(妃)'자는 배필[配]이라는 뜻이다. '후(后)'자는 "뒤에 있다[後]."라는 뜻이며, '부(夫)'자는 "떠받친다[扶]."는 뜻이고, '유(孺)'자는 "친속이 된다[屬]."는 뜻이며, '부(婦)'자는 "복종한다[服]."는 뜻이고, '첩(妾)'자는 "일심동체가 된다[齊]."는 뜻이다.

① ○孺之言屬.

補註 爾雅: 孺, 屬也.
번역 『이아』에서 말하길, '유(孺)'자는 속한다는 뜻이다.[1]

補註 ○疏曰: 與人爲親屬也.
번역 ○소에서 말하길, 남과 친족관계가 된다는 뜻이다.

---

1) 『이아』「석언(釋言)」: 孺, 屬也.

「곡례하」 65장

참고-經文

自稱於其君, 曰小童. 自世婦以下, ①自稱曰婢子.

번역 제후의 부인(夫人)이 자신의 남편인 군주에게 스스로를 지칭할 때에는 '어린 아이[小童]'라고 부른다. 세부(世婦)로부터 그 이하의 여자들이 자신의 군주에게 스스로를 지칭할 때에는 '미천한 자[婢子]'라고 부른다.

① 自稱曰婢子.

補註 按: 左傳秦穆夫人自稱婢子, 蓋方以罪人自處.

번역 살펴보니, 『좌전』에서 진나라 목공의 부인(夫人)이 자신을 지칭하여 '비자(婢子)'[1]라고 말한 것은 죄인으로 자처했기 때문인 것 같다.

---

1) 『춘추좌씨전』「희공(僖公) 22년」: 晉大子圉爲質於秦, 將逃歸, 謂嬴氏曰, "與子歸乎?" 對曰, "子, 晉大子, 而辱於秦. 子之欲歸, 不亦宜乎? 寡君之使婢子侍執巾櫛, 以固子也. 從子而歸, 弃君命也. 不敢從. 亦不敢言." 遂逃歸.

「곡례하(曲禮上)」 제2편

「곡례하」 67장

참고-經文

列國之大夫, 入天子之國曰某士, 自稱曰陪臣某, 於外曰子, ①
於其國曰寡君之老, 使者自稱曰某.

번역 제후국의 대부가 천자의 수도에 들어서게 되면, '아무개 나라의 사[某士]'라고 부르고, 스스로를 지칭하여서는 '신하의 신하인 아무개[陪臣某]'라고 부르며, 외지에서는 '~자(子)'라고 부르고, 본인이 속한 제후국에서는 '저희 군주의 노신[寡君之老]'이라고 부르며, 사신으로 간 경우라면, 자신을 지칭하며, '아무개[某]'라고 부른다.

① ○於其國曰寡君之老.

補註 疏曰: 其國, 自國中也. 其君與民言, 自稱寡人, 故此卿若與國中人語, 自稱曰寡君之老.

번역 소에서 말하길, '기국(其國)'은 자신이 속한 나라 안이라는 뜻이다. 그 나라의 군주도 자신의 백성들과 말을 하게 된다면, 자신을 가리켜서 '과인(寡人)'이라고 부른다.[1] 그렇기 때문에 경들이 자신이 속한 나라 사람들과 말을 하게 된다면, 자신을 가리켜서 '저희 군주의 노신[寡君之老]'이라고 말하는 것이다.

補註 ○按: 寡君之老, 稱於本國, 殊可疑.

번역 ○살펴보니, '과군지로(寡君之老)'라는 말을 본국에서 지칭한다는 말은 자못 의심스럽다.

---

1) 『예기』「곡례하(曲禮下)」: 諸侯見天子曰臣某侯某. 其與民言自稱曰<u>寡人</u>. 其在凶服曰適子孤.

「곡례하」 68장

참고-經文

天子不言出, 諸侯不生名, ①君子不親惡. 諸侯失地名, 滅同姓名.

번역 천자에게는 "나갔다[出]."라고 기록하지 않고, 제후에게는 그가 살아있는 경우라면, 그의 이름을 기록하지 않으니, 군자는 악(惡)을 가까이 하지 않기 때문이다. 제후가 자신의 나라를 잃게 되면, 그 사람의 이름을 기록하고, 동성(同姓)인 국가를 멸망시키면, 또한 그 사람의 이름을 기록한다.

① ○君子不親惡.

補註 沙溪曰: 疏與呂說不同, 疏所謂君子, 指孔子也, 不親惡, 謂孔子惡而絶之也. 呂所謂君子, 指天子·諸侯也. 天子·諸侯, 不親爲惡, 故不言出不生名也. 疏說似長.

번역 사계가 말하길, 소와 여씨의 설명이 다른데, 소에서는 '군자(君子)'가 공자를 가리킨다고 했고, '불친악(不親惡)'에 대해서는 공자가 큰 잘못을 보게 되면 기록하여 근절시킨다는 뜻이라고 했다. 여씨는 '군자(君子)'는 천자와 제후를 가리킨다고 했다. 천자와 제후는 직접 악한 짓을 벌이지 않기 때문에 출(出)이라고 기록하지 않고 살아있는 동안에는 이름으로 기록하지 않는다고 했다. 소의 주장이 보다 나은 것 같다.

補註 ○楊梧曰: 呂氏之意, 謂天子諸侯皆有德有位, 不親爲不善, 雖欲外之賤之而不可得也. 有垂戒之意, 於文爲順, 於義亦長.

번역 ○양오가 말하길, 여씨의 의도는 천자와 제후는 모두 덕과 지위를 갖추고 있으니 직접 불선한 짓을 벌이지 않는다. 따라서 그를 밖으로 내쫓거나 천시하고자 하더라도 할 수 없다는 뜻이다. 여기에는 경계의 뜻이 포함되어 있고, 문장의 흐름에도 순조롭고 의미에 있어서도 뛰어나다.

補註 ○按: 註中陳氏說, 蓋同疏義, 而楊梧以呂說爲長, 未詳孰是.
번역 ○살펴보니 진호의 주에 나온 진씨의 설명은 아마도 소의 견해와 동일한 것 같은데, 양오는 여씨의 주장이 더 뛰어나다고 했다. 그러나 누구의 주장이 옳은지는 모르겠다.

「곡례하」 69장

참고-經文

爲人臣之禮, ①不顯諫, 三諫而不聽, 則逃之.

번역 신하된 자의 예법에서는 그 군주에게 드러내놓고 간언을 하지 않으니, 도리에 따라 세 번 간언을 하였는데도, 군주가 그 말을 듣지 않는다면, 그 지위를 떠나는 것이다.

① ○不顯諫.

補註 鄭註: 顯, 明也. 明言其君惡, 不幾微也.
번역 정현의 주에서 말하길, '현(顯)'자는 "드러낸다[明]."는 뜻이다. 군주의 잘못을 드러내놓고 언급하고, 넌지시 말하지 않는다는 뜻이다.

「곡례하」 70장

참고-大全

嚴陵方氏曰: 犯而無隱者, 臣之義也, 諫而不顯者, 臣之私也. 此主於人臣之禮, 故曰不顯諫. 仁之於父子, 義之於君臣, 義有所不爲, ①仁有所不忍. 臣之於君, 三諫不聽, 尙復留焉, 則固位矣. 固位者, 義所不爲, 則逃之. 子之於親, 三諫不聽, 苟遂絶之, 則傷恩矣. 傷恩者, 仁所不忍, 故隨之. 逃之全其身而立我, 義之盡也. 隨之, 將以感其心而立人, 則仁之至也. 臣子之道備矣.

번역 엄릉방씨가 말하길, 무례를 범하더라도 잘못을 덮어줌이 없는 것[1]은 신하의 도리이며, 간언을 하되 그 잘못을 드러내지 않는 것은 신하의 개인적인 마음이다. 이곳 문장에서는 신하가 지켜야 하는 예법을 위주로 언급하였기 때문에, 드러내놓고 간언하지 않는다고 말한 것이다. 부자관계에서는 인(仁)에 따르고, 군신관계에서는 의(義)에 따르는데, 의(義)에 따라서 할 수 없는 점이 있고, 인(仁)에 따라서 차마 하지 못하는 점이 있는 것이다. 신하가 군주에 대해서, 세 차례 간언을 하였는데도 따르지 않았는데, 오히려 그의 곁에 남아 있다면, 자신의 지위를 확고하게 하기 위해서이다. 자신의 지위를 확고하게 하는 것은 의(義)에 따라 할 수 없는 점에 해당하니, 그 나라를 떠나는 것이다. 자식이 부친에 대해서 세 차례 간언을 하였는데도 따르지 않았는데, 진실로 그 관계를 끊는다면, 부모의 은정을 내버리는 것이다. 부모의 은정을 내버리는 것은 인(仁)에 따라 차마 할 수 없는 점에 해당한다. 그렇기 때문에 부친의 명령에 따르는 것이다. 군주의 곁을 떠나서, 자신을 온전하게 보존하여, 자신의 뜻을 세우는 것은 의(義)를 다하는 것이다. 부모의 명령에 따라서 장차 성심을 통해 부모의 마음을 동화시켜, 상대방의 뜻을 온전하게 세워주는 것은 인(仁)의 지극함이다. 이처럼 했을 때라야만, 신하와 자식된 도리를 온전하게 갖추게 되는 것이다.

---

1) 『예기』「단궁상(檀弓上)」: 事親有隱而無犯, 左右就養無方, 服勤至死, 致喪三年. 事君有犯而無隱, 左右就養有方, 服勤至死, 方喪三年.

① ○臣有所不忍.

補註 臣, 恐仁之誤.

번역 '신(臣)'자는 아마도 인(仁)자의 오자인 것 같다.

「곡례하」 71장

> **참고-經文**
> 君有疾飮藥, 臣先嘗之, 親有疾飮藥, 子先嘗之. ①醫不三世, 不服其藥.

번역 군주에게 질병이 생겨서 탕약을 먹게 되면, 탕약의 이상 유무를 확인하기 위해 신하가 먼저 그 탕약을 맛보고, 부모에게 질병이 생겨서 탕약을 먹게 되면, 자식이 먼저 그 탕약을 맛본다. 의관 집안에서 그 직책을 3세대 이상 전승하지 않았다면, 그가 만든 약을 군주나 부모에게 복용시키지 않는다.

① 醫不三世.

補註 疏曰: 又說云三世, 一曰黃帝鍼灸, 二曰神農本草, 三曰素女脉訣, 又云夫子脉訣. 若不習此三世之書, 不得服其藥. 其義非也.

번역 소에서 말하길, 또 어떤 자들은 '삼세(三世)'라는 것은 첫 번째는 황제(黃帝)가 만들었다는 『침자(鍼灸)』를 뜻하고, 두 번째는 신농(神農)이 만들었다는 『본초(本草)』를 뜻하며, 세 번째는 소녀(素女)가 만들었다는 『맥결(脉訣)』이나 또는 부자(夫子)가 만들었다는 『맥결(脈訣)』을 뜻한다고 설명한다. 만약 이러한 세 가지 서적들을 익히지 않았다면, 그 자가 만든 탕약을 복용할 수 없다고 풀이한다. 그러나 이 설명은 잘못된 말이다.

「곡례하」 73장

참고─經文

① 問天子之年, 對曰聞之, 始服衣若干尺矣.

번역 천자의 나이를 묻게 되면, 천자의 신하가 대답하길, "제가 듣기로는 몇 척(尺) 정도 되는 옷을 비로소 입기 시작하셨다고 합니다."라고 말한다.

① ○問天子[止]尺矣.

補註 疏曰: 此謂幼少新立之王, 或有遠方異域人來, 問朝廷之臣也. 禮, 齒路馬有誅, 至尊體貴, 臣不可輕言君年及形長短與所能, 故依違而對也. 但云聞之, 謙不敢言見也. 若干尺, 謂或五尺, 或六尺, 隨長短而言之.

번역 소에서 말하길, 이 문장에서 설명하는 상황은 천자가 어린 나이에 제왕의 지위에 오른 경우, 간혹 먼 지방의 다른 지역 사람이 찾아와서 천자의 조정에 속해 있는 신하에게 나이를 묻는 경우를 뜻한다. 예법에 따르면 노마(路馬)의 나이를 묻게 되면 형벌을 받게 된다고 하였는데,[1] 천자는 매우 존귀한 존재이기 때문에 신하는 군주의 나이 및 키, 재주나 능력에 대해 경솔하게 입에 올릴 수 없다. 그래서 완곡한 표현법에 따라 대답을 하는 것이다. 다만 "내가 그것을 들었다[聞之]."라고 말한 것은 겸손한 표현으로 자신이 직접 보았다고 감히 말을 할 수 없기 때문이다. '약간척(若干尺)'은 5척 정도의 옷을 입는다고 대답하거나 6척 정도의 옷을 입는다고 대답하는 것이니, 천자의 키에 맞춰서 옷 치수를 대답하는 것이다.

---

1) 『예기』「곡례상(曲禮上)」: 步路馬, 必中道. 以足蹙路馬芻有誅, 齒路馬有誅.

「곡례하」 75장

참고-經文
①問大夫之子, 長曰②能御矣, 幼曰未能御也.

번역 대부의 아들에 대해서 그 나이를 묻게 되면, 대부의 가신(家臣)이 대답을 하며, 대부의 아들이 장성한 나이에 해당한다면, "수레를 잘 몰 수 있습니다."라고 말하고, 나이가 아직 어리다면, "수레를 아직은 잘 몰 수 없습니다."라고 말한다.

① ○問大夫之子.

補註 疏曰: 禮四十强而仕, 五十命爲大夫. 以大夫士其年旣定, 故不假問其年, 而問其子也. 庶人年無長幼, 亦問其子者, 順上大夫士而言之也.
번역 소에서 말하길, 40세가 되면 강성해져서 벼슬살이를 하고, 50세에는 명령을 받아 대부가 된다.[1] 대부와 사는 그 계급에 오르는 나이가 고정되어 있기 때문에 그의 나이를 물을 필요가 없어서 대신 그 자식의 나이를 묻는 것이다. 서인에 대해서도 그 자의 나이를 묻지 않고, 또한 그 아들의 나이를 묻는 이유는 앞서 대부와 사에 해당하는 예법에 따라 언급했기 때문이다.

② 能御矣.

補註 按: 十五學射御則長矣.
번역 살펴보니, 15세가 되어 활쏘기와 수레 모는 방법을 배우게 되면 장성해진 것이다.

---

1) 『예기』「곡례상(曲禮上)」: 人生十年曰幼, 學. 二十曰弱, 冠. 三十曰壯, 有室. <u>四十曰强, 而仕. 五十曰艾, 服官政</u>. 六十曰耆, 指使. 七十曰老, 而傳. 八十九十曰耄, 七年曰悼, 悼與耄, 雖有罪, 不加刑焉. 百年曰期, 頤. / 『예기』「내칙(內則)」: <u>四十始仕</u>, 方物出謀發慮, 道合則服從, 不可則去, <u>五十命爲大夫</u>, 服官政. 七十致事. 凡男拜, 尙左手.

「곡례하」 76장

참고-集說

謁, 請也. 典謁者, 主賓客告請之事. ①士賤無臣下, 自典告也.

번역 '알(謁)'자는 "청원한다[請]."는 뜻이다. 따라서 '전알(典謁)'이라는 말은 빈객들을 대하며 아뢰고 청원하는 일을 주관한다는 뜻이다. 사의 신분은 미천하기 때문에, 그 밑에 신하가 없으므로, 그 아들이 직접 아뢰는 일을 맡는 것이다.

① ○士賤[止]典告也.

補註 按: 疏曰, "士賤無臣, 但以子自典告也." 以此觀之, 下是子之訛.

번역 살펴보니, 소에서는 "사는 신분이 미천하므로 신하가 없다. 그래서 단지 자식을 시켜서 직접 아뢰는 일을 맡게 하는 것이다."라고 했다. 이를 통해 살펴본다면 '하(下)'자는 자(子)자가 잘못 기록된 것이다.

「곡례하」 78장

참고-經文

①**問國君之富, ②數地以對, 山澤之所出.**

번역 제후의 부유한 정도에 대해서 질문을 하면, 제후의 신하는 나라의 면적으로 대답을 하며, 산림과 연못 지역에서 생산되는 물건들까지도 대답을 한다.

① 問國君之富.

補註 疏曰: 不問天子者, 率土之物, 莫非王有也.
번역 소에서 말하길, 천자에 대해서 묻지 않는 이유는 땅에서 생산되는 물건은 모두 천자의 소유물이기 때문이다.

② 數地[止]所出.

補註 楊梧曰: 數地, 則知賦稅所入; 數山澤所出, 則知貨物所生.
번역 양오가 말하길, 땅의 면적을 헤아려보면 유입되는 조세의 양을 알 수 있고, 산과 못에서 산출되는 것을 헤아리면 생산되는 재화의 양을 알 수 있다.

補註 ○按: 陳註之意亦如此, 而諺讀對下誤着乎代吐, 當改以爲旀.
번역 ○살펴보니, 진호의 주에 나타난 의미도 이와 같은데, 『언독』에서는 '대(對)'자 뒤에 호대[乎代]토를 잘못 붙였으니, 마땅히 하며[爲旀]토로 고쳐야 한다.

「곡례하」 83장

참고-集說

呂氏曰: 廢之莫敢擧, 如已毁之宗廟・變置之社稷, 不可復祀也. 擧之莫敢廢, 如已修之壇墠而輒毁, 已正之昭穆而輒變也. 非所祭而祭之, 如法不得祭, 與不當祭而祭之者也. ①魯立武宮, ②立煬宮, 擧其廢也, ③躋僖公, 廢其擧也. 魯之郊禘, 與祀文王, ④祀爰居, 祭所不當祭也. 淫, 過也. 以過事神, 神弗享也, 故無福.

번역 여씨가 말하길, 제사를 폐지하면 감히 다시 지낼 수 없으니, 이미 훼철한 종묘나 다른 곳으로 장소를 옮긴 사직 등에 대해서는 본래의 대상에게 다시 제사를 지낼 수 없는 것이다. 제사를 시행하면, 감히 폐지할 수 없으니, 이미 쌓아둔 제단[1]을 갑작스럽게 헐어버리거나, 이미 정비한 소목(昭穆)의 질서를 갑작스럽게 바꾸는 경우와 같은 것이다. 제사를 지내야 하는 대상이 아닌데도 제사를 지내는 것은 마치 예법상 제사를 지낼 수 없거나, 마땅히 제사를 지내지 않아야 하는데도 제사를 지내는 경우를 뜻한다. 노나라에서 무공(武公)에 대한 묘와 양공(煬公)의 묘를 세운 것은 이미 폐지한 제사를 다시 시행하는 경우이며, 희공(僖公)에 대해 앞 군주보다 앞서서 합사를 한 것은 시행해야 하는 제사를 폐지한 경우에 해당한다. 노나라에서 교(郊)제사와 체(禘)제사를 지내며 문왕(文王)을 배향해서 제사를 지내고,[2] 원거(爰居)[3]에게 제사를 지낸 것은 마땅히 제사를 지낼 수 없는 대상에게 제사를 지낸

---

1) 단선(壇墠)은 제사를 지내는 제단을 뜻한다. '단선'의 '단(壇)'은 흙을 쌓아올려서 만든 제단을 뜻하고, '선(墠)'은 그 장소를 정결하게 청소하고, 평평하게 정비한 곳을 뜻한다.
2) 『예기』「예운(禮運)」: 孔子曰: 嗚呼哀哉! 我觀周道, 幽厲傷之, 吾舍魯何適矣? 魯之郊禘, 非禮也, 周公其衰矣. 杞之郊也, 禹也, 宋之郊也, 契也, 是天子之事守也. 故天子祭天地, 諸侯祭社稷.
3) 원거(爰居)는 '바닷가에 사는 새[海鳥]'의 이름이다. 잡현(雜縣)이라고도 부른다. 한(漢)나라 무제(武帝) 때에는 낭사(琅邪) 지역에 이 새가 있었다고 전해진다. 『춘추좌씨전』「문공(文公) 2년」편에는 "作虛器, 縱逆祀, 祀爰居."라는 기록이 있는데,

것이다. '음(淫)'자는 "지나치다[過]."는 뜻이다. 지나친 예법으로 신을 섬겨서, 신이 흠향을 하지 않기 때문에, 복을 내려주는 일이 없게 되는 것이다.

① ○魯立武宮.

補註 左傳成六年, 季文子以鞍之功立武宮, 非禮也.
번역 『좌전』 성공 6년에 계문자는 안의 공적을 기념하여 무궁을 세웠는데, 예법에 맞지 않다.[4]

② 立煬宮.

補註 左傳定元年, 立煬宮. 註: "煬公, 伯禽之子. 穀梁云立者, 不宜立者也."
번역 『좌전』 정공 1년에 양궁(煬宮)을 세웠다.[5] 주에서는 "양공은 백금의 아들이다. 『춘추곡량전』에서 입(立)이라고 말한 것은 마땅히 세우지 말았어야 했기 때문이다."라고 했다.

③ 躋僖公.

補註 見左傳文二年, 又見禮器.
번역 『좌전』 문공 2년 기록에 나오며,[6] 또한 『예기』「예기(禮器)」편에도 나온다.[7]

이에 대한 두예(杜預)의 주에서는 "海鳥曰爰居, 止於魯東門外, 文仲以爲神, 命國人祀之."라고 풀이했다. 즉 '원거'는 해조(海鳥)의 이름인데, 노(魯)나라에 찾아와 동쪽 문밖에 머물게 되니, 문중(文仲)이 이 새를 신(神)이라고 여기고, 사람들을 시켜서 이 새에게 제사를 지냈다는 뜻이다. 한편 『이아』「석조(釋鳥)」편에는 "爰居, 雜縣."이라는 기록이 있는데, 이에 대한 형병(邢昺)의 소(疏)에서는 "爰居, 海鳥也, 大如馬駒, 一名雜縣. 漢元帝時, 琅邪有之."라고 풀이했다.

4) 『춘추좌씨전』「성공(成公) 6년」: 二月, 季文子以鞍之功立武宮, 非禮也.
5) 『춘추좌씨전』「정공(定公) 1년」: 昭公出故, 季平子禱於煬公. 九月, <u>立煬宮</u>.
6) 『춘추좌씨전』「문공(文公) 2년」: 秋八月丁卯, 大事於大廟, <u>躋僖公</u>, 逆祀也.

④ 祀爰居.

補註 亦見文二年.
번역 이 또한 문공 2년 기록에 나온다.8)

참고-大全

北溪陳氏曰: 天子祭天地, 諸侯祭山川, 大夫祭五祀, 士祭其先, 古人祀典品節一定, 不容紊亂, 在諸侯不敢僭天子而祭天地, 在大夫亦不敢僭諸侯而祭山川. 如季氏旅泰山, 便不是禮, 故曰"非當祭而祭之者, 名曰淫祀. 淫祀無福", 淫祀不必皆是不正之鬼, 假如①正當正神, 自家不應祀而祀, 便是淫祀.

번역 북계진씨9)가 말하길, 천자는 천지(天地)에 대한 제사를 지냈고, 제후는 산천(山川)에 대한 제사를 지냈으며, 대부는 오사(五祀)10)에 대한 제사를 지냈고, 사는

---

7) 『예기』「예기(禮器)」: 孔子曰: 臧文仲安知禮? 夏父弗綦逆祀而弗止也.
8) 『춘추좌씨전』「문공(文公) 2년」: 仲尼曰, "臧文仲, 其不仁者三, 不知者三. 下展禽, 廢六關, 妾織蒲, 三不仁也. 作虛器, 縱逆祀, 祀爰居, 三不知也."
9) 북계진씨(北溪陳氏, A.D.1159~A.D.1223): =진순(陳淳). 남송(南宋) 때의 학자이다. 자(字)는 안경(安卿)이고, 호(號)는 북계(北溪)이다. 주자의 제자이다. 저서로는 『엄릉강의(嚴陵講義)』·『사서성리자의(四書性理字義)』 등이 있다.
10) 오사(五祀)는 본래 주택 내외에 있는 대문[門], 방문[戶], 방 가운데[中霤], 부뚜막[竈], 도로[行]를 주관하는 다섯 신(神)들을 가리키기도 하며, 이들에게 지내는 제사를 지칭하기도 한다. 한편 계층별로 봤을 때, 통치자 계급은 통치 범위를 자신의 집으로 생각하여, 각각 다섯 대상에 대해서 대표적인 장소에서 제사를 지내기도 한다. 『예기』「월령(月令)」편에는 "天子乃祈來年于天宗, 大割祠于公社及門閭, 臘先祖五祀. 勞農以休息之."라는 기록이 있고, 이에 대한 정현의 주에서는 "五祀, 門, 戶, 中霤, 竈, 行也."라고 풀이했다. 한편 '오사' 중 행(行) 대신 우물[井]를 포함시키기도 한다. 『회남자(淮南子)』「시칙훈(時則訓)」편에는 "其位北方, 其日壬癸, 盛德在水, 其蟲介, 其音羽, 律中應鐘, 其數六, 其味鹹, 其臭腐. 其祀井,

선조에 대한 제사를 지냈으니, 고대인들의 사전(祀典)[11]에는 등급에 따른 규정이 일정하였으므로, 문란하게 하는 것을 용납하지 않았다. 따라서 제후의 신분에 속하는 자는 감히 천자의 예법을 범하여 천지(天地)에 대한 제사를 지낼 수 없었고, 대부의 신분에 속하는 자 또한 감히 제후의 예법을 범하여 산천(山川)에 대한 제사를 지낼 수 없었다. 그러므로 계씨가 태산(泰山)에 여(旅)제사를 지냈던 일[12]과 같은 경우를 예법에 맞는다고 할 수 없는 것이다. 그래서 "제사를 지내야 할 대상이 아닌데도, 제사를 지내는 것은 '음사(淫祀)'라고 부른다. 음사에는 복이 없다."라고 말한 것인데, 음사의 제사 대상이 반드시 올바르지 않은 귀신에 해당하는 것은 아니지만, 가령 정당한 귀신이라고 하더라도, 자신의 집안에서 제사를 지낼 수 없는데 제사를 지낸다면, 이것이 곧 '음사(淫祀)'에 해당하는 것이다.

① 正當正神.

補註 下正, 恐當作之.

번역 뒤의 '정(正)'자는 아마도 지(之)자로 기록해야 할 것 같다.

祭先腎."이라는 기록이 있다. 그리고 이들에 대해 제사를 지내는 이유에 대해서, 『논형(論衡)』「제의(祭意)」편에서는 "五祀報門·戶·井·竈·室中霤之功. 門·戶, 人所出入, 井·竈, 人所欲食, 中霤, 人所託處, 五者功鈞, 故俱祀之."라고 설명한다. 즉 '오사'에 대한 제사는 그들에 대한 공덕에 보답을 하는 것으로, 문(門)과 호(戶)는 사람들이 출입을 하는데 편리함을 제공해주었고, 정(井)과 조(竈)는 사람들이 음식을 먹을 수 있도록 해주었으며, 중류(中霤)는 사람이 거처할 수 있도록 해주었기 때문에, 이들에 대해서 제사를 지내는 것이다.

11) 사전(祀典)은 본래 제사(祭祀)의 의례(儀禮)를 기록해둔 전적을 범칭하는 말이다. 『국어(國語)』「노어상(魯語上)」편에는 "夫聖王之制祀也, 法施於民則祀之, 以死勤事則祀之, 以勞定國則祀之, 能禦大災則祀之, 能扞大患則祀之. 非是族也, 不在祀典."이라는 용례가 나온다. 후대에는 제사의 의례 및 규정을 지칭하는 용어로도 사용되었다.

12) 『논어』「팔일(八佾)」: 季氏旅於泰山. 子謂冉有曰, "女弗能救與?" 對曰, "不能." 子曰, "嗚呼! 曾謂泰山不如林放乎?"

「곡례하」 84장

> **참고-集說**
> 毛色純而不雜曰犧, ①養於滌者曰肥, ②求得而用之曰索.

번역 희생물의 털색이 순일하여, 잡색이 섞이지 않은 짐승을 '희(犧)'라고 부르고, 척(滌)[1]에서 기른 짐승을 '비(肥)'라고 부르며, 기르지 않고 구해서 쓰는 짐승을 '색(索)'이라고 부른다.

① ○養於滌者曰肥.

補註 詳見郊特牲註.
번역 자세한 설명은 『예기』「교특생(郊特牲)」편의 주에 나온다.

② 求得而用之曰索.

補註 按: 祭義天子諸侯必有養獸之官, 然則大夫無養獸之官, 故求得而用之歟.
번역 살펴보니, 『예기』「제의(祭義)」편에서는 "천자와 제후는 반드시 가축을 기르는 관리를 두었다."[2]라고 했으니, 대부에게는 가축을 기르는 관리가 없었다. 그렇기 때문에 구해서 썼던 것이다.

---

1) 척(滌)은 짐승우리를 뜻한다. 본래 군주가 제사 때 사용하게 될 희생물들을 기르는 우리를 뜻한다. '척'이라고 부르는 이유는 그 장소를 청결하게 유지하기 때문이다. 『춘추공양전』「선공(宣公) 3년」에는 "帝牲在于滌三月."이라는 기록이 있고, 이에 대한 하휴(何休)의 주에서는 "滌, 宮名, 養帝牲三牢之處也. 謂之滌者, 取其蕩滌潔淸."이라고 풀이했다.
2) 『예기』「제의(祭義)」: 古者天子諸侯必有養獸之官, 及歲時, 齊戒沐浴而躬朝之, 犧牷祭牲必於是取之, 敬之至也. 君召牛, 納而視之, 擇其毛而卜之, 吉, 然後養之. 君皮弁素積, 朔月·月半, 君巡牲, 所以致力, 孝之至也.

「곡례하」 86장

참고-經文

① 凡祭宗廟之禮, 牛曰一元大武.

번역 무릇 종묘의 제례에 있어서, 사용되는 희생물 중 소[牛]의 경우에는 '한 마리의 발자국이 큰 소[一元大武]'라고 부른다.

① 凡祭宗廟之禮.

補註 楊梧曰: 牛至鮮魚十一物, 卽周禮所謂牲號也. 水至塩八物, 所謂齍號也. 玉幣二物, 所謂幣號也.

번역 양오가 말하길, 소로부터 신선한 물고기에 이르기까지 11가지 사물에 대한 기록은 곧 『주례』에서 말한 생호(牲號)[1]에 해당한다.

補註 ○疏曰: 自牛至兎, 凡有八物, 唯有牛云一元, 而豕以下不云數者, 皆從其所用而言數也, 則並宜云若干.

번역 ○소에서 말하길, 소에 대한 기록부터 토끼에 대한 기록까지, 모두 여덟 종류의 희생물들이 기록되어 있는데, 오직 소에 대해서만 '한 마리[一頭]'라고 언급하고, 돼지 및 그 이하의 동물들에 대해서는 그 숫자를 의미하는 글자를 기록하지 않았다. 따라서 모든 경우에 있어서 그 가축들은 사용되는 양에 따라서 그 수를 부르게 되므로, 소를 제외한 나머지 동물들에 대해서는 마땅히 '~마리[若干]'라는 말을 붙여서 언급해야 한다.

---

1) 생호(牲號)는 제사 때 사용되는 희생물들을 아름답게 부르는 호칭을 뜻한다. 마치 소를 '한 마리의 발자국이 큰 소[一元大武]'라고 부르고, 돼지를 '털이 뻣뻣한 돼지[剛鬣]'라고 부르며, 양을 '털이 가늘고 부드러운 양[柔毛]'이라고 부르고, 닭을 '소리가 울려 퍼지는 닭[翰音]'으로 부르는 경우와 같다. 『주례』「춘관(春官)·대축(大祝)」편에는 "辨六號, 一曰神號, 二曰鬼號, 三曰示號, 四曰牲號."라는 기록이 있는데, 이에 대한 정현의 주에서는 "鄭司農云, 牲號, 爲犧牲皆有名號. 曲禮曰, '牛曰一元大武, 豕曰剛鬣, 羊曰柔毛, 雞曰翰音.'"이라고 풀이했다.

「곡례하」 88장

참고-經文

① 豚曰腯肥.

번역 무릇 종묘의 제례에 있어서, 사용되는 희생물 중 '작은 돼지[豚]'의 경우에는 '몸집이 살찌고 탱탱한 작은 돼지[腯肥]'라고 부른다.

① ○豚曰腯肥.

補註 沙溪曰: 豚, 小豕.
번역 사계가 말하길, '돈(豚)'은 몸집이 작은 돼지를 뜻한다.

補註 ○按: 士祭用豕, 而無田之士用豚.
번역 ○살펴보니, 사는 제사에서 시(豕)를 사용하고, 채지가 없는 사는 돈(豚)을 사용한다.

「곡례하」 91장

참고-集說

犬肥則可爲羹以獻. 凡煮肉皆謂之羹. 特牲禮云"①羹飪", 穎考叔曰"未嘗君之羹", 是也.

번역 개가 살찌게 되면, 국으로 끓여서 바칠 수 있다. 무릇 고기를 삶은 요리를 모두 '국[羹]'이라고 부른다. 『의례』「특생궤식례(特牲饋食禮)」편에서는 "국을 조리한다."[1]라고 했고, 영고숙(穎考叔)이 "일찍이 군주가 먹는 고깃국은 먹어본 적이 없다."[2]라고 한 말이 그 용례가 된다.

① ○羹飪.

補註 特牲禮本註: 飪, 熟也.

번역 『의례』「특생궤식례(特牲饋食禮)」편의 본래 주석에서 말하길, '임(飪)'자는 익힌다는 뜻이다.

---

1) 『의례』「특생궤식례(特牲饋食禮)」: 請期. 曰, "羹飪." 告事畢. 賓出, 主人拜送.
2) 『춘추좌씨전』「은공(隱公) 1년」: 公問之. 對曰, "小人有母, 皆嘗小人之食矣; 未嘗君之羹, 請以遺之."

「곡례하」 94장

참고-集說
尹, 正也. 脯欲①劈割方正.

번역 '윤(尹)'자는 "반듯하다[正]."는 뜻이다. 포를 만들 때에는 납작하게 펼쳐 잘라서, 그 모양이 반듯하게 되도록 한다.

① ○劈割方正

補註 按: 劈音敷, 布也. 恐於文義不襯疑, 當作剚.
번역 살펴보니, '劈'자의 음은 '敷(부)'이니 펼친다는 뜻이다. 아마도 문장의 의미에 있어서는 의문스러운 점을 해결해줄 수 없으니 마땅히 벤다는 의미의 '단(剚)'자로 기록해야 할 것 같다.

補註 ○徐志修曰: 脯脩有鍛治之事, 劈字恐亦有義.
번역 ○서지수가 말하길, 육포는 단단하게 말려 가공하는 공적이 포함되므로, '부(劈)'자에도 그 나름의 의미가 있는 것 같다.

「곡례하」 100장

> 참고-經文
> ① 粱曰薌萁.

번역 무릇 종묘의 제례에 있어서, 사용되는 수수[粱]의 경우에는 '알갱이를 달고 있는 향기로운 줄기[薌萁]'라고 부른다.

① 粱曰薌萁.

補註 按: 古註疏以萁爲語辭, 恐不然. 萁是豆莖之名, 則諸穀之莖, 亦可以萁稱. 陳註似得之.
번역 살펴보니, 옛 주와 소에서는 '기(萁)'자를 어조사라고 여겼는데 아마도 그렇지 않은 것 같다. 기(萁)는 콩의 줄기를 지칭하는 명칭이니, 곡물들의 줄기에 대해서도 기(萁)라고 지칭할 수 있다. 진호의 주가 아마도 옳은 뜻인 것 같다.

「곡례하」 107장

참고-經文

天子死曰崩, 諸侯曰薨, 大夫曰卒, 士曰①不祿, 庶人曰死. 在牀曰尸, 在棺曰柩. 羽鳥曰降, ②四足曰漬. 死寇曰兵.

번역 천자가 죽은 것을 '붕(崩)'이라고 부르고, 제후가 죽은 것을 '훙(薨)'이라고 부르며, 대부가 죽은 것을 '졸(卒)'이라고 부르고, 사가 죽은 것을 '불록(不祿)'이라고 부르며, 서인이 죽은 것을 '사(死)'라고 부른다. 시신이 침상에 놓여 있을 때에는 '시(尸)'라고 부르고, 관에 안치되었을 때에는 '구(柩)'라고 부른다. 조류가 죽었을 때에는 '강(降)'이라고 부르고, 들짐승들이 죽었을 때에는 '지(漬)'라고 부른다. 환란 때 죽은 것을 '병(兵)'이라고 부른다.

① 〇不祿.

補註 按: 祿, 善也. 左傳云: "無祿, 獻公卽世."
번역 살펴보니, '녹(祿)'자는 좋다는 뜻이다. 『좌전』에서는 "불행하게도 헌공이 세상을 떠났다."[1]라고 했다.

② 四足曰漬.

補註 疏曰: 一箇死, 則餘者更相染漬而死.
번역 소에서 말하길, 만약 한 마리가 죽게 된다면, 나머지도 서로 전염이 되어 썩어 문드러져서 죽게 된다.

---

1) 『춘추좌씨전』「성공(成公) 13년」: 無祿, 獻公卽世.

「곡례하」 108장

> **참고-經文**
>
> ①<u>祭王父曰皇祖考</u>, 王母曰皇祖妣, 父曰皇考, 母曰皇妣, 夫曰皇辟.

번역 왕부(王父)에 대한 제사를 지낼 때에는 '황조고(皇祖考)'라고 부르고, 왕모(王母)[1]에 대한 제사를 지낼 때에는 '황조비(皇祖妣)'라고 부르며, 부친에 대한 제사를 지낼 때에는 '황고(皇考)'라고 부르고, 모친에 대한 제사를 지낼 때에는 '황비(皇妣)'라고 부르며, 남편에 대한 제사를 지낼 때에는 '황벽(皇辟)'이라고 부른다.

① ○祭王父曰皇祖考.

補註 楊梧曰: 王, 大也; 皇, 美也.

번역 양오가 말하길, '왕(王)'자는 크다는 뜻이며, '황(皇)'자는 아름답다는 뜻이다.

---

[1] 왕모(王母)는 부친의 어머니, 즉 조모(祖母)를 지칭하는 말이다. 『이아』「석친(釋親)」편에는 "父之妣爲王母."라는 기록이 있다.

「곡례하」 109장

참고-經文

① 生曰父, 曰母, 曰妻. 死曰考, 曰妣, 曰嬪. 壽考曰卒, 短折曰不祿.

번역 부친이 살아계실 때에는 부친을 '부(父)'라고 부르고, 모친이 살아계실 때에는 모친을 '모(母)'라고 부르며, 아내가 살아있을 때에는 아내를 '처(妻)'라고 부른다. 부친이 돌아가셨을 때에는 부친을 '고(考)'라고 부르고, 모친이 돌아가셨을 때에는 모친을 '비(妣)'라고 부르며, 아내가 죽었을 때에는 아내를 '빈(嬪)'이라고 부른다. 장수를 하고 죽었을 때에는 '졸(卒)'이라고 부르고, 단명을 하였을 때에는 '불록(不祿)'이라고 부른다.

① ○生曰父[止]曰嬪.

補註 疏曰: 生死異稱, 出爾雅文. 書云: "大傷厥考心", 倉頡篇云: "考妣延年", 又書云: "嬪于虞", 詩云曰: "嬪于京", 周禮九嬪之官, 並非生死異稱矣.

번역 소에서 말하길, 살아있는 자와 죽은 자를 부르는 칭호를 달리하는 것들은 그 전거가 『이아』에서 나온 것이다. 『서』에서는 "그 아비[考]의 마음을 크게 상처 입힌다."1)라고 하였고, 『창힐』에서는 "부친[考]과 모친[妣]이 장수를 한다."라고 하였으며, 또 『서』에서는 "순임금의 아내[嬪]가 되게 하였다."2)라고 하였고, 『시』에서는 "주나라의 신부[嬪]가 된다."라고 하였으며, 『주례』에도 구빈(九嬪)이라는 여자 관리들이 있었으니, 이 모든 기록들은 살아있을 때나 죽었을 때나 그 호칭을 다르게 쓰지 않는다는 사실을 나타낸다.

---

1) 『서』「주서(周書)·강고(康誥)」: 子弗祇服厥父事, <u>大傷厥考心</u>, 于父不能字厥子, 乃疾厥子.
2) 『서』「우서(虞書)·요전(堯典)」: 帝曰, 我其試哉, 女于時, 觀厥刑于二女, 釐降二女于嬀汭, <u>嬪于虞</u>. 帝曰, 欽哉.

「곡례하」 110장

참고-集說

天子視, 謂視天子也. 袷, 朝服祭服之曲領也. 妥, 頰下之貌. 視國君者, 目不得平看於面, 當視其面之下袷之上也. 衡, 平也. 大夫之臣視大夫, 平看其面也. ①士視五步者, 士之屬吏視士, 亦不得高面下帶, 而得旁視左右五步之間也.

번역 '천자시(天子視)'라는 구문은 천자를 본다는 뜻이다. '겁(袷)'자는 조복(朝服)과 제복(祭服)에 달린 굽어 있는 옷깃을 뜻한다. '타(妥)'자는 아래로 늘어진 모양을 뜻한다. 제후국의 군주를 볼 때에는 눈을 얼굴과 수평이 되도록 바라볼 수가 없으니, 마땅히 제후의 얼굴 아래와 옷깃 사이의 지점을 바라보아야 한다. '형(衡)'자는 "수평이 된다[平]."는 뜻이다. 대부에게 소속된 가신(家臣)들이 대부를 바라볼 때에는 눈이 대부의 얼굴과 수평이 되도록 바라보는 것이다. "사(士)를 바라볼 때 '다섯 걸음[五步]'으로 한다."는 말은 사에게 소속된 아전들이 사를 바라볼 때에는 또한 눈을 사의 얼굴 위로 치켜떠서 바라보거나 허리띠 아래로 내려다볼 수는 없지만, 좌우로 다섯 걸음 정도의 거리는 둘러볼 수 있다는 뜻이다.

① ○士視[止]之間也.

補註 按: 此全用舊疏, 而本文曰: "若視大夫以上, 唯直瞻上下, 不得旁視, 若士之屬吏視士."

번역 살펴보니, 이것은 전적으로 옛 소의 기록에 따른 것인데, 본문에서는 "만약 대부 이상의 계급에 해당하는 자를 바라보게 된다면, 다만 시선을 위아래로 둘 수만 있고, 모든 경우에 있어서 옆을 둘러볼 수 없다. 그런데 만약 사에게 소속된 아전들이 사를 바라보는 경우라면."이라고 했다.

「곡례하」 114장

참고-經文

①**輟朝而顧**, 不有異事, 必有異慮. 故輟朝而顧, 君子謂之固.

번역 조정에서의 의논을 멈추고 주위를 둘러보는 행위는 다른 일이 있기 때문이거나, 그것이 아니라면 반드시 다른 생각을 품고 있는 경우에 해당한다. 그렇기 때문에 조정에서의 의논을 멈추고 주위를 둘러보는 행위를 군자는 예법과는 거리가 멀다고 말한 것이다.

① **輟朝而顧**.

補註 鄭註: "輟, 猶止也." 疏曰: "臣於朝矜莊儼恪, 視不流目. 若忽止朝而廻顧, 此謂非見異事, 必有異慮也."
번역 정현의 주에서 말하길, "'철(輟)'자는 멈춘다는 뜻이다."라고 했다. 소에서 말하길, "신하는 조정에서 조심스럽고 신중한 태도를 지니며 엄격하게 행동하여, 시선에 있어서도 눈을 좌우로 돌리지 않는다. 만약 갑작스럽게 조정에서의 회의를 멈추고 주위를 둘러보게 된다면, 이러한 행위는 다른 일을 살펴보는 것이거나 그것이 아니라면 분명 마음에 다른 생각이 있는 것이다."라고 했다.

補註 ○楊梧曰: 人臣能勉强於正朝之時, 而多輕忽於輟朝之際, 不爲左右之顧, 則終始一於敬矣.
번역 ○양오가 말하길, 신하는 정규 조회 시간에는 힘쓰며 굳센 모습을 보일 수 있지만, 대부분 조회를 멈췄을 때에는 경솔히 여기고 소홀하게 행동하니, 좌우를 두리번거리지 않는다면, 시종일관 공경스러운 태도를 취하는 것이다.

「곡례하」 116장

참고-經文

①**大享不問卜, 不饒富.**

번역 큰 제사 때에는 점을 쳐서 날짜를 묻지 않으며, 풍요롭게 지내지 않는다.

① ○大享[止]不饒富.

補註 鄭註: 不問卜, 祭五帝於明堂, 莫適卜也. 富之言備也. 備而已, 勿多於禮也.
번역 정현의 주에서 말하길, '불문복(不問卜)'이라고 했는데, 명당(明堂)[1]에서 오제(五帝)[2]에 대한 제사를 지낼 때에는 각각 점을 쳐서 묻지 않는다.

---

1) 명당(明堂)은 일반적으로 고대 제왕이 정교(政敎)를 베풀던 장소를 지칭하는 용어로 사용되었다. 이곳에서는 조회(朝會), 제사(祭祀), 경상(慶賞), 선사(選士), 양로(養老), 교학(敎學) 등의 국가 주요 업무가 시행되었다. 『맹자』「양혜왕하(梁惠王下)」편에는 "夫明堂者, 王者之堂也."라는 용례가 있고, 『옥태신영(玉台新詠)』「목난사(木蘭辭)」편에도 "歸來見天子, 天子坐明堂."이라는 용례가 있다. '명당'의 규모나 제도는 시대마다 다르다. 또한 '명당'이라는 건물군 중에서 남쪽의 실(室)을 가리키는 용어로도 사용되었다.

2) 오제(五帝)는 전설시대에 존재했다고 전해지는 다섯 명의 제왕(帝王)을 뜻한다. 그러나 다섯 명이 누구였는지에 대해서는 이설(異說)이 많다. 첫 번째 주장은 황제(黃帝: =軒轅), 전욱(顓頊: =高陽), 제곡(帝嚳: =高辛), 당요(唐堯), 우순(虞舜)으로 보는 견해이다. 『사기정의(史記正義)』「오제본기(五帝本紀)」편에는 "太史公依世本·大戴禮, 以黃帝·顓頊·帝嚳·唐堯·虞舜爲五帝. 譙周·應劭·宋均皆同."이라는 기록이 있고, 『백호통(白虎通)』「호(號)」편에도 "五帝者, 何謂也? 禮曰, 黃帝·顓頊·帝嚳·帝堯·帝舜也."라는 기록이 있다. 두 번째 주장은 태호(太昊: =伏羲), 염제(炎帝: =神農), 황제(黃帝), 소호(少昊: =摯), 전욱(顓頊)으로 보는 견해이다. 이 주장은 『예기』「월령(月令)」편에 나타난 각 계절별 수호신들의 내용을 종합한 것이다. 세 번째 주장은 소호(少昊), 전욱(顓頊), 고신(高辛), 당요(唐堯), 우순(虞舜)으로 보는 견해이다. 『서서(書序)』에는 "少昊·顓頊·高辛·唐·虞之

'부(富)'자는 "갖춘다[備]."는 뜻이다. 필요한 것만 간소하게 갖출 뿐 본래의 예법보다 많이 갖춰서는 안 된다.

補註 ○按: 呂氏解大饗, 與鄭註異. 表記子曰昔三代明王章補註詳之, 可考. 不饒富之解, 亦與鄭註差殊.

번역 ○살펴보니, 여씨의 대향(大饗)에 대한 풀이는 정현의 주와 차이를 보인다. 『예기』「표기(表記)」편에서 공자가 '예전 삼대 때의 성왕들'이라고 했던 문장[3]의 보주에 상세히 기록해두었으니, 참고할만하다. '불요부(不饒富)'에 대한 해석 또한 정현의 주와는 다소 차이를 보인다.

補註 ○楊梧曰: 禮之言大饗者, 十有一, 而其別有五. 祭帝一也; 祫祭先王二也; 天子饗諸侯三也; 兩君相見四也; 凡饗賓客五也. 月令季秋大饗帝, 禮器・郊特牲大饗腥, 祭帝之大饗也. 禮器又言大饗, 其王事歟. 大饗之禮, 不足以大旅. 祫祭先王之大饗也. 郊特牲又言大饗尙腶脩, 天子饗諸侯之大饗也. 郊特牲又言大饗君三重席而酢, 仲尼燕居言大饗有四, 坊記言大饗廢夫人之禮, 兩君相見之大饗也. 大司樂言大饗不入牲, 雜記言大饗卷三牲之俎, 凡饗賓客之大饗也.

번역 ○양오가 말하길, 예의 기록에서 '대향(大饗)'을 말한 것은 11가지인데, 5가지로 구별된다. 제(帝)에 대한 제사가 첫 번째이고, 선왕에게 협제(祫祭)를 지내는 것이 두 번째이며, 천자가 제후에게 향(饗)을 베풀어주는 것이 세 번째이고, 두 나라의 제후가 서로 만나볼 때 시행하는 것이 네 번째이며, 빈객에게 향(饗)을 베풀어주는 것들이 다섯 번째이다. 『예기』「월령(月令)」편에서는 계추의 달에 제(帝)에게 대향(大饗)을 한다고 했고,[4] 『예기』「예기

書, 謂之五典, 言常道也."라는 기록이 있다. 또 『제왕세기(帝王世紀)』에는 "伏羲・神農・黃帝爲三皇, 少昊・高陽・高辛・唐・虞爲五帝."라는 기록이 있다. 네 번째 주장은 복희(伏羲), 신농(神農), 황제(黃帝), 당요(唐堯), 우순(虞舜)으로 보는 견해이다. 이 주장은 『역』「계사하(繫辭下)」편의 내용에 근거한 주장이다.

3) 『예기』「표기(表記)」: 子言之, "昔三代明王, 皆事天地之神明, 無非卜筮之用, 不敢以其私褻事上帝, 是以不犯日月, 不違卜筮. 卜筮不相襲也."

(禮器)」5)편과 「교특생(郊特牲)」6)편에서는 대향(大饗)을 할 때에는 희생물의 생고기를 진설한다고 했는데, 이것은 제(帝)에게 제사지낼 때의 대향(大饗)을 의미한다. 「예기」편에서는 또한 "대향(大饗)은 천자에게 해당하는 일이구나!"7)라고 했고, "대향(大饗)의 예를 할 수 있게끔 한다고 하더라도, 대려(大旅)의 예는 시행할 수 없다."8)라고 했는데, 선왕에게 협제를 지낼 때의 대향(大饗)을 의미한다. 「교특생」편에서는 또한 "대향(大饗)에서는 단수(腶脩)를 숭상한다."9)라고 했는데, 천자가 제후에게 향연을 베풀어줄 때의 대향(大饗)을 의미한다. 「교특생」편에서는 또한 "대향(大饗)을 시행할 때, 군주는 자리를 세 겹으로 깔고서 술잔을 돌린다."10)라고 했고, 『예기』「중니연거(仲尼燕居)」편에서는 "대향(大饗)에 대한 것이 네 가지이다."11)라고 했으며, 『예기』「방기(坊記)」편에서는 "대향(大饗)의 의례에서는 부인이 술잔을

---

4) 『예기』「월령(月令)·계추(季秋)」: 是月也, <u>大饗帝</u>, 嘗, 犧牲告備于天子.
5) 『예기』「예기(禮器)」: 君子曰: 禮之近人情者, 非其至者也. 郊血, <u>大饗腥</u>, 三獻爓, 一獻孰.
6) 『예기』「교특생(郊特牲)」: 大路繁纓一就, 先路三就, 次路五就. 郊血, <u>大饗腥</u>, 三獻爓, 一獻孰, 至敬不饗味而貴氣臭也.
7) 『예기』「예기(禮器)」: <u>大饗其王事與!</u> 三牲·魚·腊, 四海九州之美味也. 籩豆之薦, 四時之和氣也. 內金, 示和也. 束帛加璧, 尊德也. 龜爲前列, 先知也. 金次之, 見情也. 丹·漆·絲·纊·竹·箭, 與衆共財也. 其餘無常貨, 各以其國之所有, 則致遠物也. 其出也, 肆夏而送之, 蓋重禮也.
8) 『예기』「예기(禮器)」: 孔子曰: 誦詩三百, 不足以一獻; 一獻之禮, 不足以大饗; <u>大饗之禮, 不足以大旅</u>; 大旅具矣, 不足以饗帝. 毋輕議禮.
9) 『예기』「교특생(郊特牲)」: 諸侯爲賓, 灌用鬱鬯, 灌用臭也. <u>大饗尙腶脩</u>而已矣.
10) 『예기』「교특생(郊特牲)」: <u>大饗, 君三重席而酢焉</u>; 三獻之介, 君專席而酢焉. 此降尊以就卑也.
11) 『예기』「중니연거(仲尼燕居)」: 子曰: 愼聽之, 女三人者. 吾語女禮, 猶有九焉, <u>大饗有四焉</u>. 苟知此矣, 雖在畎畝之中, 事之, 聖人已. 兩君相見, 揖讓而入門, 入門而縣興, 揖讓而升堂, 升堂而樂闋, 下管象武, 夏籥序興, 陳其薦俎, 序其禮樂, 備其百官. 如此而后君子知仁焉. 行中規, 還中矩, 和鸞中采齊, 客出以雍, 徹以振羽, 是故君子無物而不在禮矣. 入門而金作, 示情也. 升歌淸廟, 示德也. 下而管象, 示事也. 是故古之君子不必親相與言, 以禮樂相示而已.

건네는 예를 폐지했다."12)라고 했는데, 이것은 두 나라의 제후가 서로 만나 볼 때의 대향(大饗)을 의미한다. 『주례』「대사악(大司樂)」편에서는 "대향(大饗)에는 희생물을 들이지 않는다."13)라고 했고, 『예기』「잡기(雜記)」편에서는 "대향(大饗)에는 세 희생물의 고기 중 남은 것을 포장한다."14)라고 했는데, 이것은 빈객에게 향연을 베풀 때의 대향(大饗)을 의미한다.

참고-集說

呂氏曰: 冬至祀天, 夏至祭地, 日月素定, 故不問卜. 至敬不壇, ①掃地而祭, 牲用犢, 酌用陶匏, 席用②藁秸, 視天下之物, 無以稱其德, 以少爲貴焉, 故不饒富.

번역 여씨가 말하길, 동지에는 하늘에게 제사를 지내고, 하지에는 땅에게 제사를 지내는데, 해와 달의 운행은 고정되어 있어서, 미리 예측할 수 있기 때문에, 점을 쳐서 날짜를 묻지 않는 것이다. 지극히 공경을 다해야 하는 제사에서는 제단을 쌓지 않고, 그 장소만 청소를 하고서 제사를 지내며,15) 희생물로는 송아지를 사용하고, 술잔은 질그릇이나 표주박을 사용하며, 자리는 볏짚을 엮은 것16)으로 사용하니,17) 천하의 사물들 중에 천지(天地)의 덕에 걸맞은 것이 없으므로, 적은 것을 존

---

12) 『예기』「방기(坊記)」: 子云, "禮, 非祭男女不交爵. 以此坊民, 陽侯猶殺繆侯而竊其夫人, 故<u>大饗廢夫人之禮</u>."
13) 『주례』「춘관(春官)・대사악(大司樂)」: <u>大饗不入牲</u>, 其他皆如祭祀.
14) 『예기』「잡기하(雜記下)」: 或問於曾子曰, "夫旣遣而包其餘, 猶旣食而裹其餘與? 君子旣食則裹其餘乎?" 曾子曰, "吾子不見大饗乎? 夫<u>大饗旣饗, 卷三牲之俎</u>歸于賓館, 父母而賓客之, 所以爲哀也. 子不見大饗乎?"
15) 『예기』「예기(禮器)」: 有以下爲貴者, <u>至敬不壇, 埽地而祭</u>. 天子諸侯之尊廢禁, 大夫士棜禁. 此以下爲貴也.
16) 『예기』「교특생(郊特牲)」: 黼黻文繡之美, 疏布之尙, 反女功之始也. 莞簟之安而蒲越<u>槀秸</u>之尙, 明之也.
17) 『예기』「교특생(郊特牲)」: 大報天而主日也, 兆於南郊, 就陽位也. <u>掃地而祭</u>, 於

귀하게 여기는 것이다.18) 그래서 풍요롭게 지내지 않는 것이다.19)

① 掃地而祭[止]陶匏.

補註 見禮器・郊特牲.
번역 『예기』「예기(禮器)」 및 「교특생(郊特牲)」편에 나온다.

② 藁秸.

補註 按: 秸, 江八反, 藁秸, 除去穀之稈也.
번역 살펴보니, '秸'자는 '江(강)'자와 '八(팔)'자의 반절음이며, 고갈(藁秸)이라는 것은 알곡을 제거한 볏짚을 뜻한다.

其質也, 器用陶匏, 以象天地之性也. 於郊, 故謂之郊, 牲用騂, 尙赤也. 用犢, 貴誠也. 郊之用辛也.

18) 『예기』「예기(禮器)」: 禮之以少爲貴者, 以其內心也. 德産之致也精微, 觀天下之物無可以稱其德者, 如此則得不以少爲貴乎? 是故君子愼其獨也.

19) 『예기』「예기(禮器)」: 孔子曰, "禮不可不省也. 禮不同, 不豐・不殺", 此之謂也. 蓋言稱也.

「곡례하」 117장

참고-經文

凡摯, 天子鬯, 諸侯圭, 卿羔, 大夫鴈, 士雉, ①庶人之摯匹. ② 童子委摯而退. 野外軍中無摯, 以纓·拾·矢, 可也.

번역 무릇 예물의 경우, 천자는 창주[鬯]를 사용하며, 제후들은 규(圭)나 벽(璧)을 사용하고, 경은 새끼양[羔]을 사용하며, 대부는 기러기[鴈]를 사용하고, 사는 꿩[雉]을 사용하며, 서인들이 사용하는 예물은 '집에서 키운 오리[匹]'이다. 어린아이들은 본래 예물을 건네는 경우가 없지만, 간혹 그러한 상황이 되면, 가지고 간 예물을 땅에 내려놓고, 물러나와 그 자리를 피해서 빈객과 주인이 시행하는 의례절차를 밟지 않는다. 본래 야외에서 만나보거나 군대 안에서 만나볼 때에는 예물을 가져가지 않지만, 당시 자신이 소장하고 있는 말에 매다는 끈[纓], 활 쏠 때 사용하는 활팔찌[拾], 화살[矢] 등을 예물로 사용해서 상대방에게 주는 것은 괜찮다.

① 庶人之摯匹.

補註 孟子·告子 "力不能勝一匹雛", 朱子註曰: "匹, 本作鶩, 鴨也, 從省作匹. 禮記說匹爲鶩, 是也."
번역 『맹자』「고자(古字)」편에서는 "힘이 한 마리의 오리새끼를 이길 수 없다."[1]라고 했고, 주자의 주에서는 "'필(匹)'자는 본래 필(鶩)자로 기록하니 오리를 뜻하는데, 글자를 생략하여 필(匹)자로 기록한 것이다. 『예기』에서 필(匹)자를 오리로 설명한 것이 바로 이러한 사실을 나타낸다."라고 했다.

補註 ○字彙: 鶩, 並密切, 音匹, 鶩也. 一音木, 家鴨也, 亦作鶩.
번역 ○『자휘』에서 말하길, '鶩'자는 '並(병)'자와 '密(밀)'자의 반절음으로 그 음은 '匹(필)'이며, 오리를 뜻한다. 다른 음은 '木(목)'이니 집오리를 뜻하

---
1) 『맹자』「고자하(告子下)」: 奚有於是? 亦爲之而已矣. 有人於此, 力不能勝一匹雛, 則爲無力人矣, 今日擧百鈞, 則爲有力人矣.

며 '목(鶩)'자로도 기록한다.

補註 ○按: 今當從朱子之訓通作鴨, 如本音讀.
번역 ○살펴보니, 마땅히 주자의 풀이에 따라야 하며 필(鴨)자로도 통용해서 기록하니, 본래의 음대로 해석해야 한다.

② 童子委摯而退.

補註 疏曰: 童子之摯, 悉用束脩, 故論語云: "自行束脩以上, 吾未嘗無誨焉."
번역 소에서 말하길, 어린아이가 사용하는 예물은 모두 '한 묶음의 포[束脩]'가 된다. 그렇기 때문에 『논어』에서는 "스스로 속수(束脩) 이상의 예물을 가지고 찾아온 자에 대해서는 내가 일찍이 가르치지 않은 적이 없다."[2]라고 했다.

참고-集說

摯, 與贄同, 執物以爲相見之禮也. 鬯, 釀秬黍爲酒曰秬鬯, 和以鬱金之草則曰鬱鬯, 不以鬱和則直謂之鬯, 言其芬香條暢於上下也. 天子無客禮而言摯者, 用以禮見於神而已. 圭, 命圭也. 公桓圭, 侯信圭, 伯躬圭, 子穀璧, 男蒲璧, 此不言璧, 略也. 羔, 取其群而不失類, 且潔素也. 鴈, 取其知時, 且飛有行列也. 雉, 取其性之耿介, 且文飾也. 匹, 讀爲鶩, 野鴨曰鳧, 家鴨曰鶩, 不能飛騰, 如庶人之終守耕稼也. 童子不敢與成人爲禮, 或見師友而執贄, 則奠委于地, 而自退避之也. ①纓, 馬之繁纓, 卽馬鞅也. 拾, 射②韝也. 矢, 箭也. 或野外, 或軍中, 隨所有用之也.

번역 '지(摯)'자는 '지(贄)'자와 동일하니, 물건을 가지고 가서, 이로써 서로 만나볼

---

2) 『논어』「술이(述而)」: 子曰, "自行束脩以上, 吾未嘗無誨焉."

때의 예물로 삼는 것이다. '창(鬯)'에 대해서 설명하자면, '검은색의 찰기장[秬黍]'으로 빚어서 만든 술은 '거창(秬鬯)'이라고 부르며, 그 술에 울금(鬱金)이라는 풀을 섞게 되면, '울창(鬱鬯)'이라고 부르는데, 울금(鬱金)을 섞지 않았다면, 단지 '창(鬯)'이라고만 부르니, '창(鬯)'이라는 말은 그 술의 향기가 상하로 퍼진다는 뜻이다. 천자에게는 빈객으로 찾아가는 예법이 없는데도, 이곳 경문에서 예물에 대해 언급하고 있는 것은 이것을 예물로 삼아서, 신(神)을 찾아뵙는 것을 뜻할 따름이다. '규(圭)'는 명규(命圭)3)이다. 제후들 중 공작[公]은 환규(桓圭)4)를 사용하고, 후작[侯]은 신규(信圭)5)를 사용하며, 백작[伯]은 궁규(躬圭)6)를 사용하고, 자작[子]은 곡벽(穀璧)7)을 사용하며, 남작[男]은 포벽(蒲璧)8)을 사용하는데, 이곳 문장에

---

3) 명규(命圭)는 명규(命珪)라고도 부른다. '명규'는 본래 천자가 제후 및 대신(人臣)들에게 지급하였던 규(圭)를 뜻한다. 임명을 한다는 뜻에서 '명(命)'자를 붙여서 부르는 것이다. 신하들의 등급에 따라 지급하던 '명규'는 그 크기와 무늬가 각각 달랐다.
4) 환규(桓圭)는 조회 때 천자 및 각 신하들이 잡게 되는 육서(六瑞) 중의 하나이다. 공작이 잡던 규(圭)이다. 한 쌍의 기둥을 '환(桓)'이라고 부르는데, 이 무늬를 '규'에 새겼기 때문에, '환규'라고 부른다. '규'의 길이는 9촌(寸)으로 만들었다.
5) 신규(信圭)는 신규(身圭)이다. '신(信)'자와 '신(身)'자의 소리가 비슷하기 때문에 잘못 전이된 것이다. '신규'는 후작이 들게 되는 규(圭)이다. 사람의 형상을 새겨 넣었기 때문에 '신규'라고 부르는 것이며, 그 무늬는 궁규(躬圭)에 비해 세밀하다. 신중하게 행동하여 자신의 몸을 잘 보호하고자 이러한 형상을 새겨 넣은 것이다. 그리고 '신규'의 길이는 7촌(寸)이 된다. 『주례』「춘관(春官)·대종백(大宗伯)」편에는 "侯執信圭. 伯執躬圭."라는 기록이 있고, 이에 대한 정현의 주에서는 "信當爲身, 聲之誤也. 身圭·躬圭, 蓋皆象以人形爲瑑飾, 文有麤縟耳. 欲其愼行以保身. 圭皆長七寸."이라고 풀이했다.
6) 궁규(躬圭)는 백작이 들게 되는 규(圭)이다. 사람의 형상을 새겨 넣었기 때문에 '궁규'라고 부르는 것이며, 그 무늬는 신규(信圭)에 비해 거칠다. 신중하게 행동하여 자신의 몸을 잘 보호하고자 이러한 형상을 새겨 넣은 것이다. 그리고 '궁규'의 길이는 7촌(寸)이 된다. 『주례』「춘관(春官)·대종백(大宗伯)」편에는 "侯執信圭. 伯執躬圭."라는 기록이 있고, 이에 대한 정현의 주에서는 "信當爲身, 聲之誤也. 身圭·躬圭, 蓋皆象以人形爲瑑飾, 文有麤縟耳. 欲其愼行以保身. 圭皆長七寸."이라고 풀이했다.
7) 곡벽(穀璧)은 조회 때 천자 및 각 신하들이 잡게 되는 육서(六瑞) 중의 하나이다. 자작이 잡던 벽(璧)이다. 곡식을 무늬로 새겨 넣었기 때문에 '곡(穀)'자를 붙여서 '곡벽'이라고 부르는 것이다. '벽'의 지름은 5촌(寸)이었다.
8) 포벽(蒲璧)은 조회 때 천자 및 각 신하들이 잡게 되는 육서(六瑞) 중의 하나이다.

서 '벽(璧)'에 대해서 언급하지 않은 이유는 문장을 생략해서 기록했기 때문이다. 새끼양[羔]을 사용하는 것은 양은 무리를 이루어 자신들의 무리에서 떨어지지 않는다는 점과 청결하고 흰빛을 낸다는 점에서 착안한 것이다. 기러기[鴈]를 사용하는 것은 기러기가 계절을 알고 있다는 점과 비행을 할 때 대오를 갖춰서 나는 점에서 착안한 것이다. 꿩[雉]을 사용하는 것은 꿩의 성질이 정직하다는 점과 화려한 무늬가 있다는 점에서 착안한 것이다. '필(匹)'자는 '목(鶩)'자로 읽으니, 야생 오리를 '부(鳧)'라고 부르며, 집에서 사육한 오리를 '목(鶩)'이라고 부르는데, 이것을 예물로 사용하는 이유는 그것들이 높이 날아오르지 못하는 점이 마치 서인들이 종신토록 자신의 경작지를 지키며 일을 하는 것과 같기 때문이다. 어린아이는 감히 성인과 함께 이러한 의례를 시행할 수 없는데, 간혹 스승이나 친구들을 만나보게 되어 예물을 가져가게 된다면, 땅에 내려놓고, 스스로 물러나서 그 자리를 피하는 것이다. '영(纓)'은 말에 매다는 번영(繁纓)9)이니, 곧 말에 매다는 거슴걸이 끈에 해당한다. '습(拾)'은 활을 쏠 때 팔에 끼우는 팔찌이다. '시(矢)'는 화살이다. 간혹 만나보는 장소가 야외이거나 군대 안이라고 한다면, 가지고 있는 물건에 따라서 예물로 사용하는 것이다.

① 纓馬之繁纓.

補註 按: 繁或作樊, 與鞶同.
번역 살펴보니, '반(繁)'자는 번(樊)자로도 기록하니, 큰 띠를 뜻하는 반(鞶)자와 같은 것이다.

補註 ○詩・采芑: "鉤膺", 朱子註: "馬婁頷有鉤, 而在膺有樊有纓也. 樊, 馬大帶, 纓, 鞅也." 小註鄭氏曰: "樊纓, 皆以五采罽飾之, 罽, 織毛爲之."
번역 ○『시』「채기(采芑)」편에서는 "갈고리와 가슴걸이."10)라고 했고, 주자

남작이 잡던 벽(璧)이다. '포(蒲)'는 자리를 짜는 왕골을 뜻하는데, 왕골이 만개하여 꽃을 피운 모습을 무늬로 새겨 넣었기 때문에 '포벽'이라고 부르는 것이다. '벽'의 지름은 5촌(寸)이었다.
9) 반영(繁纓)에서의 '반(繁)'은 말에 채우는 복대이고, '영(纓)'은 거슴걸이이다. 『예기』「예기(禮器)」편에는 "大路繁纓一就, 次路繁纓七就."라는 기록이 있는데, 이에 대한 공영달(孔穎達)의 소(疏)에서는 "繁謂馬腹帶也. 纓, 鞅也."라고 풀이했다.

의 주에서는 "말을 매는 것으로 목에는 구(鉤)가 있고, 응(膺)에는 번(樊)과 영(纓)이 있다. 번(樊)은 말의 큰 띠이고, 영(纓)은 고삐이다."라고 했으며, 소주에서 정씨는 "번영(樊纓)은 모두 다섯 가지 채색의 모직물로 장식을 하는데, 계(罽)는 털을 직조하여 만든다."라고 했다.

補註 ○家語註: 繁, 馬飾大帶也. 纓, 當馬膺, 以索裙銜, 以黃金爲飾.
번역 ○『공자가어』의 주에서 말하길, '반(繁)'은 말의 장식인 큰 띠를 뜻한다. '영(纓)'은 말의 가슴에 오는 것으로 노끈으로 재갈에 걸어 늘어트리며 황금으로 장식한다.

補註 ○左傳: 齊太子光, 抽釼斷鞅.
번역 ○『좌전』에서 말하길, 제나라 태자 광이 칼을 뽑아 앙(鞅)를 잘랐다.[11]

補註 ○字彙: 鞅, 纓也. 喉下稱纓, 言纓絡之也.
번역 ○『자휘』에서 말하길, '앙(鞅)'은 영(纓)이다. 목 밑에 있는 것을 영(纓)이라고 부르니, 끈으로 연결한다는 의미이다.

補註 ○按: 以諸說參看, 則樊纓, 恐是俗名腹帶胸巨里之屬.
번역 ○살펴보니, 여러 주장들을 통해 살펴보면 '반영(樊纓)'이라는 것은 아마도 세속에서 복대와 흉거리 등으로 부르는 것들을 뜻하는 것 같다.

② **鞲**.

補註 按: 俗名臂甲也.
번역 살펴보니, 세속에서는 비갑이라고 부른다.

---

10) 『시』「소아(小雅)·채기(采芑)」: 薄言采芑, 于彼新田, 于此菑畝. 方叔涖止, 其車三千, 師干之試. 方叔率止, 乘其四騏, 四騏翼翼. 路車有奭, 簟茀魚服, 鉤膺鞗革.
11) 『춘추좌씨전』「양공(襄公) 18년」: 大子抽劍斷鞅, 乃止.

「곡례하」 118장

참고-經文

① 婦人之摯, 椇·榛·脯·脩·棗·栗.

번역 부인들이 사용하는 예물은 호깨나무 열매[椇], 개암나무 열매[榛], 육포[脯], 조미육포[脩], 대추[棗], 밤[栗]이다.

① 婦人之摯[止]棗栗.

補註 疏曰: 椇, 法也; 榛, 至也; 脯, 始也; 脩, 治也; 棗, 早也; 栗, 肅也. 婦人有法, 始至, 修身早起, 肅敬也.

번역 소에서 말하길, '구(椇)'자는 법도[法]를 뜻하고, '진(榛)'자는 '찾아온 것[至]'을 뜻하며, '포(脯)'자는 처음[始]이라는 뜻이고, '수(脩)'자는 "다스린다[治]."는 뜻이며, '대추[棗]'는 "일찍 일어난다[早]."는 뜻이고, '밤[栗]'은 엄숙함[肅]을 뜻한다. 부인이 법도를 갖추고 있으며, 처음으로 시집을 왔고, 자신을 다스려서 일찍 일어나고, 엄숙하고 공경해야 한다는 의미이다.

참고-集說

椇, 形似珊瑚, 味甜美, 一名石李. 榛, 似栗而小. 脯, 卽今之脯也. 脩, 用肉①煆治加薑桂乾之. 脯形方正, 脩形稍長. 幷棗栗六物, 婦初見舅姑, 以此爲摯也. 左傳, "女摯不過榛·栗·棗·脩, 以告虔也."

번역 '호깨나무 열매[椇]'는 그 모습이 산호(珊瑚)와 비슷하고, 감미로운 맛이 나는데, 석리(石李)라고도 부른다. '개암나무 열매[榛]'는 밤과 비슷한데 보다 작은 것이다. '포(脯)'는 곧 오늘날의 육포에 해당한다. '수(脩)'는 고기를 건조시키며 생강이나 계피 등의 조미를 가미하여 말린 것이다. 포(脯)는 형태가 정사각형이고, 수(脩)는 형태가 사각형이지만 조금 더 길다. 이러한 물건들과 대추[棗]와 밤[栗]을 합치면 여섯 가지 물건이 되는데, 며느리가 처음으로 시부모를 찾아뵐 때, 이것들을 예물로 삼는 것이다. 『좌전』에서는 "여자가 사용하는 예물은 개암나무 열매·밤·대추·조미육포에 불과한데, 이로써 공경의 뜻을 아뢰는 것이다."[1]라고 했다.

① *煆治*.

補註 按: 字書, 煆, 同鍛. 疏亦作鍛治.

번역 살펴보니, 『자서』에서는 '하(煆)'자가 하(鍛)자와 같다고 했다. 소에서도 하치(鍛治)라고 기록했다.

---

1) 『춘추좌씨전』「장공(莊公) 24년」: 男贄, 大者玉帛, 小者禽鳥, 以章物也. <u>女贄, 不過榛·栗·棗·脩, 以告虔也</u>.

「곡례하」 119장

> **참고-經文**
>
> 納女於天子, 曰①備百姓, 於國君, 曰備酒漿, 於大夫, 曰備埽灑.

번역 천자에게 딸을 시집보낼 때에는 "천자께서 거느리시는 여러 첩들 중의 한 명으로 충당하길 원합니다."라고 말하며, 제후에게 딸을 시집보낼 때에는 "술이나 젓갈을 담그는데 필요한 여자로 충당하길 원합니다."라고 말하고, 대부에게 딸을 시집보낼 때에는 "집안을 청소하는데 필요한 여자로 충당하길 원합니다."라고 말한다.

① 備百姓.

補註 鄭註: 姓之言生也. 天子, 皇后以下百二十人, 廣子姓也.
번역 정현의 주에서 말하길, '성(姓)'이라는 글자는 "낳는다[生]."는 뜻이다. 천자는 황후(皇后)로부터 그 이하로 120명의 여자를 두는데, 자식을 많이 낳기 위해서이다.

| 저자 소개 |

김재로金在魯, 1682~1759

· 조선 후기 때의 학자
· 본관은 청풍(淸風)이고 자는 중례(仲禮)이며 호는 청사(淸沙)·허주자(虛舟子)이고 시호는 충정(忠靖)이다.

| 역자 소개 |

정병섭鄭秉燮

· 1979년 출생
· 2002년 성균관대학교 유교철학과 졸업
· 2004년 성균관대학교 대학원 유학과 석사
· 2013년 성균관대학교 대학원 유학과 철학박사
· 『역주 예기집설대전』을 완역하였다.
· 『의례』, 『주례』, 『대대례기』 번역과 한국유학자들의 예학 관련 저작들의 번역을 계획 중이다.

譯註
禮記補註 ❶ 曲禮上・曲禮下

초판 인쇄 2018년 1월 2일
초판 발행 2018년 1월 12일

저   자 | 김 재 로(金在魯)
역   자 | 정 병 섭(鄭秉燮)
펴 낸 이 | 하 운 근
펴 낸 곳 | 學古房

주   소 | 경기도 고양시 덕양구 통일로 140 삼송테크노밸리 A동 B224
전   화 | (02)353-9908 편집부(02)356-9903
팩   스 | (02)6959-8234
홈페이지 | hakgobang.co.kr
전자우편 | hakgobang@naver.com, hakgobang@chol.com
등록번호 | 제311-1994-000001호

ISBN   978-89-6071-720-6 94150
          978-89-6071-718-3 (세트)

값 : 28,000원

이 도서의 국립중앙도서관 출판예정도서목록(CIP)은 서지정보유통지원시스템 홈페이지
(http://seoji.nl.go.kr)와 국가자료공동목록시스템(http://www.nl.go.kr/kolisnet)에서 이용
하실 수 있습니다. (CIP제어번호 : CIP2017034274)

※ 파본은 교환해 드립니다.